교사독립선언

교사가 만들어가는 교육 이야기

교사독립선언

초판 2쇄 발행 2018년 5월 15일

지은이 | 실천교육교사모임

발행인 | 김병주
출판부문대표 | 임종훈
편집 | 박현조
디자인 | 디자인붐
펴낸 곳 | (주)에듀니티(www.eduniety.net)
도서문의 | 070-4342-6124
일원화 구입처 | 031-407-6368 (주)태양서적
등록 | 2009년 1월 6일 제300-2011-51호
주소 | 서울특별시 서대문구 연희로 2길 76 4층

ISBN 979-11-85992-12-9 (13370)
값 15,000원

교사가 만들어가는 교육 이야기

교사독립선언

• 실천교육교사모임 지음 •

차례

기억은 기록을 못 당한다

2015년 7월 11일(토) 전국에서 300여 명의 교사가 세종시 온빛초등학교에 모였다. 어떤 단체가 주관한 모임도 아니었다. 페이스북을 통해 자기 목소리를 내던 교사 몇몇이 모임을 제안했고, 여기에 전국의 교사들이 스스로 찾아와 '교사가 만들어가는 교육 이야기' 마당을 열었다.

왜 교사가 만들어가는 교육 이야기인가? 2015년 대한민국은 광복 70주년을 맞았다. 이 뜻깊은 해에 대통령은 경축사에 '건국 67주년'이라는 말을 '광복 70주년'과 함께 썼다. 새로 쓰지 못한 역사는 대한민국헌법에 명시된 임시정부의 법통마저 부인하는 상황에 직면했다. 이렇듯 우리의 광복은 아직 미완이고 진행형이다.

교육도 마찬가지다. 정치권력, 교육학자, 교육관료의 입김으로부터 한시도 자유로울 수 없었다. 많은 교사의 반대에도 불구하고 교육부는 2015 교육과정 개정을 밀어붙였다. 이렇듯 교육과정을 포함한 교육정책에서 교사들은 늘 들러리였다. 학교는 폭력의 온상으로, 교사는 개혁의 대상으로 전락했다. 이에 우리는 교사가 교육의 주체로 서겠다는 열망을 표출하고 싶었다. 교사의 삶과 꿈을 이야기하며 우리 교육의 거품을 덜어내고 새로운 교육을 상상하는 그림을 그리고 싶었다.

이 책은 그날의 생생한 이야기를 담아 총 4장으로 구성하였다. 1장은 이야기 마당의 취지와 준비 과정을 담았다. 이는 이야기 마당을 공동기획한 정성식 교사가 기술했다. 2장 '교사의 삶'은 강연자와 진행자의 이야기를 담았다. 강연 순서에 따라 권재원, 이윤미, 구민정, 차승민, 김성효, 김차명 교사의 이야기를 먼저 담고, 이어 수요일밴드 박대현 교사, 행사 진행을 맡은 정유진, 정성식 교사의 이야기를 담았다. 이야기마다 영상을 곁들여 현장감을 더하고자 했다. 3장은 '교사의 꿈'을 주제로 하여 참가자들의 토의 과정과 결과를 담았다. 교사들이 바라는 우리 교육에서 사라져야 할 것과 새로운 교육에 대한 상상 프로젝트가 사진과 더불어 생생하게 담겨있다. 4장은 이야기 마당에 참가한 교사들의 후기를 담았다. 참가자들이 자발적으로 작성한 후기를 통해 이야기 마당의 의미를 짚어보고 다음 모임에 대한 기대와 전망을 담고자 했다.

교사들의 이야기를 모아 책으로 펴내는 것이 생각만큼 쉽지는 않았다. 한 번의 모임을 계기로 교사의 목소리를 담아낸다는 것이 작은 것을 크게 부풀려서 말하는 것은 아닌가 하는 생각도 들었다. 다음 모임 전에 책을 출판하려고 하니 시간에 쫓기기도 했다. 각자 개성이 다른 저자들의 생각을 모아 한 그릇에 담다 보니 사안에 따라 입장 차이가 있기도 했다. 함께했던 벗들에 대한 믿음과 교사가 교육의 주체로 서겠다는 열망이 없었다면 할 수 없는 일이었다.

이 책이 나오는 데 도움을 준 이가 많다. 가장 큰 도움을 준 분들은 전국에서 한달음에 달려와 가슴 속에 품고 있던 학교 이야기를 스스럼없이 펼쳐준 교사들이다. 청강과 토의는 물론이고 감동이 있는 후기까지

담아주었으니 이 책의 저자는 300여 명의 교사인 셈이다. 각 장에 사용
된, 부족한 글에 현장감과 설득력을 더해준 사진들은 박성현 교사가 담
아주었고, 영상 촬영과 편집은 에듀니티가 힘을 보탰다. 세종특별자치
시교육청의 적극적인 관심과 이야기 마당을 제공한 온빛초등학교에도
깊은 감사를 드린다.

  기억은 기록을 못 당한다. 이 책을 만든 가장 직접적인 이유이다. 이
기록을 통해 우리는 교사의 삶과 꿈을 함께 나누며 교사실천교육학의
새 길을 열 것이다.

2015년 가을에
저자를 대표하여
정성식

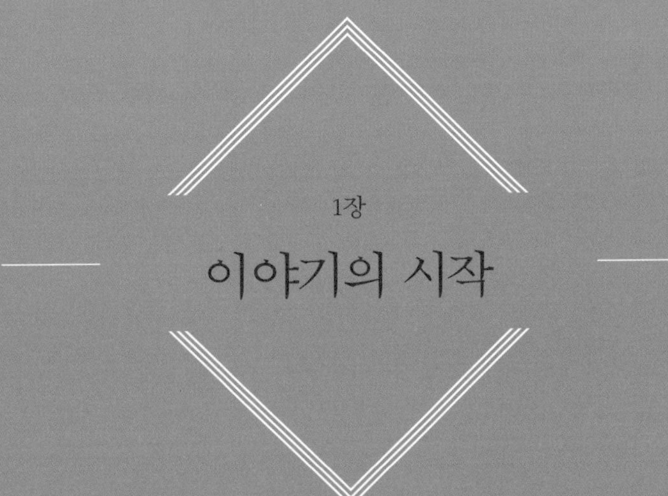

1장
이야기의 시작

“ 도대체 이 모임의 정체가 무엇일까?
참석한 교사들은 왜 이런 흥분을 느끼는 걸까?
정체불명의 이 모임이 계속 이어지기를 바라는 이유는 무엇일까?
다음 모임은 어떻게 해야 할까?
이어지는 글을 읽으며 이 질문에 대한 해답을
같이 찾아주면 고맙겠다. 이야기는 끝나지 않았다.
교사들의 교육 이야기는 이제부터 시작이다. ”

　2015년 7월 11일 토요일, 세종시 온빛초등학교에 300여 명의 교사가 전국에서 모여들었다. 무엇 때문에 이들은 무더운 여름 날의 새벽을 헤치며 이곳에 모인 것일까? 이 모임은 어떻게 시작되었으며, 그 준비 과정과 끝나고 난 후의 소회까지 기록해보려 한다. 이 기록을 통해 돌아보고 내다보려 한다.

괴물과 고물이 만나다

—　이 모임이 시작된 계기는 2015년 4월 25일(토) 서울에서 있었던 권재원 선생님의 『학교라는 괴물』 북 콘서트였다. 그 무렵 나는 책을 읽고 페이스북에 서평을 올리며 권재원 선생님을 만나고 싶다고 요청했다. 거기에 함께 만나고 싶다는 벗들의 요청이 이어지며 드디어 날짜가 잡혔다. 그렇게 얼렁뚱땅 전국에서 20여 명의 벗이 서울에서 모였다.

괴물과 고물

그날 모임을 준비하며 우리는 서로를 '괴물과 고물'이라 불렀다. 그리고 그날의 이야기 마당을 '괴물과 고물의 학교 이야기'라 이름 지었다. 책 이름에 빗대어 권재원 선생님을 '괴물'이라 부르고, 학교에서 응어리진 마음을 풀어내지 못하는 우리를 '고물'이라 부르며 언어유희를 즐겼다.

모임이 끝나고 밤 기차를 타고 익산으로 내려오는 길에 페이스북에 그룹을 하나 만들었다. 그리고 모임에 참석한 분을 모두 초대했다. 모임의 후기도 나누고 앞으로 서로의 학교 이야기를 풀어가자면 온라인 소통 공간이 필요할 거라 생각했기 때문이다.

세종에서의 모임을 준비하다

— 페이스북을 통해 모임 이후에 왕성하게 이야기를 나누던 사람들도 각자 생활에 바빠지면서 점차 소식이 뜸해졌다. 그래도 가끔 올라

오는 고물들의 하소연과 넋두리는 우리의 응어리를 풀어주기에 충분했다. 공감만으로도 큰 위로가 되었으니 말이다. 그러다 올 초에 세종시로 전입한 정유진 선생님이 세종에서 다시 모임을 가지면 좋겠다고 제안했다. 심드렁한 학교에서 지칠 대로 지쳐가던 '학교의 고물들'은 다시 우르르 달라붙었다.

2015년 7월 11일(토)로 모임 날짜가 정해졌다. 시간이 가고 있었지만 구체적으로 어떻게 준비해야 할지 몰라 막막한 어느 날, 자정이 훌쩍 넘은 시각에 정유진 선생님과 나는 오랜 시간 채팅을 했다. 정유진 선생님이 큰 그림을 그려주었다. 책이든 음악이든 그림이든 현장에서 실천한 과정을 통해 교육을 이야기하는 교사들을 강사로 내세우고 참여할 분들을 공개 모집하자는 것이었다. 강연자 섭외도 대충 마무리한 상태였다.

좋은 제안이었다. 그러나 우리의 준비는 너무 엉성했다. 그럴 만도 했다. 무슨 조직이 있는 것도 아니고 전국에 뿔뿔이 흩어져서 살다 보니 온라인 소통만으로는 분명 한계가 있었다. 아무래도 현장을 직접 봐야 할 것 같았다. 서로 얼굴을 보고 이야기를 나누어야만 구체적인 계획을 세울 수 있을 것 같았다. 6월 19일(금) 오후 3시, 세종교육연구원에서 드디어 첫 만남을 가졌다. 김병주 대표님을 포함한 에듀니티 직원들, 세종교육연구원 우상균 연구사님, 정유진 선생님, 나 이렇게 얼굴을 맞댔다. 함께 현장을 꼼꼼히 살피고 의견을 나누며 전체적인 기획을 했다. 그날 모인 의견을 간략히 정리하면 다음과 같다.

- 오전과 오후로 나누어 진행
- 오전에는 저자들의 실천 활동을 TED 방식으로 강연
- 오후에는 참가자들을 임의로 모둠을 나누어 모둠토의 방식으로 진행

- 정유진 선생님과 나는 강연 대신 오전과 오후의 진행을 담당
- 강연자에게 강사료를 따로 지급하지 않음('열정페이', 좋아하지 않는 말 인데 강연자들이 흔쾌히 동의해주었다. 지금도 고맙게 여긴다.)
- 참가비는 식비 등에 필요한 최소한의 경비로 1만 원으로 하고 현장 에서 접수
- 장소는 세종교육연구원의 모든 시설을 활용
- 행사 안내는 페이스북으로 하고 에듀니티에서 운영하는 '행복한 연 수원' 사이트를 통해 참가 신청을 접수
- 모임 실황은 에듀니티 촬영팀이 영상으로 기록
- 행사 팸플릿은 김차명 선생님께 요청
- 사전 준비, 당일 진행, 모임 이후 소통의 공간이 필요하므로 밴드를 개설하여 참가 희망자들을 초대

그럭저럭 준비가 되었고 행사 안내장을 각자의 타임라인에 게시하고 참가자를 모집했다. 그런데 놀라운 일이 벌어졌다. 3일 만에 250여 명이 신청을 한 것이다. 세종교육연구원의 수용 인원은 200명 정도라 장소를 옮겨야 할 상황이었다. 페이스북 그룹에서 참가 신청 마감 여부를 놓고 의견을 나누었다. 대부분이 신청을 마감하자는 의견이어서 신청 사이트 를 마감했다.

그러나 며칠 만에 이 결정은 수정되었다. 세종교육연구원에서 진행하 기가 어려운 상황이니 제3의 장소로 물색했던 온빛초등학교로 장소를 옮기기로 했다. 마감 이후에도 참가를 희망한 사람들을 포함하여 최대 300명까지 모집을 연장하기로 했다. 장소를 변경했으니 다시 현장 답사 를 해야 했다. 6월 29일(토) 온빛초등학교를 찾았다. 이날은 차승민 선생

님, 박대현 선생님, 정유진 선생님, 우상균 연구사님이 함께했다.

현장을 꼼꼼하게 살피며 이야기를 이어갔다. 행사의 목적부터 전체적인 흐름까지 각자의 이야기를 들어보며 우리부터 공감하는 과정을 거쳤다. '교사들이 교육의 주체로 서서 목소리를 내는 자리로 만들자'는 취지에는 모두 공감했다. 그리고 강연자를 누구로 할 것인지, 순서는 어떻게 할 것인지에 대한 논의도 마쳤다. 오후 모둠토의 방식을 두고도 이야기를 나누었다. 참가 인원을 대략이라도 알아야 식사 준비 등을 할 수 있으므로 미리 참가비를 받기로 했다. 현장을 총감독하며 지휘할 사람이 필요한데 차승민 선생님이 선뜻 그 어려운 일을 맡아주기로 했다. 이렇게 논의를 마치고 마감했던 신청 사이트를 다시 열었다.

이렇게 이야기를 나누었음에도 강연자 조정 등으로 다시 논의를 이어가야 했다. 예정된 분이 사정이 생겨 못하게 되기도 했고, 다른 분을 섭외하는 과정에서 소통이 부족하여 착오가 생기기도 했다. 이 과정 또한 여과 없이 페이스북 그룹에서 함께 속 이야기를 풀어갔다. 그런 과정이 있었기에 서운한 마음을 덜어낼 수 있었다.

날짜는 다가오고 이제 실행할 일만 남았다. 우리는 바쁘게 움직였다. 차승민 선생님이 참가비를 받아 장을 보고 점심을 준비했다. 정유진 선생님도 현장을 꼼꼼히 살피고 숙소를 예약하는 등 종종거리며 뛰었다. 김차명 선생님은 행사 현수막과 이름표를 도안해주었다. 권재원 선생님은 행사에서 쓸 음악을 선곡해주었다. 이외에도 사진 촬영, 주차 안내, 강당 의자 설치, 뒷정리 등에 자원봉사자가 필요했다. 그래서 밴드에 글을 올렸더니 너도나도 함께하겠다며 나서주는 분이 많았다. 참으로 고마운 분들이다.

전국에서 교사들은 왜 모였을까?

—　　　신청 마감을 하니 279명이었다. 현장 접수를 고려하면 300명 정도는 될 것 같았다. 사는 곳도 다 달랐다. 17개 시·도교육청 가운데 울산을 제외하고 모든 지역에서 신청자가 있었다. 나는 무엇보다 이들이 왜 한곳에 모이려고 하는지 그 이유가 궁금했다. 신청을 받으며 참가 동기를 간단하게 적게 했는데 거기에 적힌 글들을 꼼꼼하게 읽었다. 이유는 다양했다. 이를 되새겨보는 것도 의미 있는 일이리라. 그중 몇 가지를 소개한다.

가하게 되었습니다.

- 교사와 학생 모두가 행복한 교실을 만들고 싶네요. 연수를 계기로 교사로 서의 나를 다시 세우렵니다.
- 교사가 교육의 주체로서 삶을 살아간다는 즐거운 공유
- 교사로서 행복하게 산다는 것이 어떤 것일까, 늘 고민하는 문제이기에 행 복한 선생님들을 만나보고 싶습니다.
- '교사로서 행복하지 않은 이유가 뭘까?'를 생각해보는 자리가 될 것이라 는 기대로 참가합니다.
- 교사로서의 삶의 의미를 찾고 싶습니다.
- 교사로서의 현재, 미래의 삶에 대해 생각해볼 수 있는 커뮤니티에 참석 하고자
- 그동안 멀리서 페이스북을 통해 알던 선생님들을 직접 뵙고 싶습니다.
- 멋진 교사로 퇴직하고 싶어요.
- 발령 3개월 차 신규 교사입니다. 스스로 배워가며 학생들을 가르치는 게 꽤 벅찬 일이라는 사실을 새삼 깨닫는 요즘입니다. 아직은 낯선 교직 생활 의 방향을 잡고 싶어 참가합니다.
- 새로운 교육을 꿈꾸는 교사이나 현장은 그대로이니 이젠 에너지가 다 소 진되어 갈수록 힘들어지는 교직 생활의 어려움에 돌파구가 될까 싶어서
- 우리 교육의 현재를 비판적으로 고찰하고 미래 교육을 함께 고민해보고 자 합니다.
- 저 경력 교사로 긴 시간 동안 학교에 있었던 것은 아니지만, 그동안 교사로 서의 삶을 돌아보고 다른 선생님들의 이야기를 들으며 마음을 새롭게 다 잡는 시간이 되었으면 하는 바람으로 신청하게 되었습니다.
- 전설들 뵙고 기를 받아가고 싶어요! 우리 학교가 예비혁신학교가 되어 제 가 실무를 맡게 되었는데 강사님 물색도 좀 하고 싶어요.

강연자들의 목소리에는 울림이 있었다

7월 11일 아침, 참가 동기를 되새기며 세종시로 향했다. 오전 8시쯤에 도착했는데 벌써 몇 분이 와서 의자를 설치하고 있었다. 날은 무더웠고 300개의 의자를 설치하고 나니 온몸에 땀이 났다. 몇 분은 주차 안내를 하러 나가고, 간단한 다과를 차리고, 등록을 받으며 서로 할 일을 찾아서 했다. 10시가 되자 준비한 의자는 모두 꽉 차 있었다.

학교 현장의 목소리를 노래로 만들어 생생하게 전해주고 있는 '수요일 밴드'가 화끈하게 분위기를 띄워주었다. 이어서 정유진 선생님의 재치 있는 진행으로 1부의 막이 올랐다. 15분씩 배정된 짧은 시간이었지만, 강연자들은 혼신의 힘을 다해 강연을 이어갔다. 강연자들의 생생한 목소리는 2장에서 글과 영상을 통해 만날 수 있다.

강연이 끝나고 맛있는 점심을 먹을 시간이 되었다. 그에 앞서 10인 1조로 조를 나누었다. 식사 전에 조를 나눈 이유는 조별로 함께 식사도 하면서 서로 친해져야 2부 조별 토의가 활발하게 진행될 수 있겠다고 생각했기 때문이다. 조 편성 프로그램은 김차명 선생님이 도움을 주었다.

조별로 식사를 마치고 2부 시작 사이에 강연자 6명과 수요일밴드, 정유진 선생님 그리고 나까지 포함하여 9개의 교실을 마련하여 30분간 저자와의 만남 시간을 가졌다.

교사들의 외침

—　　2부 시작에 앞서 최교진 세종시 교육감님이 방문하여 전국에서 모인 교사들을 격려해주었다. 뒤를 이어 수요일밴드의 잠 깨기 공연으로 2부의 막이 올랐다. 나도 잠깐 출연한 '나쁜 선생님' 뮤직비디오를 보며 크게 소리도 질러보았다.

"오전 강연자들은 선생님들을 모으기 위한 미끼였습니다. 이 자리에 계신 여러분이 진짜 주인공입니다. 이제부터 우리가 이 무대를 채워가야 합니다."

마이크를 건네받은 나는 첫마디를 이렇게 열었다. 농담인 줄 알고 모두 웃었지만 농담이 아니라고 진지하게 다시 말했다. 이는 사실이다. 애초에 기획 의도가 그랬다. 먼저 조별로 둥그렇게 자리를 마련하도록 안내했다. 진행요원 등을 제외하고 조를 만들었더니 총 27개의 원이 생겼다.

2부의 큰 판은 '덜어내고 채우기'다. 30분 동안 '우리 교육에서 사라져야 할 것'을 토의해보고 조별로 두 가지씩 의견을 모아보기로 했다. 덜어내야 새로운 것을 담을 수 있다. 덜어내지 않고 자꾸 들어오기만 하니 교사들의 삶이 버겁다. 교사의 삶의 질은 교육의 질과 곧바로 연결된다. 다시 권재원 선생님이 준비한 배경음악이 토의 분위기를 달구었다.

토의를 마친 조는 진행자인 내게 결과를 전해주었고, 나는 그 결과를 받아 중복되는 것을 추린 후에 밴드에 투표 게시글로 올렸다. 그런 후에 현장에서 곧바로 투표를 하도록 안내했다. 투표 종료 후에 항목을 내가 하나씩 큰 소리로 읽으면 선생님들이 "사라져라" 하고 크게 외쳤다. 그 간절한 외침은 3장에서 볼 수 있다.

상상 너머, 새로운 교육을 말한다

— 　　이런 것들이 사라진 자리에 우리 교육이 나아가야 할 길을 상상
해보자 제안했다. 그 상상을 모아 조별로 한 개의 프로젝트를 만드는 것
이 두 번째 토의 과제였다. 전지 두 장씩을 조별로 나누어주었다. 1시간
정도 지나자 토의를 마친 조는 강당 벽에 대자보를 붙이기 시작했다. 모
든 기획안이 완성되고 나서 조별로 3분 정도 기획안을 소개하는 시간을
가졌다.

자주 들은 이야기도 있었고 낯선 이야기도 있었다. 그래도 나는 믿는
다. 이 모임에 참석한 이들은 더 이상 혼자가 아니라는 것을 느꼈고 많
은 기운을 받았으리라는 것을. 솔직히 말하면 이 시간이 이 모임의 진짜
이유였다. 적어도 나에게는 그랬다. 나는 상상력이 고갈된 학교에서 교
사들이 꿈꾸는 모습을 보고 싶었다. 처음 만나는 교사들이 조를 이루어
강당 바닥에 쭈그리고 앉아 이야기를 나눈 이 시간이 우리 교육을 한 발

더 나아가게 하리라는 기대도 있다. 기획안의 자세한 내용은 3장에서 생생하게 만날 수 있다.

조별 발표가 끝날 때마다 박수가 이어졌다. 5시 30분에 끝날 예정이었지만 마지막 발표가 끝나고 나니 10분이 지났다. 그래도 이렇게 끝낼 수는 없었다. 예정대로 추첨을 통해 참가자들에게 경품을 드렸다. 경품으로 강연자와 진행자들이 쓴 책을 5권씩 미리 준비해두었다. 그런 다음 참가자를 모두 무대로 불렀다. 다 함께 어울려 오늘 이 자리를 마감하는 기념사진 한 장 정도는 남기고 싶었다. 서로 하고 싶은 말이 많았으리라. 정유진 선생님이 "후기를 꼭 쓰자"는 말로 마무리하자고 제안했다. 마이크를 잡고 있던 내가 크게 "후기를" 하고 외치자 다 같이 주먹을 치켜들며 "꼭 쓰자"는 말로 화답하며 이야기 마당은 끝이 났다. 참가한 선생님들의 감동적인 후기는 4장에서 만날 수 있다.

공식적인 마당이 끝이 났어도 뒷정리가 남아 있었다. 누가 뭐라 할 것 없이 다 같이했다. 그 많은 사람이 일을 나누니 우리가 처음 왔던 그대로 되돌려놓는 데 그리 오랜 시간이 걸리지 않았다.

다시 화두를 던지며

— 뒷정리를 마치고도 쉽게 자리를 뜨지 못했다. 삼삼오오 모여 사진도 찍었다. 그렇게 아쉬운 인사를 나누고 우리는 오후 6시 30분이 되어서야 온빛초등학교를 나섰다. 평가회 겸 뒤풀이를 하기 위해 예약해둔 인근 펜션으로 자리를 옮겼다. 숙소에 도착하니 수요일밴드 박대현 선생님이 미리 장을 보고 저녁 식사 준비를 하고 있었다. 이 자리에는 모임을 준비한 분들과 강연자들은 평가회를 위해 반드시 참여하고 일반 참가자도 함께하고 싶다는 요구가 있으면 자유롭게 참여하도록 밴드를 통해 미리 안내를 했다. 그렇게 모인 사람이 25명이었다.

정유진 선생님의 사회로 한 사람씩 자기소개를 하며 간단하게 소감을 나누었다. 이름도 기억할 겸 말끝에는 "사랑과 정열을 ○○에게"라고 외치며 그렇게 잔을 맞대며 이야기를 나누었다. 서로 처음 만나는 사람들도 있었지만, 같은 경험을 한 뒤라서인지 금세 흉허물도 나누는 대화가 오갔다.

분위기가 무르익자 자연스럽게 다음 모임에 대한 이야기가 나왔다. 이번 모임도 겨우 치렀는데 다음 모임을 준비하잔다. 마치 운동회 끝나자 학예회 하자는 상황이었다. 그래도 달아오른 분위기는 이야기를 치닫게 했다. 나는 조심스럽게 울산을 다음 장소로 제안했다. 이번 모임에서 유일하게 참가자가 한 명도 없던 지역이니 거기에 힘을 실어보는 것이 어떻겠냐는 뜻이었다. 그러나 누구를 주축으로 어떻게 계획할지 어럽지 않겠느냐는 의견이 있었다.

전북이 어떠냐는 제안이 바로 잇따랐다. 이번 모임을 교육부가 있는 세종에서 했으니 다음 모임은 소신껏 교육행정을 펴나가고 있는 전북이 좋겠다는 의견이었다. 여기저기서 가을에 전북에서 다시 모이자고 맞장구를 쳤다. 아마 술김이었으리라. 대책 없이 그러자고 대답했다. 전북 교육감님도 참석하는 게 좋을 것 같다는 의견이 있어서 수행비서와 곧바로 통화를 했다. 그렇게 얼렁뚱땅 다시 다음 모임 날짜가 잡혔다. 삶은 늘 예측불허다.

모임을 마치고 나니 페이스북과 밴드에 참가자들의 후기가 계속 올라왔다. 평가회에서 미처 나누지 못한 이야기도 온라인을 통해 다시 이어갔다. 생생한 후기를 읽으며 미흡했던 점도 돌아보게 되었다. 단체 사진을 페이스북에 올리며 다음 모임 소식을 전하니 다른 지역에서도 하면 좋겠다는 댓글이 달렸다.

생각나는 대로 이 모임의 진행 과정을 풀어보았다. 그런데 정작 다른 의문이 머리에 남았다. 도대체 이 모임의 정체가 무엇일까? 참석한 교사들은 왜 이런 흥분을 느끼는 걸까? 정체불명의 이 모임이 계속 이어지기를 바라는 이유는 무엇일까? 다음 모임은 어떻게 해야 할까? 이어지는 글을 읽으며 이 질문에 대한 해답을 같이 찾아주면 고맙겠다. 이야기는 끝나지 않았다. 교사들의 교육 이야기는 이제부터 시작이다.

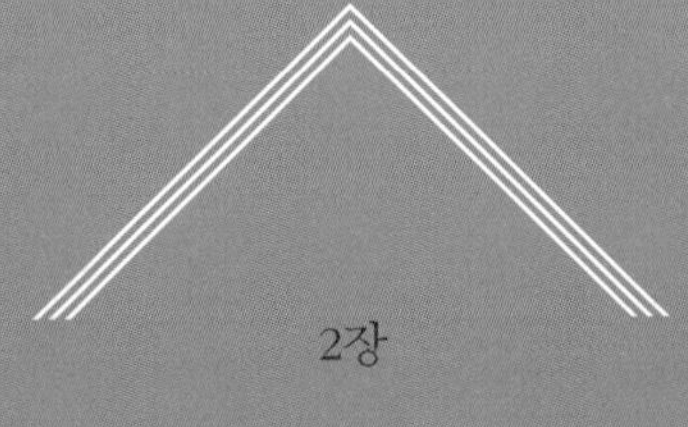

2장

교사의 삶

강연자들의 이야기

" 하지만 유니콘과 같은 괴물 교사는 아직 충분하지 않다.
그리고 지금 우리 교육은 그 어느 시대보다
많은 이러한 '괴물' 선생님을 요구한다.
게다가 그냥 괴물이 아니라 분노한 괴물이다. "

사들이여 괴물이

권재원 선생님 강연

교사들이여, 분노하라!
교사들이여, 괴물이 되라!

권재원

우리에게 너무 익숙한 풍경

— 2015년 7월 2일에 13개 시도의 진보교육감 취임 1주년을 기념하는 각종 행사가 열렸다. 2기째를 맞이한 진보교육감 2기를 평가하는 토론회가 열리는가 하면, 앞으로의 교육 전망을 진지하게 논의하는 토론회도 열렸다.

그중 다음에 나오는 토론회 포스터를 보자. 보다시피 진보교육감시대에 '교육 현장'이 어떻게 달라졌는지가 이 토론회의 주제다. 그런데 발제자와 토론자들의 면면을 보면 뭔가 석연치가 않다.

제1 발제자가 김승환 전북 교육감인 것은 아무래도 진보교육감을 대표하는 인물이니만큼 그럴 수 있다. 그렇다면 제2 발제자는 어떤 사람이 맡아야 할까? 다른 진보교육감이 나와서 다른 입장을 보여주거나, 아니면 학교 현장의 교사가 나와서 교육감의 입장이 아니라 실제 학교 현장

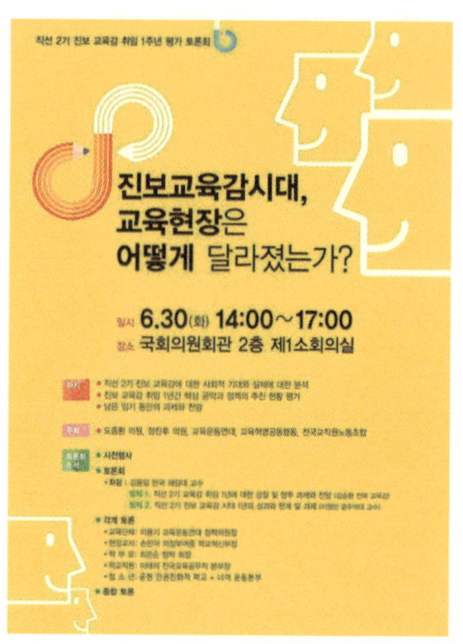

의 목소리를 들려주거나 하는 게 가장 바람직한 그림이 아닐까?

즉, 진보교육감이 "나는 이러이러한 목표를 가지고 정책을 꾸려나갔습니다"라고 하면 다른 진보교육감이 "그것도 좋긴 하지만 난 오히려 이런 쪽을 더 중요하게 생각했습니다" 하거나 아니면 교사가 "그런데 그 정책은 실제 학교 현장에서 이렇게 이렇게 발현되었습니다"라고 화답하는 형식이 되어야 하지 않을까? 그러나 제2 발제자는 교육감도 학교 현장의 교사도 아닌 모 여자대학의 교수다. 더군다나 그 대학은 교원양성기관도 아니며, 교육학 연구기관도 아니다. 또한, 이 교수가 그 대학에서 담당하고 있는 분야 역시 교육이 아니다. 굳이 이 교수가 2발제자로 나선 근거를 찾자면, 과거 서울시 교육감의 보좌관을 지냈다는 정도지만 이 역시 교육 현장과 거리가 멀기는 마찬가지다.

여기까지도 그렇다고 치자. 그럼 이제 교사를 찾아보자. 교육 현장이 어떻게 달라졌는지 토론하자고 했으니 당연히 교사들의 목소리가 많이 들려야 하지 않을까? 이 토론회에서 학교 현장의 교사는 어디에 있나?

저 구석에 한 사람 보일 뿐이다. 그것도 교육단체, 학부모, 학교 직원, 청소년 등의 각계 토론 분야에서 일개 분야로 배치되어 있을 뿐이다. 참고로 학생의 목소리는 아예 없다. 청소년 대표라고 나와 있는 발표자는 매우 오래전에 청소년기가 지나간 사람이다.

이런 모욕적인 배치에서 우리는 이른바 진보교육 진영이라 불리는 곳에서조차 학교 교사를 얼마나 경시하고 있는지 확인할 수 있다. 토론회 시간이 평일 오후 2~5시라는 것도 교사에 대한 배려 없음을 오롯이 보여준다. 교사들이 한창 수업할 시간에 토론을 시작해서 막 퇴근할 무렵에 마친다?

교육부와 관료 탓만 할 것이 아니다. 이렇게 이른바 진보교육 진영에서조차 교사는 교육혁신의 주체가 아니며, 파트너도 아니며, 피드백도 아니다. 이 포스터를 통해 확인할 수 있는 것은 교사는 교육정책의 생산자도 아니며 소비자도 아니라는 사실이다. 다만 '대상'일 뿐이며, 주체가 잠시 참고할 '각계 반응' 중 하나일 뿐이다. 그것도 실체마저 불분명한 이른바 교육시민단체보다 덜 중요한 각계 반응이다.

일반화할 수 없는 개별 사례라고? 저 주최 측의 개인적 일탈이라고? 그렇지 않다. 비슷한 시기에 열린 역시 비슷한 성격의 또 다른 토론회를 살펴보자. 이 토론회는 진보교육감 2기를 평가하면서 진보교육의 성과와 과제를 살펴보는 것이 목적이라고 밝히고 있다. 앞에서 살펴본 토론회와 일단 취지가 크게 다르지 않아 보인다. 그리고 운영방식도 거의 비슷하다. 일단 이 토론회 역시 평일 오후 2시에 시작해서 6시 전에 끝나게 되어 있다. 마치 교사가 퇴근하기 전에 후딱 해치우려고 작정을 한 것 같다. 발제자와 토론자의 면면을 살펴봐도 앞서의 경우와 크게 다르지 않다. 주요 발제자는 역시 대학교수들이다. 간혹 교사가 보이긴 하지만 학교 현장의 실천을 대표하는 교사가 아니라 교육운동단체의 간부이거나, 교사 출신의 교육청 직원, 장학사, 연구원 등이다. 즉 학교 현장을 떠난 지 오래된 사람들이다. 아무리 살펴보아도 교사의 목소리를 진지하게 들으려는, 교사들의 실천지를 충실하게 이론화하려는 의지와 태도는 전혀 보이지 않는다.

학교를 떠난 지 꽤 오래된 전직 보좌관 출신의 대학교수, 역시 학교 현장을 떠난 지 여러 해가 지난 교원단체 전임자, 혹은 학교에서 가르쳐본 경험이 없고, 심지어 교원양성기관으로서도 별 의미가 없는 이런저런 대학의 교수들을 모아놓고 무슨 교육을 진단하고 무슨 교육을 전망하겠다는 것일까? 이 토론회의 주최자들이 평가하고자 하는 교육 현장이 어디에 있는 어떤 현장인지, 그리고 이들이 감히 보여주겠다는 교육혁신의 비전이 누구에게 보여주려는 것인지 의심스러울 수밖에 없다. 하긴 요즘 이른바 진보교육 진영에서 유행하는 '5.31 교육체제를 넘어 4.16 교육체제로'라는 구호부터 교육적이라기보단 다분히 정치적이다. 5.31 교육개혁 종합방안이야 그 실체가 있다지만, 4.16 교육방안이라는 대안에 대한 교육자, 특히 교사 간에 어떤 토론이나 합의도 이루어진 적이 없다. 다만 진보교육감의 좌장을 자처하는 어느 교육감과 그와 가까운 교수들이 일종의 수사법처럼 만들어낸 말이다.

교사의 처지가 참으로 딱하다. 이러한 일련의 흐름 속에서 보이는 교사의 위상은 보수적인 정치인들과 교수들이 모여서 '5.31 교육개혁방안'을 만들면 5.31을 수행하고, 진보적인 정치인들과 교수들이 모여서 '4.16 교육혁신방안'을 만들면 4.16을 수행하는 존재에 불과하다. 어느 경우나 교육 현장 바깥에서 이루어지는 갑질에 의해 이리저리 움직여야 하는 수동적인 존재, 영원한 '을', 외부 프로그램이나 정책의 자동수행

장치, 산출기 혹은 재생기에 불과하다.

이런 식으로 교사들은 항상 누군가가 외부에서 만들어놓은 프로그램이나 정책을 자동으로 수행하는 산출기, 재생기 취급을 받았다. 그 정책과 프로그램이 보수에서 만들었는지 진보에서 만들었는지의 차이가 있을 뿐, 언제나 교사는 기획과 구성 단계에서는 철저히 소외되고 단순 집행자의 역할만을 부여받았다.

근대 학교제도: 교사의 전문성이 무시당하는 구조적인 배경

— 물론 일이 이 지경이 된 데에는 교사의 책임도 작지 않다. 그동안 우리나라 교사들은 자신들이 단지 교육의 소매상에 불과한 것이 아니라 교육학의 생산자이기도 하다는 자각이 부족했다. 이미 만들어진 교육내용, 교육방법의 소비자 노릇만 했지, 스스로 교육내용과 교육방법을 개발하는 교육학자이기도 하다는 자각도 부족했다. 전교조와 교총이라는 양대 교원단체 역시 이러한 교사의 새로운 권익에 큰 관심이 없었다. 하지만 교사들을 그 정도의 수동적인 위상으로 몰아세우는 보다 근본적인 힘은 근대 학교교육의 체제 그 자체다.

근대 학교교육 시스템은 철저히 진리 객관주의와 전수모형에 입각하여 만들어졌다. 진리 객관주의와 전수모형은 근대 유럽인들의 세계관이 반영된 것으로, 불변하는 자연진리을 올바른 방법(이성의 작용: 분석적 방법, 과학적 방법)으로 인식할 수 있으며, 이렇게 알아낸 진리를 효과적으로 전달할 수 있다는 믿음이다. 이는 그대로 교육에 적용되어 올바른 방법으로 과학자들이 불변의 진리를 하나하나 알아나가면 이를 가장 올바른

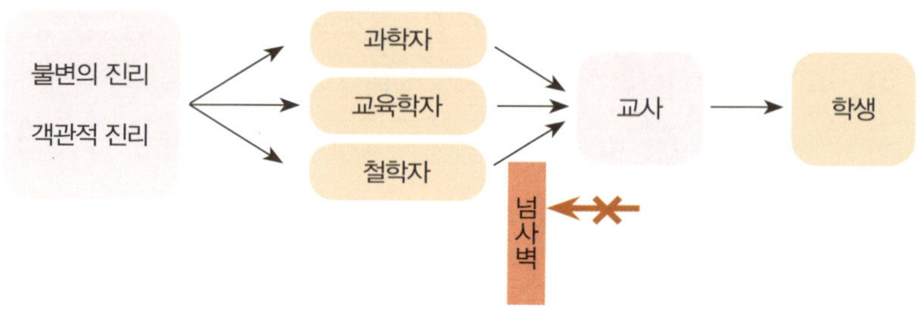

학습 방법에 따라 배열할 수 있고, 여기에 따라 만든 교과서를 사용한다면 특별한 전문가가 아니라도 누구나 학생들에게 올바른 진리를 전수할 수 있다는 교육 관점이다. 학생들은 진리에 개입할 수 없으며, 다만 전문가들이 알아낸 진리를 습득할 뿐이다. 교사 역시 전문가들로부터 넘겨받은 진리를 학생들에게 전달할 뿐, 새로운 진리를 발견하고 창조하는 것은 교사의 영역이 아니다.

이는 근대 자본주의에서 기업의 작동 원리와 구조적으로 동일하다. 근대 자본주의 기업은 철저한 분업에 기반을 두고 있다. 분업의 가장 기본은 구상과 실행, 즉 경영과 노동의 구별이다. 기업은 객관적인 시장과 기술적인 상황을 파악하여 이익을 극대화할 수 있는 상품의 종류와 생산량을 결정해야 한다. 그런데 이 일은 기업 내의 전문가들, 즉 경영진의 업무이다. 경영진은 상품의 종류, 생산량, 생산 방법 그리고 생산과정에서 각 노동자가 담당할 업무를 결정한 뒤 이를 노동자들에게 지시한다. 노동자들은 지시받은 파편화된 업무만을 수행할 뿐, 만드는 상품에 전혀 개입하지 못한다. 교육도 마찬가지다. 무엇을 언제 얼마나 어떻게 가르칠 것인가는 교육학자와 교육관료의 업무다. 이들이 교육과정을 개발하고 교과서를 작성한다. 이렇게 교육과정과 교과서가 만들어지면 교사에게 주어진 재량권은 이것을 어떻게 효과적으로 전달할 것인가의

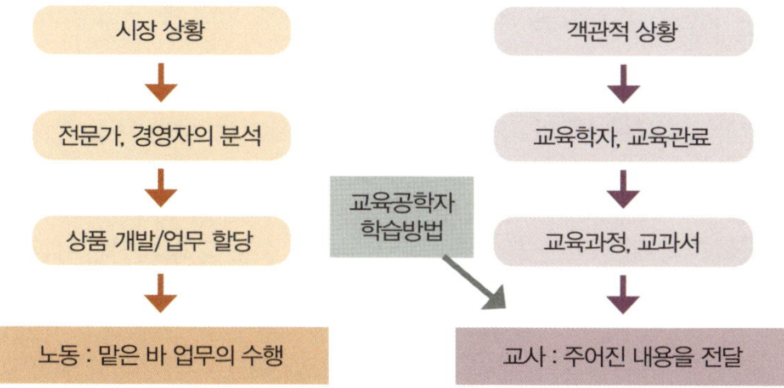

방법을 고안하는 것 정도만 남는다. 그나마도 최근에는 교육공학자들의 몫으로 넘어갔다. 교사는 주어진 교과서를 교육과정의 순서에 따라 교육공학자들이 개발한 교육방법 중 하나를 선택하여 전달하는 역할만을 담당한다.

실제로 근대 공교육 체제의 학교는 근대 산업사회의 공장과 구조적으로 매우 흡사하다. 교사들은 마치 컨베이어 벨트에서 할당된 동작만 반복하는 노동자들과 마찬가지로, 시간에 따라 흘러가는 교육과정이라는 컨베이어 벨트에서 맡은 학년과 학급에서 할당된 교육내용만을 교과서가 지시하는 바대로 반복하여 전달했다. 이 전달 과정에 수고가 덜 들수록, 그리고 가능하면 많은 학생에게 정확하게 전달할수록 유능한 교사였다. 이는 주어진 시간 안에 많은 물건을 원래 설계된 것과 차이 없게 만들 수 있는 노동자가 유능한 노동자인 것과 마찬가지다.

사실 이런 교육체제 그 자체가 나쁜 것만은 아니다. 19세기만 하더라도 충분히 교육받은, 그래서 지성과 인격을 갖춘 그런 교사는 매우 드물었다. 그런 교사가 드물었기 때문에 제대로 된 학교에 다닌다는 것 자체가 일종의 특권이나 다름없었다. 하지만 근대 산업사회는 적어도 각종 기계의 사용법 정도는 이해할 수 있고, 또 작업 규율과 시간을 지킬 수 있는 '어느 정도' 교육된 노동자들을 '대량'으로 요구하였다. 글자를 읽을 수 있는 사람이 열 명 중 하나 정도이던 시절에 문자는 물론 기본적인 3R 정도는 마친 노동자를 대량으로 만들어내는 일은 전인적인 지식인 교사들만의 힘으로는 불가능했다. 따라서 훌륭한 교육자들이 기본적인 소양만 갖춘 성인이라면 누구나 활용할 수 있을 정도로 상세하고 친절한 교재와 교수방법을 제작하여 이를 보급하고, 이를 대규모의 학생에게 전국에서 동시에 적용시키는 학교제도가 만들어진 것이다. 만약 근대 학교제도가 아니었다면 짧은 기간에 한 세대 전체를 어느 정도 교육 수준을 갖춘 노동자로 양성해내는 일은 불가능했을 것이며, 여전히 인구의 대부분은 무지 속에서 깜깜하게 살아야 했을 것이다.

이는 산업혁명을 통해 대공장 산업들이 등장하면서 장인들이 아니면 만들지 못했던 물건이 일반 서민들이 사용할 수 있을 정도로 양산된 것과 일맥상통한다. 훌륭한 교본과 교수법 그리고 적절히 훈련된 교사가 양산되면서 교육이니 교양이니 하는 것은커녕 문자해독조차 하지 못했던 서민들의 자녀가 교육을 받을 수 있게 되었다. 만약 이런 공교육 학교제도가 아니었으면 19세기 중반부터 확대된 노동운동이나 참정권 확대 운동 같은 것은 일어나기 어려웠을 것이다.

교사의 고통: 새로운 교육과 과거의 망령 사이에서

— 하지만 오늘날은 19세기가 아니라 21세기다. 19세기의 획일적인 공장식 생산은 그 힘을 상실하고 있다. "반복 가능한 모든 일은 기계

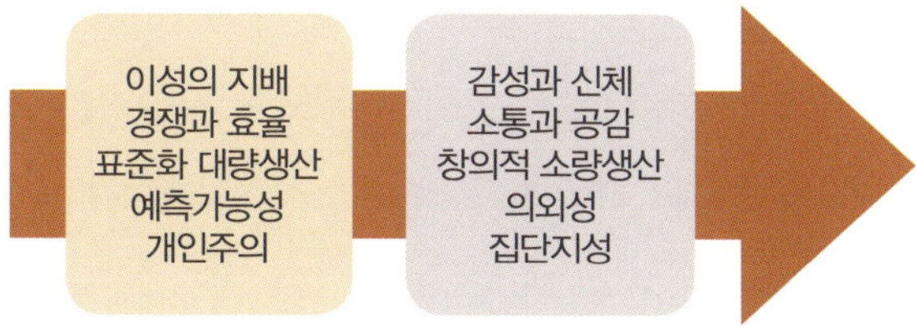

화된다"라는 말이 있다. 반복 가능한 일은 이제 더 이상 사람의 일이 아니다. 컴퓨터로 알고리듬이 만들어지고 기계가 수행한다. 이제 사람은 그 이상의 무엇, 반복되지 않는 무엇을 해야 한다. 이는 '창조'라는 두 글자로 압축된다. 창조란 기존의 것들을 반복하는 것이 아니라 거기서 새로운 무엇을 창출하는 일이다. 기계는 생산할 수 있다. 그러나 사람만이 창조할 수 있다. 따라서 이제는 주어진 매뉴얼과 업무를 성실하게 빈틈없이 수행할 수 있는 사람이 인재가 아니다. 창조할 수 있는 사람이 인재다.

그렇다면 창조의 힘은 어떻게 만들어지는가? 사실 이는 동전의 양면이다. 창조성이 발현되기 위해서는 의외의 순간, 의외의 결과가 필요하다. 이 의외의 순간, 의외의 결과가 실패 혹은 비정상이 아니라 새로운 것, 다른 것으로 진지하게 고려될 때 비로소 창조의 순간이 나타난다. 그런데 의외의 순간이 발현되기 위해 반드시 필요한 조건이 바로 다양성이다. 다양성 속에서 기존의 것과 다른 것이 어떤 차별이나 억압 없이 받아들여질 때 창조성이 '발현'되는 것이다.

따라서 주어진 교육과정과 교재를 효율적으로 전수하는 기존의 공장식 학교제도는 이러한 창조성과 정반대의 위치에 있다. 기존의 학교제도에서 만들어내는 인간형은 '기계로 대체 가능한' 인간이다. 기계로 대체 가능한 인간이 고유한 가치를 가진 존재로 존중받을 턱없다. 따라서 기존의 공장식 학교제도는 그 존재부터 반인권적이며, 비민주적이다. 이는 이미 20세기 후반부터 끊임없이 문제 제기 되어왔다. 존 듀이와 같은 선진적인 교육학자는 이미 20세기 초반에 이를 극복할 새로운 학교를 모색했고, 이반 일리치Ivan Illich는 아예 학교라는 제도 자체의 폐지를 주장했다.

그나마 기존의 학교제도를 정당화하던 조건들도 바뀌었다. 우선 객관적이고 불변하는 진리관이 무너졌다. 진리는 더 이상 인간 외부에 고고하게 존재하는 것이 아니며, 인간은 과학이라는 도구로 하나하나 밝혀내기를 기다리고 있는 불변의 존재가 아니다. 진리는 인간이 자신의 환경과 상호작용하는 과정 속에서 만들어나가고 바꾸어나가는 것이다. 심지어 자연조차 바뀐다. 자연에 적응하는 과정 속에서 생명은 진화하고, 진화한 생명은 다시 자연이 바뀌는 원인이 된다. 따라서 교육도 더 이상 진리를 먼저 잘 알게 된 사람이 그것을 정리하여 학습자에게 전수하는 것이 아니다. 이런 방식의 교육은 오히려 진리로 다가가는 것을 방해한다. 교육은 이제 교사, 학습자 그리고 진리가 함께 상호작용하면서 확장되어 나가는 것이다.

교사의 인적자원도 19세기와 다르다. 교육받은 사람이 턱없이 부족했던 19세기와 달리 지금은 페스탈로치 시절의 학교 지도자 수준 혹은 그 이상의 소양을 갖춘 교사들을 어렵지 않게 충원할 수 있다. 따라서 스스로 학습내용과 교수법을 개발할 능력이 없는 교사들을 전제로 한 표준화된 교육과정과 교과서는 오늘날의 유능한 교사들의 전문성을 갉아먹는 족쇄로 전락했다. 게다가 오늘날은 학교와 교과서가 유일한 지식의 원천인 시대가 아니다. 책이 일종의 귀중품이었던 시절에는 수많은 책에서 정수만을 모아서 편집한 교과서가 대단히 효율적인 지식의 원천 역할을 했다. 그러나 요즘 학생들은 마음만 먹으면 교과서보다 훨씬 다양한 최신 지식을 각종 스마트 기기를 통해 때와 장소를 가리지 않고 얻을 수 있다. 실시간으로 변하는 지식과 정보의 흐름 속에서 진리를 창조해야 할 학생들에게 주어진 교육과정과 교과서를 전수하는 교육은 도리어 퇴행적이다.

이와 같이 전수모형에 입각한 19세기식 학교 교육이 정당성을 완전히 상실했음에도 불구하고 학교는, 그리고 학교 교육의 근간을 이루는 교육체제는 좀처럼 바뀌지 않는다. 1980년대의 학교와 오늘날의 학교에서 인프라나 시설을 제외하면 별로 달라진 점을 찾아보기 어려울 정도다.

이는 교육개혁을 주장하는 사람들조차 19세기식 전수모형에 입각하여 생각하고 행동하기 때문이다. 예컨대 전교조 등 진보교육운동 단체들조차 입시제도와 교육과정 등 국가 수준의 제도에 집착한다. 이들에게 교육개혁은 교실 하나하나, 교사 한 사람 한 사람에 의해 이루어지는 것이 아니다. 이들에게 교육개혁은 선진적인 교육운동가들의 생각이 교육 당국, 교육기관을 통해 교육과정, 교육제도를 바꿈으로써 관철되는 것이다. 철저히 전수모형에 입각한 것이다. 반대로 현재 우리나라 교육이 좌편향이라고 생각하는 보수정권은 끊임없이 교육부의 각종 지침이나 시행령을 통해 학교에 일방적인 지시를 쏟아낸다.

이 과정을 다음의 그림과 같이 정리해볼 수 있다. 보수진영과 진보진영은 모두 저마다 교육 당국을 차지하기 위해 경합한다. 그 과정은 선거일 수도 있고, 공모일 수도 있고, 기타 여러 가지 방법이 있을 것이다. 그 결과 그들은 크게는 교육부에서 작게는 단위 학교를 차지한다. 교육부는 각종 정부입법, 교육과정, 시행령, 정책사업 등을 통해 교사에게 각종 지시를 하달한다. 교육감은 각종 조례, 교육청 정책사업, 기타 여러

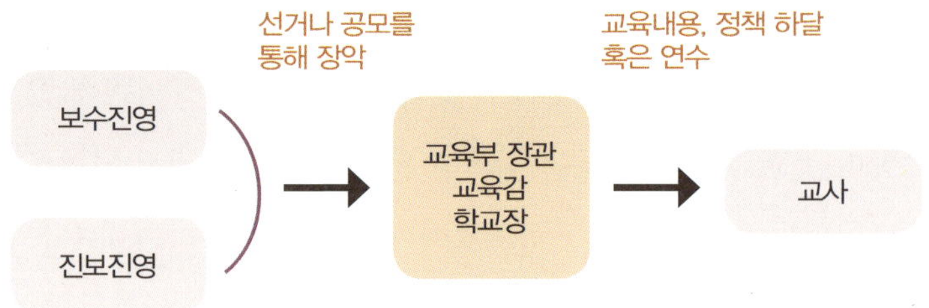

가지 지시사항을 통해 교사를 자기 뜻대로 움직이게 할 수 있다. 학교에서는 교장이 자기 뜻대로 교사에게 지시할 수 있다. 진보냐 보수냐는 여기에서 중요한 차이가 아니다. 양 진영 모두 교육부, 교육청, 학교장, 교육학자, 교육관료의 자리에 교육운동가, 교육개혁가를 집어넣은 것에 불과하다. 이런 식으로는 학교가 바뀌지 않는다. 보수적인 정책이건, 진보적인 정책이건 위에서 아래로 일률적이고 강압적으로 내리먹인다면 그것은 모두 파쇼적인 것이다. 일부 진보교육감 지역의 교사들 사이에서 '진보 파쇼'라는 냉소적인 말이 퍼지고 있는 것은 우연이 아니다.

그런데 두 진영 모두, 전수모형에 입각한 학교 교육이 한계에 이르렀다는 것은 잘 알고 있다. 그들 역시 전수가 아니라 상호작용에 의해 교육이 이루어져야 한다고 주장한다. 따라서 그들은 학교 현장에 '전수' 대신 '상호작용'을 강화하라고 요구한다. 문제는 이 요구가 일방적이라는 것이다. 교사에서 학생에게로 일방적으로 '전수'되던 교육을 상호작용형으로 바꾸라는 '일방적인' 지시가 학교 현장에 난무한다. 진보, 보수와 관계없이 이렇게 일방적인 지시를 내는 위치에 있는 사람들은 교사가 아니라 교수, 학자 그리고 관료이다. 진보진영의 경우는 교육운동가들이 이 위치에 서지만, 그들 역시 운동단체의 관료라 볼 수 있다.

문제는 교사에게서 교육학자, 교육관료, 교육운동으로 이어지는 다

른 방향의 상호작용이 거의 허용되지 않는다는 것이다. 거칠게 표현하면 학생들은 교사에게 기어오르도록 권장되지만, 교사는 교육학자와 관료, 운동가의 지시에 복종할 것을 요구받는 것이다. 그 저변에는 여전히 그들이 교사보다 더 잘 알고 있으니 지도해야 한다는 19세기식 사고방식이 깔려있다. 그러나 19세기와 달리 오늘날 일선 학교의 교사(적어도 1997년 이후에 입직한 교사)는 교육학자, 교육관료와 전문성의 수준에서 별 차이가 없거나 오히려 능가하는 지식인 집단이다. 그런데 이들에게 학생들의 도전(?)을 감내하라고 하면서도 교육 당국에는 도전하지 못하게 하니 사기가 땅에 떨어지고 교직 만족도가 낮을 수밖에 없다. 이렇게 된 원인은 별다른 게 아니다. 교육학자와 교육관료, 교육운동가들이 교사에 대한, 교육에 대한 자신의 통제권, 즉 권력을 놓고 싶어 하지 않기 때문이다.

교육학의 소비자에서 창조자로

— 오늘날 우리 교육이 19세기 전수모형을 극복할 수 있는 첫걸음은 교사가 먹이사슬의 제일 아래에서 일방적인 지시를 받는 위치를 벗어나 교육이라는 영역에서 진정한 상호작용의 한 주체가 되는 것뿐이

다. 여기에 대해 일부 보수적인 교사는 학생들과의 상호작용을 다시 일 방향으로 바꾸어야 한다고 주장한다. 그들은 학생인권에 대해 냉소하고 그 반대 위치에 "교권"을 세우면서 학생들을 일방적으로 다루던 과거를 그리워한다. 물론 이는 올바른 해결책이 아니다. 교사는 '전수모형'의 시대가 끝났음을 기꺼이 받아들이고 새로운 시대의 교육, 지식의 창조 로서의 교육이라는 길을 개척해야 한다.

따라서 교사가 주체로 서기 위해 맞서 싸워야 할 대상은 학생이 아니 라 그 반대편이다. 교사는 학생과의 상호작용을 일방향으로 되돌리려는 대신, '교육학자, 교육관료, 교육운동'에서 가해오는 일방적인 지시와 압력에 맞서야 한다. 그들에게 교사의 목소리가 전달되게 해야 하고, 교 사의 변화와 더불어 그들도 바뀔 것을 요구해야 한다.

이는 교사가 교육학의 소비자에서 창조자로 거듭나야 함을 의미한다. 전수모형에 입각한 공장식 학교제도에서 교사는 교육학의 창조자, 한 사람의 교육학자로 인정받지 못했다. 심지어 우리나라에서는 교사가 연 구기관의 연구원으로 가는 것을 승격으로 생각하는 몹쓸 권위주의까지 만연하다. 교사는 다만 교육학자들이 만들어서 제공하는 학습내용과 교 수방법을 받아서 거기에 숙달되어야 하는 일종의 기능공 취급을 받았 다. 그나마 최근에는 교육학자들이 제공하는 여러 패키지 중 하나를 선 택하는 정도의 자율성을 받았다. 그러나 여전히 교육학의 생산자가 아 니라 소비자라는 점에서는 변함이 없다.

교육학자와 교육관료는 물론 교사, 심지어 진보적인 교사조차 이 교 육학 소비자주의에서 자유롭지 않았다. 진보적인 교사들조차 새로운 교 육이 필요하다고 느끼면 자신과 동료 교사를 돌아보는 대신 교수나 교 육운동가들을 찾았다. 최근 나름 의식 있고 부지런한 교사들 사이에서 일고 있는 이른바 '연수' 바람은 일종의 교육학 쇼핑 바람이다. 그나마 쇼핑마저 안 하는 게으른 교사도 부지기수다. 설사 현장의 교사들이 의미 있는 교육실천을 바탕으로 새로운 교육학을 창출한다 하더라도 우선 교사들부터 이를 교수들의 그것과 같은 권위가 있는 것으로 받아들이지 않는다. 각종 연수를 조직하거나 참가할 때 연수 강사가 교수일 경우와 교사일 경우에 대하는 태도가 다르다. 교사들은 다른 교사가 해당 분야의 최고 전문가일 것이라고 별로 생각하지 않는다. 그래서 각종 교원 연수에서 교사는 그 분야의 권위자가 아니라 다른 권위자가 만든 것을 교실에 적용할 경우 발생할 여러 상황이나 팁, 노하우 등을 소개하는 정도의 역할만 요구받는다.

물론 교육학 교수나 교육관료는 교사에게 '전문직'이라고 말한다. 하지만 이 '전문직'이라는 말은 일반적인 '노동자'로서의 권리를 제한하는 용도로만 사용된다. 실제로 우리나라의 교육학 교수나 교육관료 혹은 국책 연구기관의 연구자들은 교사를 전문가로 대접하고 교사의 경험과 생각을 진지하게 자신들과 동등한 위상에서 고려할 마음이 전혀 없다. 심지어 교사 출신 교수나 연구자일수록 더 그렇다. 예컨대 교육학자 사이에서 "교과 전문가"라는 말이 사용되고 있다면, 이는 각 교과를 가르치는 교사가 아니라 사범대학의 각 교과교육과의 교수들을 뜻한다.

그런데 교육계가 아닌 다른 전문 분야는 이와 다르게 움직인다. 현장field 활동가들의 실천적인 지식이 대학, 연구기관 연구자들의 이론적인 지식과 상호작용하면서 새로운 지식을 창출한다. 예를 들면, 의학이나 공학 분야가 그렇다. 의과대학이나 의학 연구소에 있는 의학자들이 일선 현장의 의사들을 그저 '현장 일꾼' 수준으로 폄하하는 모습은 상상하기 어렵다. 그들은 모두 '의학'이라는 학문의 공동체를 이루고 있다. 임상 의사들은 자신들이 마주친 새로운 사례를 계속 학계에 공급하고, 학계는 이를 체계화하여 의학의 영역을 넓혀나간다. 부지런한 임상 의사들은 어려운 치료를 하나 마치면 그 과정을 기록하여 논문으로 발표한다. 공학의 경우도 마찬가지다. 공과대학이나 연구소의 공학자들이 기업이나 각종 현장의 엔지니어들의 목소리를 무시하는 경우는 찾기 어렵다. 대부분의 경우 공학자와 엔지니어는 거의 구별하기가 어려울 정도로 현장에서 함께 밀착되어있다. 엔지니어들은 공학자들이 개발한 각종 기술을 현장에 적용하면서 무수한 피드백을 가하며, 이 피드백이 새로운 기술개발에 큰 역할을 한다.

사회의 다른 분야에 비해 교육계가 점점 뒤처지는 이유가, 우리나라의 압축적 근대화의 일등공신이었던 학교 교육이 이제는 대한민국의 발목을 잡는 애물단지가 된 까닭이 바로 여기에 있다. 근대화에 가장 적합했던 그 일사불란한 공장식**(혹은 군대식)** 제도가 '창조성'의 시대에 이르러서는 오히려 걸림돌이 되고 있는 것이다. 현장에서 분출하는 실천지들이 교육학자, 교육관료와 순환하지 못하고 묵살당하거나 사장당하면서 빠르게 변화는 사회에 기민하게 대처하지 못하는 것이다.

이런 상황을 타개할 수 있는 힘은 바로 교사들에게 있다. 교사가 명목상의 전문직이 아니라 진정한 의미의 전문직으로 일어서야 한다. 교육학의 소비자**숙련공**가 아니라 교육학의 생산자, 창조자**전문가**가 되어야 한다는 뜻이다. 의학자와 의사의 구별이 의미 없는 것처럼, 교육학자와 교사의 구별이 의미 없도록 해야 한다. 연구실의 교육학자, 교단의 교육학자가 있을 뿐이다.

이를 다음의 그림과 같이 정리해볼 수 있다. 기존의 전수모형은 과학자와 철학자가 지식을 생산하고, 교육학자가 그것을 효과적으로 가르치

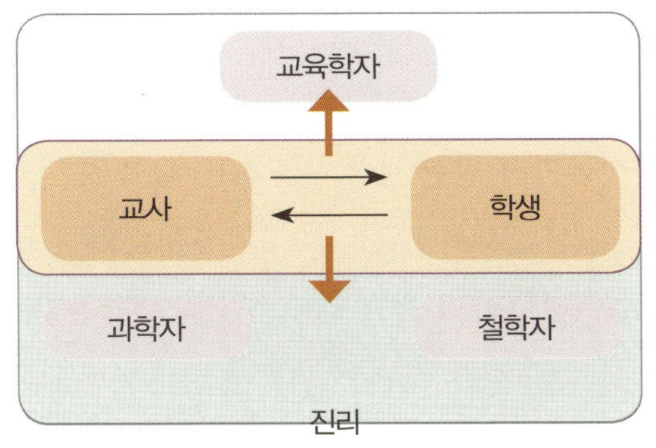

는 방법을 생산하면 교사가 이를 적용하여 학생에게 전수했다. 이 과정은 철저히 수직적인 위계구조다. 하지만 이제는 이 모든 과정이 하나의 평면에 놓여야 한다. 교육학자는 교육학의 일방적인 생산자가 아니다. 교육학자가 생산한 교육학은 다만 출발점으로서의 의미만을 가질 뿐이다. 교사는 학생과 함께 과학자와 철학자가 생산한 지식을 일종의 길잡이로 활용하여 더 넓은 진리의 세계를 탐구한다. 이 과정에서 교사는 기존 교육학의 효과를 검증하고 새로운 교육학을 창출한다. 또 이 과정에서 교사는 학생과 함께 학자들이 생산한 지식을 적용하는 한편, 이를 변형시키고 확장시킨다. 이렇게 교육이 이루어지는 과정에서 새로이 형성된 지식은 학자들에게 피드백되어 기존 학문에 영향을 준다. 교사와 학생은 과학자, 철학자와 진리탐구의 공동체를 이루고, 교육학자와는 새로운 교육학을 창출하는 공동 연구자 관계를 이룬다. 이렇게 되어야 비로소 학교 교육은 21세기 아이들을 19세기 방식으로 가르친다는 비웃음을 벗어날 수 있다.

교사는 분노한 괴물이 되어야 한다

—   그런데 지금까지 말한 것을 부정하는 교육 종사자는 거의 없다. 명료하게 개념적으로 말하지 못할 뿐 어렴풋하게라도 다 이해하고 있다. 학교장이 권위주의적인 존재가 되면 안 된다, 교육학자가 현장 교사의 목소리를 존중해야 한다는 말이 교장 연수나 교·사대 교수회 따위에서 공리처럼 받아들여진 지도 상당한 시간이 지났다. 하지만 당위는 당위일 뿐이다. 당위가 현실이 되려면 힘이 필요하다. 교육학자, 교육관료, 교육운동가들이 그러면 안 된다는 것을 알면서도 과거의 낡은 관계를 고수하는 까닭은 이를 통해 교사들을 향해 휘두를 수 있는 권력을 가질 수 있기 때문이다. 기득권자는 설사 그것을 내려놓는 것이 옳다는 것을 알더라도 자발적으로는 결코 내려놓지 않는다. 기득권자들에게 권력을 내려놓게 만들려면 현실적인 힘이 그들에게서 권력을 빼앗아야 한다. 그 현실적인 힘은 바로 권력을 빼앗긴 자, 마땅히 권력을 가져야 할 자들의 분노에서 비롯된다.

그렇다면 우리 교육이 낡은 틀을 벗어나기 위해서는 교사들이 분노해야 한다는 결론에 도달한다. 이 분노는 감정적인 것, 격분이 아니다. 이 분노는 당연한 것, 되어 마땅한 것이 그러하지 않은 것에 대한 예술적인 분노이며, 전문가이자 지식인으로서 가지고 있는 손상된 자긍심에 대한 회복적 분노다. 따라서 교사들은 분노해야 하며, 그 분노를 조직해야 한다. 그 조직된 분노의 힘을 바탕으로 당당하게 대학, 연구기관, 교육청으로부터 독립을 선언해야 한다. 교사는 이런 곳들에서 던져주는 방법과 정책의 단순한 소비자 집행자가 아니라 당당한 생산자이며 개발자임을 선언하자.

이를 '실천교육학'이라 부르자. 학교가, 교실이 교육학이 적용되는 장소가 아니라 새로이 창조되는 장소임을 강조하기 위해서다. 교육학은 대학이나 연구소에서 고안되어 교실로 전수되는 것이 아니라 수많은 교실에서 창출되어 대학과 연구소에서 정리되는 것이다. 이를 다음의 그림과 같이 정리해볼 수 있다. 교육 현장에서 여러 교사가 다양한 교육실천을 하며, 이 실천은 주어진 교육학의 단순한 수행이 아니라 이미 스스로도 연구자인 교사의 교육학 연구 과정이기도 하다.

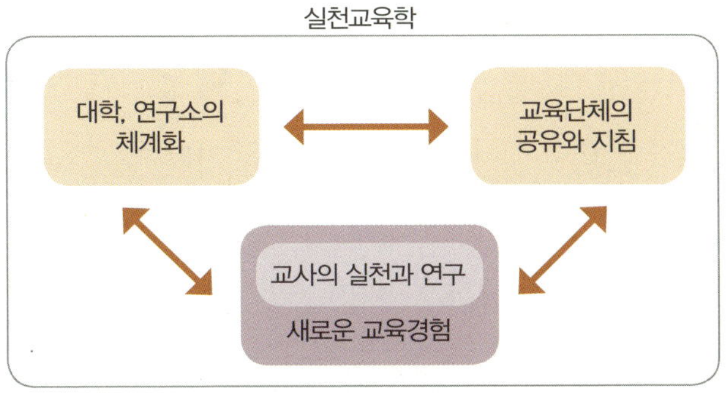

이렇게 다양한 실천-연구가 모여드는 곳이 바로 교사들의 단체인 전교조나 교총과 같은 교원단체다. 사실 새로운 교육의 실천-연구는 개개인이 감당하기에는 벅찬 일이다. 교원단체는 바로 이를 지원하는 역할을 담당한다. 연구비나 각종 시설, 자료, 장비 등을 지원하기도 하고, 다른 교사들의 실천-연구를 서로 공유하는 플랫폼을 제공하기도 한다. 무엇보다도 교사들의 이런 실천-연구가 폄하되지 않고 당당한 교육학으로 인정받을 수 있도록 권위를 실어주는 일종의 정치적 역할도 담당해야 하며, 학교 현장에서 교사의 실천-연구를 방해하는 각종 물리적, 제도적, 문화적 장애물을 제거하는 투쟁체의 역할도 담당해야 한다. 이런 흐름 속에서 대학이나 연구소는 교사에게 교육학을 전수하는 존재가 아니라 교사의 실천을 체계화하고 이론화하는 새로운 역할을 담당하게 된다. 즉 교사가 실천을 통해 창출한 결과를 대학과 연구소는 이론화하고, 교원단체는 이 결과를 대학과 연구소가 독점하지 못하게, 즉 교사와 교수의 공동연구 성과로 인정받게 힘을 발휘해야 한다. 이것이 바로 실천 교육학이다.

하지만 지금까지 우리나라의 교원단체들은 이런 역할을 제대로 수행하지 않았다. 그래야 한다는 자각이 있었는지조차 의심스럽다. 한국교총은 교대, 사대 교수와 국책연구기관의 연구위원들과 장학관, 연구관, 교장 등 교육관료의 연합체에 불과했다. 전교조 내에서도 노동운동, 진보운동에 관심이 많은 교사들이 큰 발언권을 가지며, 교육학적 관심사는 뒤로 밀려났다.

교사들은 이런 상황에 대해 분노해야 한다. 분노한 교사는 교총의 눈에도 전교조의 눈에도 낯선 그런 존재로 거듭날 것이다. 이렇게 거듭난 교사들은 '이상한 선생님' 소리를 들을 것이다. 더 나아가 '괴물 선생님' 소리를 들을 것이다. 그런데 괴물에는 두 종류가 있다. 하나는 부패하고 타락한 모습, 사람들이 두려워하는 부정적인 상태를 상징하는 존재다. 예컨대 좀비나 강시, 해골 같은 것들이다. 다른 하나는 사람들의 상상을 넘어선 새로운 존재다. 사람들은 새로운 존재, 낯선 존재를 '괴물'이라 부르며 두려워하고 꺼리는 경향이 있다. 하지만 똑같이 괴물이라 불릴지라도 좀비와 유니콘은 다르다.

이미 좀비에 해당하는 괴물 교사들은 곳곳에서 나타나고 있다. 학생들의 인권을 유린하고 성적으로 모욕을 가하는 교사, 수업은 팽개치고 승진 준비에만 몰두하는 교사, 교육은 나 몰라라 하면서 아스팔트에 드러누워 정치적인 구호만을 외치는 교사는 모두 좀비와 같은 부패한 괴물들이다. 하지만 유니콘과 같은 괴물 교사는 아직 충분하지 않다. 그리고 지금 우리 교육은 그 어느 시대보다 많은 이러한 '괴물' 선생님을 요구한다. 게다가 그냥 괴물이 아니라 분노한 괴물이다. 교사들이여, 분노한 유니콘이 되자. 그리고 분노한 유니콘의 유니언을 만들자.

“ 교과 전문가들을 보조하던 역할에서 벗어나
우리가 주체가 되어야 한다는 관점을 갖는 것!
그것이 바로 진정한
‘교사의 교육과정 가능성’을 만드는 출발점이다. ”

이윤미 선생님 강연

교과서 너머, 교육과정으로!
교육과정 너머, 교육과정 자율권 확보로!

이윤미

공청회로 본 2015 개정 교육과정 현주소

— 지난 8월 24일 초등교과서 한자병기 공청회를 시작으로 9월 4일 총론 공청회에 이르기까지 네 차례에 걸쳐 2015 개정 교육과정 공청회가 실시되었다. 8월 24일은 대부분의 초등학교가 개학한 날이기도 하다. 개학 날에 공청회에 참석할 수 있는 교사가 얼마나 있으랴. 많은 날을 두고 왜 하필 개학 날에 공청회를 열었을까? 교육부가 일부러 교사들의 참여를 배제한 것은 아닌가 하는 생각마저 들었다.

공청회가 시작되는 오후 2시를 맞추기 위해 오전 수업을 마친 후 점심도 거르고 한국교원대로 달려갔다. 도착해서 공청회장 안팎에 붙은 '초등학교 한자교육 활성화를 위한 공청회'라고 적힌 현수막을 발견하고 무척 당황했다. 한자병기 여부에 관한 공청회인 줄 알고 참석했는데, 현수막의 내용은 이미 초등교과서 한자병기를 기정사실화하고 있었다. 공청회 날

한자공청회에서 피켓 시위를 하는 전교조 교사들

짜와 현수막 문구 등은 진정성 있는 의견 청취가 아니라 요식행위의 공청회를 하겠다는 교육부의 의도를 드러내고 있었다. 전교조와 한글단체들의 강력한 항의 끝에 현수막이 내려지고 공청회가 시작되었다.

우여곡절 끝에 시작된 공청회는 교과서 한자병기에 대한 심도 있는 논의를 하지 못한 채 끝이 나고 말았다. 마지막 질의응답 시간에 나는 김경자 위원장[1]에게 개정연구위원회에 돌아가서 오늘 공청회에서 나온 의견을 반영하기 위해 위원장으로서 어떤 일을 하실 수 있는지 물었다. 돌아온 대답은 "제가 돌아가서 할 수 있는 일이 있다면 참 좋겠네요"였다. 무슨 의미일까? 할 수 있는 일이 없다는 말인가? 그 대답을 듣고 연구진들은 교육부가 이미 결정한 정책에 명분을 만들어주는 역할만 하고 있는 것은 아닌가 하는 의구심을 지울 수 없었다.

---

1 국가교육과정 개정연구위원회 위원장, 이화여대 명예교수

교육과정 총론 공청회에서 피켓 시위하는 전교조 교사들

그날 공청회에 참석한 교육부 관계자들, 연구진, 한자교육 추진 운동 본부 사람들은 한자병기로 인해 초등학교 아이들이 떠안게 될 학습부담 같은 것은 안중에 없는 듯했다. 불행한 어린이가 가장 많은 나라[2], 학업 스트레스를 받는 어린이가 가장 많은 나라[3]인 대한민국에서 우리 아이들이 얼마나 힘겹게 살아가고 있는지 정말 모르는 걸까? 되돌아오는 발걸음이 무거웠다.

9월 4일 역시 오전 수업을 마치고 부랴부랴 교원대 공청회장으로 향했다. 9월 24일 교육과정 고시를 강행한다고 하니 이번 공청회가 마지막이겠구나 하는 생각에 마음이 불안해졌다. 개정 교육과정에 대한 의

---

2 영국 아동단체 '어린이사회'가 발표한 '2015 행복한 성장기 보고서'에서 한국에서 불행한 어린이 비율이 9.8%에 달해 15개국 가운데 불명예 1위를 차지했다.

3 2015년 한국보건사회연구원이 공개한 '한국아동의 주관적 웰빙 수준과 정책과제'에 따르면, 우리나라 아동들의 학업 스트레스 지수는 50.5%로 29개 국가 중 가장 높은 것으로 나타났다. 우리나라 지수는 네덜란드 16.8%의 3배에 달했다.

견이 이렇게 첨예하게 엇갈리고 있는데, 뭐가 그리 급해서 교육과정 고시를 서두르는 걸까. 걱정스러운 마음을 안고 공청회장에 도착했다.

초등학생의 학습부담 증가가 뻔히 보이는 교과서 한자병기, 역사 왜곡을 통해 아이들의 생각마저 통제하겠다는 한국사 교과서 국정화 시도 등이 포함된 2015 개정 교육과정은 이제까지의 교육과정 중 가장 최악으로 꼽히고 있다. 이렇듯 문제가 많음에도 불구하고 연구진은 문제점을 직시하지 않고 교사와 아이들을 위한 교육과정이라고, 좋은 교육과정을 만들기 위해 최선을 다하고 있다고, 자신들의 이야기를 들어달라는 말을 되풀이했다.

최선을 다하고 있다는 연구진의 이야기는 '정부와 교육부'를 위해 최선을 다하고 있다는 말로 들렸다. 자신들의 이야기를 들어달라는 연구진의 이야기에 거꾸로 우리 교사들의 이야기 좀 들어달라고 말하고 싶었으나 발언권을 얻기 어려웠다. 결국, 교사들의 목소리를 듣기 위한 공청회가 아니라 공청회를 위한 공청회, 보여주기식의 행사가 되고 말았다.

우리나라의 국가교육과정은 법적 구속력이 있어 학생과 교사에게 절대적인 영향을 미친다. 이렇게 중요한 교육과정을 만드는데 학생과 교사의 목소리가 제대로 담기지 않는다. 교수 중심의 연구진이 폐쇄적으로 교육과정을 만들고 있고, 교사들의 의견을 듣는 장치가 제대로 마련되지 않고 있다. 이번 공청회 과정에서 우리 교사들은 공청회 내용, 발제자 등에 대한 정보를 사전에 얻지 못했다. 공청회 절차가 제대로 지켜지지 않았고, 정보가 투명하게 공개되지 않았다.

이런 상황은 국정 교과서 개발 과정에서도 되풀이된다. 교과서가 새롭게 개발될 때마다 교사들은 교과서 구하기 작전을 벌인다. 다음 학기를 준비하기 위해 실험본 교과서라도 구해볼까 싶어 여기저기 전화를 걸어보지만, 구하기가 쉽지 않다. 결국, 교사 앞에 교과서가 도착하는 건 새 학기가 시작되기 며칠 전이다. 교사들에게는 교육과정과 교과서에 대한 정보가 열려있지 않다. 뭐가 그리 걱정되는지 열어놓고 함께 연구, 검토하지 않는다. 이렇게 폐쇄적이다 보니 교육과정과 교과서는 교육 주체들의 다양한 의견이 반영되지 못하고 많은 오류를 남기는 등 태생적인 한계가 있을 수밖에 없다.

이런 현실을 보면 교육이 백년지대계라는 말은 공허한 메아리로만 들린다. 아이들과 교사들의 목소리가 담겨 있지 않은 교육과정은 성공하기 어렵다. 교사들의 자발적인 동의가 없다면 실행조차 되지 않을 수 있다. 교육과정이 잘 정착되기를 바란다면 교육 주체인 학생과 교사의 목소리를 충분히 담아내야 한다.

시선을 돌려 교사들이 노력할 부분에 대해서도 성찰해볼 필요가 있다. 국가교육과정의 중요성에 비해 우리 교사들의 관심은 그다지 크지 않다. 교육과정 개정 시기마다 많은 논란이 벌어져도 내가 아닌 다른 누군가가 할 일이라고 생각하는 교사가 많다. 나 또한 그랬다. '전문가들이 오랜 시간 연구해서 잘 만들었겠지', '문제가 있다면 누군가가 나서서 해결하겠지' 하는 마음이었다. 이런 무관심이 지금의 안타까운 상황을 낳았는지도 모른다. 견고한 벽, 넘을 수 없는 교육부의 벽이 문제이기도 하지만, 교사들의 인식이 교육과정까지 확장되지 못한 탓도 있다. 교육과정 개정의 주체가 교사들이어야 한다는 생각을 미처 하지 못했기 때문이기도 하다.

왜 교사들은 국가교육과정에 무관심할까? 이 질문을 풀어가는 과정에서 나는 '국가교육과정'보다 '교과서'를 더 중요하게 생각하는 교사가 많다는 사실에 주목했다. 교과서는 국가교육과정을 기반으로 만든 하나의 자료일 뿐인데, 교과서를 절대적인 존재로 생각하고 진도 나가기 수업에 매몰되다 보니 교육과정과 교과서를 동일시하거나, 교과서 너머 교육과정을 만나지 못하는 교사가 상당수에 달한다는 사실을 발견했다. 그 후 나는 교사의 교육과정관perspective of curriculum과 교육과정 실행관점에 대해 연구하기 시작했다. 이어지는 글에서는 현재 화두가 되고 있는 교육과정 재구성을 자세히 들여다보면서 내가 갖고 있는 생각을 풀어보고자 한다.

교과서 너머, 교육과정 마주하기

—   교사들의 '교육과정관'에 대한 비판이 거세다. '교과서를 성전처럼 여긴다', '교과서가 자료가 아닌 목적이 되고 있다' 등의 말이 심심치 않게 들린다. 솔직히 아니라고 부인하기 어렵다. 여전히 대부분의 교사가 교과서를 절대시하며 교과서 전달식 수업, 교과서 진도 나가기 방식에서 벗어나지 못하고 있으니 말이다. 교사들은 오랜 시간 동안 국가교육과정과 국정 교과서의 권위에 억눌려 스스로 '전달자'로서의 역할에 매몰되어 온 게 사실이다.[4]

그러나 현실적으로는 전달자로서 살아가지만, 교사들의 이상 속에는 교육과정의 멋진 창조자, 개발자가 되고 싶은 희망이 자리 잡고 있다. 그 희망과 마음이 모여 새바람을 일으킨 걸까? 요즘 들어 학교 현장에 교육과정을 바라보는 인식과 관점을 바꿔보고자 하는 '교육과정 재구

---

4 정광순(2015). 국가교육과정-교과서-수업 간의 관계 보기. 제3차 국가교육과정 전문가 포럼: 국가교육과정의 운영·지원 체제의 개선 방안 자료집(pp. 13-40). 2014. 9. 3

성' 바람이 불고 있다. 교육과정 재구성은 사실 새로운 것도 아니다. 교사가 교육과정을 실행하면서 당연히 해야 하는 것으로, 교육의 본질과 맞닿아 있다. 아직 갈 길이 멀지만, 교사의 교육과정 자율성을 확대하려는 물줄기가 만들어지고 있어 다행이다. 교육과정 재구성의 작은 물줄기들이 모여 제법 큰 물길을 만들기 시작했으니 이 흐름을 거스르기는 어려워 보인다. 점점 물길이 거대해져서 어떤 정책도 이를 흔들지 못하기를 바란다.

교육과정에 대한 연수와 자료가 넘쳐나면서 교육과정 재구성이 교사들에게 화두가 되고 있는 지금, 그 의미와 관점을 명확히 하고 교사들 스스로 자신의 교육과정 실행 관점을 성찰할 필요가 있다. 별 고민 없이 사용했던 '교육과정 재구성'이란 용어를 다시 한 번 생각해보고, 교육과정 재구성이 지향해야 할 방향을 탐색해볼 필요가 있다.

우리가 일상적으로 사용하는 '교육과정 재구성'의 의미는 무엇일까? 교사들은 교육과정 재구성을 어떤 의미로 받아들이고 있을까? 가장 지배적인 관점은 '교과서 재구성'을 '교육과정 재구성'이라고 생각하는 것이다. 이 두 가지를 동일시하는 것은 '교육과정＝교과서'라는 생각에서 비롯되었다. 따라서 교과서를 근간으로 하는 차시 순서 변경, 차시 통합, 내용 첨삭 등을 교육과정 재구성으로 인식한다. 그러나 이는 교육과정 재구성보다는 '교과서 재구성'이라고 부르는 게 더 적절하다.

두 번째 관점은 교과서는 '하나의 자료'라고 생각하고 국가교육과정을 기반으로 아이들의 발달단계, 흥미, 지역의 특수성 등을 고려하여 교실 상황에 맞게 교사교육과정을 만드는 것이다. 이런 관점을 가진 교사는 교과서에 얽매이지 않고 자신의 실천적 지식을 발휘하여 아이의 학습과 성장을 돕는 교육과정을 개발한다. 이 관점은 수업 설계에서부터 실행,

반성까지 포함하고 있기에 '재구성'보다는 '교육과정 개발'이란 용어가 더 적절하다.

'교육과정 재구성'이라는 용어 속에 이 두 가지 관점이 혼재되어 나타나지만, 이 둘은 질적으로 다른 관점이므로 '교과서 재구성', '교육과정 개발'이라는 두 가지 용어로 구분해서 표현해야 한다. 재구성**再構成**의 사전적 의미는 '한 번 구성되었던 것을 여러 부분이나 요소를 얽어 짜서 다시 새롭게 구성함'이다. 즉, 재구성이란 무언가가 이미 존재한다는 것을 전제로 하기에 교육과정 재구성에서 교육과정은 이미 존재하는 그 무엇이어야 한다. 이미 존재하는 교육과정이라면 '수업을 통해 실행되는 교육과정', '아동이 경험한 교육과정'이 아니라 문서로 존재하는 국가교육과정을 의미한다고 볼 수 있다.

그러나 교육과정을 '국가교육과정'이라고 한다고 해도 교육과정 재구성이란 말은 논리적으로 맞지 않는다. 우리나라의 국가교육과정은 엄격히 지켜야 하는 법적 구속력이 있어 교사에게 재구성 권한이 주어지지 않기 때문이다. 이미 존재하는 것은 국가교육과정일 수밖에 없는데, 왜 재구성이 불가한 것을 가능한 것처럼 표현하고 있을까? 혹시 교육과정과 교과서를 동일시하고 있기 때문이 아닐까? 교육과정과 교과서를 동일시함으로써 교과서 재구성을 교육과정 재구성으로 생각하고 있는 것은 아닐까? 논리적으로 따져 보면, 교육과정과 교과서를 동일시하는 관점으로는 교육과정 재구성이란 말이 맞는 표현이지만, 그렇지 않은 경우는 맞지 않는 표현이다.

교육과정과 교과서가 같다는 생각은 심각한 오류를 낳는다. 이 둘은 결코 같은 것이 아니다. 이 둘을 동일시함으로 인해 교사들은 교과서에서 벗어나지 못하고 진도 나가기 수업을 계속하고 있고, 교과서를 재구성하면서 교육과정을 재구성하는 것으로 잘못 생각하고 있다. 교육과정 재구성이 논리적으로 맞지 않는 표현이라면 어떤 용어로 표현하는 게 적절할까? 여전히 국가교육과정을 기반으로 해야 한다는 한계가 있지만, 교사가 교육과정을 개발하고 창조한다는 의미를 넣어 '교육과정 개발'이라 부르는 것이 좋을 듯하다. 학교 현장에서 굳어진 용어를 바꾸기는 쉽지 않겠지만, 교육과정 재구성이라는 용어를 바꾸는 것이 곧 교육과정을 바라보는 관점을 바꾸는 데 적잖은 영향을 미칠 수 있기에 의도적으로 바꾸어 부르려는 노력이 필요해 보인다.

지난 몇 년간 교과서에서 벗어나 교육과정을 마주하려고 노력해왔다. 교육과정을 인식하지 못하고 교과서에 갇혀 있을 때보다 훨씬 행복했다. 교과서를 넘어 교육과정을 만나고 나니 새로운 세상이 보였다. 작은 차시 목표에 연연하지 않고, 과도한 교과서 학습량에 신음하지 않으며, 진도에 쫓겨 자괴감이 드는 수업을 하지 않는다. 이 행복한 경험을 여러 선생님과 나누고 싶은 마음에 책을 쓰고 강의를 다니고 있다. 이번에는 내 경험에 비추어, 교사 수준의 교육과정 개발이 어떤 생각과 과정 속에서 이루어졌는지 이야기해보고자 한다.

교사교육과정 개발하기 : 의심하고, 상상하고, 실천하자!

의심하기 1 _ 나의 교육과정관, 교과서관 바로 보기

'교육과정 재구성'을 '교과서 재구성'과 동일시하는 것은 우리의 교육과정관이 협소하다는 것을 보여준다. '교육과정이 곧 교과서다'라는 생각은 오랜 시간 동안 우리 교사들을 지배해왔다. 나는 어떤 교육과정관을 갖고 있는가? '교과서를' 가르치는가? 아니면 '교과서로' 가르치는가? 자신의 '교육과정관', '교과서관'부터 성찰해보자.

우리가 가르치고 있는 교육과정과 교과서는 객관적이고 가치중립적일까? 교사들은 교육과정과 교과서의 지식이 가치중립적이고 객관적이라고 생각하는 경향이 강하다. 그러나 겉으로는 가치중립적으로 보이는 것들이 특정 이해관계에 공헌하고 있을지도 모른다. 교육과정과 교과서는 진공상태에서 만들어진 것이 아니다. 우리 사회의 어디인가로부터, 누군가로부터 나온 문화 자본이 담겨 있을 수밖에 없다. 그렇다면 이 지식에는 우리 사회에서 강력한 영향력을 가지고 있는 집단의 관점과 신념이 반영되지 않았을까? 그들에게 이로운 이데올로기를 반영하고 있지는 않을까? 실제로 국가교육과정 성취기준의 일부는 너무 협소하거나, 일부 이익집단을 대변하는 관점으로 만들어져 있다. 지난 몇 년간 역사 교과서에 대한 논쟁이 끊임없이 벌어지고 있고 2015년부터 배우게 되는 5, 6학년 사회 교과서도 역사 왜곡 문제가 제기되고 있다. 교과서를 절대시하지 않고 비판적으로 들여다보면 참 많은 이데올로기가 숨겨져 있다는 것을 느낀다. 우리가 정말 해야 할 일은 교과서를 덮어놓고 믿는 것이 아니라, 끊임없이 의심하면서 그 안에 숨겨진 정치적 · 사회적 · 문화적 의도를 밝혀내는 일일 것이다.[5]

그동안 교육과정과 교과서를 개발할 때, 교사는 교과내용 전문가를 보조하는 역할을 해왔다. 교사는 내용 전문가를 보조하는 존재로 규정되었고, 교사의 의견은 참고 자료로 취급될 뿐 주체가 되지 못했다. 근래 들어 조금씩 나아지고는 있지만, 여전히 교육과정과 교과서 개발의

---

5 Michael Apple(1985), 『교육과 이데올로기』 박부권 · 이해영(역) 서울: 한길사.

주체는 현장 교사가 아니라 학계의 교수들이다. 그래서 교육적 관점보다는 내용적 관점으로 만들어지기 쉽고, 아이들의 발달단계와 맞지 않는 경우가 많다. 만들어질 때부터 한계를 담고 있는 것이다.

또한 교과서가 아무리 잘 만들어졌다 한들 대한민국의 모든 아이에게 적합한 교과서란 존재할 수 없다. 모든 아이에게 맞는 완벽한 교과서가 이상 속에서나 존재하는 것이라면, 교사가 아이들의 상황과 교실에서의 맥락을 고려하여 교육과정 자료를 개발하는 것은 당연하다. 대부분의 교사는 교과서의 권위를 많이 의식한다. 그래서 우리나라 교사들은 '변용adaptation'보다는 '충실fidelity'이 더 안전하다고 생각한다. 그래서 교과서를 변용하여 사용하지 못한다. 일부 변용을 시도하는 경우에도 교수법이나 시간 배정 등에 한정되어 교과서를 해석하려는 시도까지는 잘 나타나지 않는다.[6] 이는 입시제도로 인한 문제점이기도 하지만 교과서 진도 나가기 수업에서 벗어나는 것에 대한 교사들의 두려움 때문이기도 하다. 때로는 교과서를 버리고 나만의 교과서, 나만의 교육과정을 만들어보려는 용기도 필요하다. 주어진 교과서를 사용하는 '사용자'에서 벗어나 나만의 교과서를 개발하는 '개발자'가 되어 보자.

의심하기 2 _ 학력관, 평가관 점검하기

혁신학교에 대한 오해 중에 가장 흔한 것이 '혁신학교에 다니면 학력이 떨어진다'는 것이다. 내가 만난 학부모뿐 아니라 교사들도 이런 오해를 많이 하고 있었다. 그런데 이렇게 말하는 사람과 이야기하다 보면 정작 '학력'이 무엇이지 진지하게 성찰하지 못한다는 것을 발견하게 된다.

---

6 Ben-Peretz(1990). 『교사, 교육과정을 만나다』. 정광순, 김세영(역). 서울: 강현출판사.

이중현[7]은 우리나라의 학력 왜곡이 두 가지 양상으로 나타나고 있다고 말한다. 첫 번째는 지적 능력을 지나치게 단편적인 지식 습득으로 이해하여 분석, 비판, 종합, 평가 등의 고등정신 능력을 소홀히 다룬다는 점이다. 고등정신 능력을 기르는 취지에서 대학 입시에 논술고사가 도입되고 수능을 도입해 통합형 평가 문제를 출제하고 있음에도 초·중등학교에서는 개별 교과 중심으로 아이들을 가르치고 있다고 지적한다.

두 번째는 정의적 능력을 학력으로 보지 않는다는 것이다. 정의적 능력은 지적 능력의 기반이 되는 매우 중요한 학력인데, 암기 위주의 교육에 매몰되어 이를 소홀히 하고 있다. 왜곡된 학력관은 아이들의 전인적 성장을 심각하게 저해하고 있다. 점수 위주의 입시 경쟁으로 말미암아 학력의 본질까지 왜곡되어 진정한 교육을 하기 어려운 상황이 계속되고 있다. 능력주의, 선발주의 교육관을 바꾸는 것은 쉽지 않은 일이지만, 두 손 놓고 바라볼 수만은 없다.

처음에는 학부모들의 왜곡된 학력관을 바꾸는 것이 가장 힘들 거라 예상했다. 그러나 교사들의 잘못된 학력관을 바꾸는 게 더 힘들었다. 오랜 시간 교사들에게 체화된 '학력＝선다형 평가 점수'의 공식은 신화처럼 깨기 힘든 존재가 되어 있었다. '학력'을 새롭게 바라보는 관점은 교육과정과 수업을 바꾸는 원동력이 되기 때문에 교육과정 개발을 위해서는 학력관을 바꾸는 것이 무엇보다 중요하다

비슷한 맥락에서 요즘 '참학력' 이야기를 한다. 참학력은 단순한 지적 능력인 지식과 기능뿐만 아니라 고등정신 능력인 분석력, 비판력, 판단력, 종합력과 정의적 능력인 호기심, 성취욕구, 도전의식, 책임, 태도 등

---

7 이중현 외(2014), 『유령에게 말 걸기』, 서울: 문학동네.

을 총체적으로 포함하는 개념이다. 학력이란 단순한 교과지식의 습득만을 의미하는 것이 아니라 자신의 삶과 사회의 변화와 흐름에 대한 통찰을 통해 미래의 삶을 의미 있게 살아가게 하는 힘을 의미한다. 참학력을 기르기 위해서는 반드시 평가가 바뀌어야 한다. 서열화를 위한 목적에서 피드백을 위한 목적으로, 양적 평가 체제에서 아이에게 도움이 되는 질적 평가 체제로, 획일적 일제고사 중심의 평가에서 교사별 평가로, 결과 중심에서 과정 중심의 평가로 바뀌어야 한다. 입시에서 상대적으로 자유로운 초등학교에서부터 바꾸어나면 좋겠다.

상상하고 실천하기 1 _ '학교 교육의 문법'에서 벗어나기

학교는 참 경직된 곳이다. 창의력을 발휘하여 일을 수행하기보다는 문제가 발생하지 않는 안전한 업무수행 능력을 요구한다. 그러니 과거의 것을 답습하기 쉽다. 교육과정과 학교 교육이 변화하려면 이러한 경직된 틀을 깨는 창의성과 융통성이 필요하다. 기존의 방식에 의존하지 않고 필요치 않은 부분을 살피고 새로운 방식으로 변화시킬 필요가 있다.

데이비드 타이악David Tyack와 래리 큐반Larry Cuban[8]은 기존의 교육을 바꾸려는 열린 교육과 같은 다양한 시도가 뿌리내리지 못하는 이유를 '학교 교육의 문법' 때문이라고 말한다. '학교 교육의 문법'이란 학교 조직 또는 문화 속에서 당연시되어 널리 통용되는 관행이나 제도를 가리킨다. 우리가 사용하는 언어가 쉽게 변하지 못하는 게 문법 때문이듯이 학교가 변하지 않는 것도 바로 학교 교육의 문법 때문이다. 초등교사들

---

8 David Tyack and Larry Cuban, 『Tinkering toward utopia』(Cambridge, MA: Harvard University Press, 1995), 4장, 박승배 『교육과정학의 이해』(2012), 261쪽 재인용

은 경로 의존성[9]이 강해 경로를 벗어나는 것을 무척 두려워한다. 교과서 전달식 수업에서 벗어나지 못하는 것도, 기존 평가방식에서 자유롭지 못한 것도 이런 경로 의존성과 관계가 깊다. 이혁규[10]는 "현재의 교과서 중심의 전달식 수업방식은 입시와 연동되어 있는 것 같지만, 사실은 자체의 관성과 제도화된 규범으로 독립적으로 존속해간다"고 말한다. 새로운 제도가 들어와도 그 취지를 제대로 살리지 못하는 것은 우리가 갖고 있는 경로 의존성과 관성 때문이기도 하다.

당연하게 생각되고 낯익은 것들도 낯설게 바라보는 것이 필요하다. '왜 이렇게 하지?', '다른 방법으로 하면 안 될까?', '안 해도 되지 않을까?' 이런 질문에서부터 새로운 문법과 경로가 탄생한다. 수업, 행사, 평가, 생활교육, 각종 업무, 수업지도안, 시상 등에 상상력을 발휘해보고 실천해보자.

상상하고 실천하기 2 _ 교육과정, 수업, 평가 빚어보기

장인이 혼을 불어넣어 예술품을 완성하듯 수업을 향한 교사들의 정성과 노력도 일종의 예술 작업이다. 수업은 교육과정과 교사의 상상력이 만나 탄생하는 일종의 'art'이다. 가장 신나게 상상해야 할 것은 교육과정, 수업, 평가이다. 수업을 분절적으로 접근하지 말고 스토리가 있는 흐름으로 상상해보자. 주제를 중심으로 흐름을 만들어보는 것도 좋은 방법이다. 초등 단계에서는 아이들이 좋아하는 '주제'로 접근하면 쉽게 받아들인다.

수업을 바꿀 때는 잘게 쪼개진 구체적 수업 목표에 매몰되지 말자. 이

---

9 우연한 초기 사건으로 인해 하나의 관행이 제도화되면 이를 바꾸기가 쉽지 않다는 것.
10 이혁규(2013). 『누구나 경험하지만 누구도 잘 모르는 수업』, 서울: 교육공동체 벗.

혁규는 '푸르고 높은 창공에서 독수리의 시야로 자신의 교육실천을 해석할 수 있는 능력이 우리에게 필요하다'고 말하며 '우리는 왜, 무엇을 위해 가르치는가?'를 반문하며 수업을 만들어가야 한다고 주장한다. 동의한다. 분절된 단위 수업에서 벗어나 좀 더 넓은 시야로 수업을 만들어가야 한다. 그리고 '어떻게'에서 벗어나 '무엇을', '왜' 가르치는가 고민하며 수업을 설계해야 한다. 교사에게 주어지는 국가교육과정에 상상력을 불어넣어 나만의 교육과정과 평가를 개발해보자. 성취기준을 토대로 가능한 만큼의 상상을 해보자.

'구성주의적 교과서도 그것을 객관식 시험으로 변환해내는 것에 무기력하게 무장해제당한다'는 말이 있다. 평가를 바꾸지 않는 수업혁신으로는 진정한 혁신을 이룰 수 없다. 교육과정과 수업을 바꾸기 전에 평가에 대한 고민이 반드시 선행되어야 한다. 조금만 생각을 달리하면 암기 위주의 선다형 평가, 100점 만점 형태의 점수 매기기에서 벗어나 아이들과 교사 모두가 행복해지는 평가를 만들어낼 수 있다.

상상하고 실천하기 3 _ 경쟁 없는 학교 꿈꾸기

'경쟁은 스포츠에나 있는 것이고, 교육은 협력이다'라는 말이 있다. 협력적 교실문화를 만드는 것을 중심에 두는 것이 필요하다. 말로는 아이들에게 협력을 강조하면서 정작 교사가 스티커 등의 각종 보상으로 은근히 경쟁을 조장하는 경우도 상당하다. 행동주의 사고가 우리 안에 많이 녹아들어 있음을 알 수 있다.

일단 경쟁이 조장되는 각종 대회나 평가체제를 바꾸는 것이 필요하다. 교내 행사와 시상제도 또한 돌아볼 필요가 있다. 교육적으로 꼭 필요한 것인지 생각해보자. 내가 속해 있는 학년에서는 경쟁체제를 모두

파자마 파티　　　　　　　　　　　　　　　　　교실에서의 졸업식

없앴는데, 주위의 걱정과 달리 아무런 문제도 발생하지 않았다. 오히려 지극히 평화로운 학급, 학년이 만들어졌다.

지난 2월의 졸업식을 예로 들어보겠다. 5, 6학년 2년 동안 일체의 시상이 없었고, 100점 만점 형태의 점수도 없었다. 그러니 졸업식을 앞두고 성적사정을 할 수 없었고, 졸업식에서 상을 줄 근거도 마련할 수 없었다. 결국, 우리는 졸업식에서 상을 없애기로 했다. 졸업식에서 시상을 빼니 나머지 시간은 우리 차지였다. 상상력을 발휘하여 만든 것이 '아이들이 주인공이 되는 1박 2일 졸업식'이었다. 졸업식 전날 저녁 교실에 모여 게임하기, 롤링페이퍼 만들기, 평화선언식, 간식 먹기 등을 하며 함께 밤을 지새운 후, 다음날 교실에서 가족과 함께하는 따뜻한 졸업식을 했다. 정말 감동적이었다.

상상하고 실천하기 4 _ 동학년 학습공동체 만들기

교사의 학습공동체는 전문성을 만들어주기도 하지만, 지치고 힘든 마음을 달래주는 치유의 기능도 있다. 두 마리의 토끼를 잡아주는 셈이다. 사실 그날그날 학교의 일로 속이 상하고 힘들 때 가장 먼저 찾게 되는 사람은 동료 교사이다. 어떤 때는 가족보다 더 마음을 터놓고 이야기할 수 있는 존재이기도 하다. 서로의 상처를 보듬어주고 치유해주기에 교사의 정신 건강을 위해서라도 꼭 필요하다. 교사의 학습공동체는 '전문성 신장'과 '치유'의 기능이 있는 보물 같은 모임이다.

초등교사들은 친목을 중심으로 모이는 경우가 많다. 그러나 친목 위주의 공동체로는 한계가 있다. 함께 공부하고 성장할 수 있는 학습공동체를 만들어야 한다. 교사라면 누구나 수업을 잘하고 싶어 하고 교육과정 전문성을 갖고 싶어 한다. 그러나 이런 전문성은 혼자서 만들기 어렵다. 혼자하면 꾸준히 오래 하지 못한다. 함께 고민하고 함께 해결해나가는 공동체야말로 전문성을 기르는 좋은 방법이다. 한 사람의 뛰어남보다 여러 사람의 집단지성의 힘이 더 위력을 발휘한다. 우리 '열 사람의 한 걸음'[11]이 좋은 예이다. 2012년 동학년 모임에서 시작되어 4년째 지속해서 모이고 있다. 지금은 각각 다른 학교에 근무하지만, 매주 모여 보다 나은 교육과정과 수업을 만들어가는 데 협력하고 있다.

교사는 배우기를 좋아하는 사람이어야 한다. 교사 자신이 배움을 좋아하지 않으면서 어떻게 아이에게만 배움을 강조할 수 있겠는가? 배우는 것을 좋아하는 교사가 되어 보자. 전문성을 갖추고 배움을 즐기는 교사들은 자긍심을 갖게 된다. 이러한 자긍심은 교사가 지치지 않고 오래, 멀리 갈 수 있는 원동력이 된다.

상상하고 실천하기 5 _ 실천 기록하기

교사가 교육과정을 개발하고 적용하는 일은 그리 쉬운 일이 아니다.

---

11 '함께 꾸는 꿈은 현실이 된다'는 희망을 품고 모인 초등교사들의 모임. 첫 번째 실천서 『주제통합수업, 아이들을 수업의 주인공으로』, 두 번째 실천서 『교과서 너머, 교육과정 마주하기』를 펴낸 후 전국의 많은 교사와 소통하며 좋은 수업을 만들기 위해 노력하고 있다.

교과서를 그대로 가르치는 것이 아니라 교과서를 재구성하고 새로운 교육과정 자료를 만들다보면 좌충우돌할 수밖에 없다. 실행 후 돌아보면 어떻게 지나왔는지 까마득하기도 하다. 그래서 더 기록이 필요하다. 나의 실천을 돌아보기 위해서라도 기록은 필수이다. 시간이 지나면 기억이 잘 나지 않기에 바로 바로 기록해야 한다. 기록을 하면 주위 교사들과 함께 나누기 수월하다. 나의 기록을 토대로 우리의 더 나은 실천을 만들어나가는 것이 모두 함께 성장할 수 있는 상향평준화의 길이다. 그래서 우리도 실천의 기록을 책으로 만들고, 인터넷 소통 공간인 카페[12]를 만들어 자료를 나누고 있다.

교육과정 너머, 교사의 교육과정 자율권 확보로!

— 　지금까지 교과서 너머 국가교육과정과 만나고, 그 만남을 통해 교사교육과정을 개발하자고 제안했다. 그러나 국가교육과정을 만난 후 느낀 해방감과 자유는 곧 또 다른 벽을 만나게 된다. 성취기준에 근거해서 교육과정을 개발하다 보면, 성취기준이 아이들의 발달단계에 맞지 않은 경우를 만나게 된다. 이럴 땐 교사 차원에서 성취기준을 수정해야 할 필요성을 느끼지만, 이를 수정하거나 삭제하기 힘든 구조적 문제가 있다. 국가교육과정을 수정할 권한이 교사에게 없기에 또다시 벽에 부딪힐 수밖에 없는 것이다. 이 상황에서 교사들이 어떤 관점을 가져야 하

12　2012년에 문을 열어 4년째 운영 중이다. 좋은 자료를 만들고도 깜박하거나 용량이 커서 올리지 못하는 경우도 있지만, 되도록 빠뜨리지 않고 자료를 모으려고 노력하고 있다. 가입 시 사유를 잘 작성하면 그 누구라도 정회원으로 등업을 해드리니 함께 카페를 만들어가면 좋겠다. 카페 주소는 cafe.daum.net/jsindong2012이다.

는지, 어떤 흐름을 만들어나가야 하는지 고민해보자.

학문이 수업으로 구체화되기까지 〔그림 1〕과 같이 몇 단계의 변환 과정을 거친다.

[그림 1] 교육과정 단계와 그 주체13

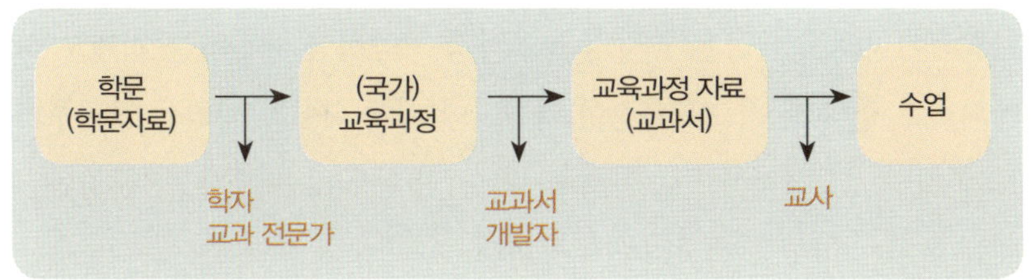

그동안 우리 교사들의 인식은 '교육과정 자료(교과서) → 수업' 변환 단계에 머물러왔다. 가르칠 것은 교과서로 정해두고 '어떻게' 가르칠 것인가에 초점을 맞춰온 것이다. 김세영은 교사의 관심이 수업에만 머무르지 않고 '교육과정 자료(교과서) → 국가교육과정 → 학문'을 인식하는 것으로 확장되어야 한다고 주장한다. 인식이 확장되는 만큼 교사의 교육과정 가능성이 확대된다는 것이다.(〔그림 2〕 참조)

[그림 2] 교사의 교육과정 가능성14

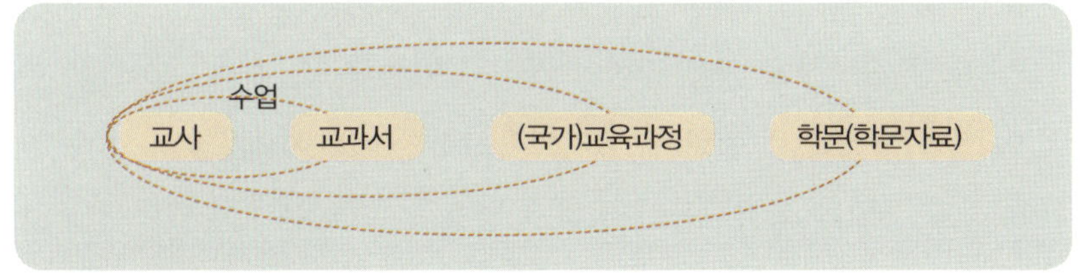

---

13 김세영(2015). 초등교사의 교육과정 리터러시에 관한 실제적 접근. 한국교원대학교 박사학위논문.
14 김세영(2015). 위의 논문.

'교육과정 재구성'으로 대변되는 새로운 교육과정의 흐름은 우리 교사들의 시야를 점점 확장시키고 있다. 교사들은 교과서를 넘어 국가교육과정을 근간으로 보다 나은 수업을 만들고 있으며, 그 실천의 기록은 꾸준히 쌓여가고 있다. 그러나 교육과정 개발 과정에서 부딪히게 되는 국가교육과정의 경직성은 교사의 교육과정 가능성을 제한하는 기제로 작동되기도 한다. 국가교육과정이 나침반이 되어 나아갈 방향을 말해주기도 하지만, 그 경직성으로 인해 더 이상 떨리지 않는 고장 난 나침반일 때는 올바른 방향을 제시해주지 못한다.

진정으로 교사의 교육과정 가능성을 확대하고자 한다면, 아이의 발달 단계에 맞지 않는 성취기준을 삭제하거나 추가할 수 있는 자율권을 교사에게 주는 방안부터 논의해야 한다. 성취기준을 보다 포괄적으로 만들어서 해석의 여지를 많이 주거나, 성취기준 중 일정 비율만큼 교사에게 자율권을 주는 방법을 생각해볼 수 있다. 수업을 만드는 과정에서 국가교육과정 자체에 교사도 어느 정도 개입할 수 있도록, 국가교육과정을 엄격한 '기준standard'으로 제시하기보다는 하나의 '지침guideline'으로 제시하여 교사의 자율성을 점진적으로 확대해나가는 것[15]도 좋은 대안이 될 수 있을 것이다.

교육과정 재구성에 대한 관심이 커지고 있는 지금, 우리 교사들은 한 번 더 질적 도약을 해야 한다. 국가교육과정을 비판적으로 바라볼 수 있어야 하고, 국가교육과정을 수정하고 변용할 수 있는 자율권이 필요하다는 데까지 인식을 확장해나가야 한다. 더 나아가 국가교육과정을 만드는 주체로 우리 교사들이 나서야 한다는 생각을 가져야 한다. 교과 전

---

[15] 강지영(2012). 국가교육과정에 대한 초등교사의 해석과 실행 연구. 서울대학교 대학원 석사 학위논문.

문가들을 보조하던 역할에서 벗어나 우리가 주체가 되어야 한다는 관점을 갖는 것! 그것이 바로 진정한 '교사의 교육과정 가능성'을 만드는 출발점이다.

앞으로 우리가 해야 할 일은 다양한 연구와 논의를 통해 교사의 교육과정 자율권을 확보하는 토대를 마련하는 것이다. 이런 토대는 다른 사람이 만들어주지 않는다. 누군가 만들어주기를 기다리지 말고 우리 교사들이 보다 적극적으로 나서야 한다. 교사들이 주체가 되어 나서는 흐름은 이미 시작되었고 더욱 깊어질 것이다. 세종 온빛초등학교에서의 교사 모임과 그 기록물인 이 책이 그 증거이다. 우리의 작은 시도가 더 큰 물결을 만드는 데 공헌할 수 있기를 소망한다.

구민정 선생님 강연

수업 중에 연극하자

구민정

연극은 '이야기'다

    저는 중학교 사회과 교사입니다. 그런데 정확히 말하자면 '사회 선생님'보다는 '연극 하는 사회 선생님'으로 더 많이 불립니다. 교사 대상 연수나 특강을 하려 해도 '사회과 선생님'보다는 '연극' 선생님으로 통합니다.

어떤 계기로 저는 이렇게 교사가 된 이후에도 연극을 하고 있을까요? 게다가 끝이 보이지 않는 연극 공부를 계속하고 있으니 말입니다. '성격이 팔자다'라는 말이 있죠. 제가 좀 하기로 한 건 해야 하는 사람이어서… 그렇다고 뭐 무척 강인한 성격의 소유자, 이런 건 아니고요. 다만 아주 길고 먼 시간을 기준으로 되돌아볼 때 그렇다는 겁니다.

저에게 연극의 참 재미를 알려주신 분은 초등학교 6학년 때 선생님이셨습니다. 조성희 선생님. 자애로운 어머니 같은 분이셨지요. 당시 제가 초등학교에 다닐 땐 한 반에 4개의 분단이 있었어요. 과밀학급이었지요. 선생님께서는 학년 말에 분단별 연극 경연을 열어주셨어요. 저는 '분단장'(당시는 분단장이 숙제 검사도 하고 그랬어요)을 맡고 있었기에 한 분단을 맡아 공연을 준비하는 책임자가 되었지요. 막상 연극을 공연하려니 어려움이 많았습니다. 가장 큰 어려움은 모든 분단원에게 역할을 하나씩 주는 일이었어요. '모두 출연하자'고 말하고 머리를 쥐어짜서 배역을 늘리고 역할을 나눴지만 한 사람의 역이 부족했지요. 그래서 제가 연출을 하겠다고 나서서 역할 부족문제를 해결했습니다.

그것이 사건의 시작입니다. 무슨 사건이냐고요? 구민정이 연극 인생을 살게 된 사건을 말하는 것이지요. 그때부터 생전 처음 연출가가 되어 열정적으로 동네 빈집을 전전하며 연습을 한 끝에 공연을 성공리에 마치게 되었습니다. 그 결과 저희 분단이 1등을 했고, 트로피로 세상에서 가장 튼실한 꽈배기 도넛을 받았습니다. 친구들이 손에 손에 트로피같이 생긴 꽈배기를 들고 기쁜 눈으로 저를 바라보던 시선을 잊을 수가 없습니다. 선생님께서는 저희 분단이 1등을 한 이유를 이렇게 말씀하셨습니다.

"한 사람도 빠짐없이 참여토록 한 연출가의 연출력이 최고였다."

멋진 연출과 협동심이 우승의 이유라고 말씀하심으로써 제가 무대에 서지 못한 아쉬움을 한 방에 날려주셨으며, 우리의 협동을 최고로 칭찬해주심으로써 연극이 무엇인지 제게 뼛속 깊이 새기도록 해주신 겁니다. 저는 그 순간 눈물 나도록 기뻤습니다. 선생님은 우리의 노력을 세심한 시선으로 지켜봐 주셨던 것입니다. 그래서 어린이 구민정은 결심했지요. "나는 커서 연출가가 될 거야!" 그 이후 연극은 제 인생에서 아주 중요한 부분이 되었습니다.

사회 선생님과 연극

— 　　그러다 중학교 2학년이 되었습니다. 그때 또 한 번 제 인생의 진로를 결정해주신 선생님을 만났습니다. 바로 사회 선생님이셨습니다. 총각 선생님이었는지 기억이 안 나지만, 무척 좋아했던 남자 선생님이었습니다. 어찌나 재미있게 '세계사 이야기'를 해주시는지 선생님의 세계사 수업은 정말 저를 폭 빠지게 했습니다. 저는 친구들과 함께 '세계사 연구모임'을 만들었지요. 4명의 친구가 학교가 끝나면 늘 도서실로 가서 주제별로 연구를 했습니다. 우리끼리 한 달 후에 발표회를 갖기로 하고 근대사의 중요한 주제였던 르네상스, 종교개혁, 프랑스혁명 등을 연구해서 발표회를 가졌습니다.

　사실 그 당시 '베르사유의 장미'라는 만화가 인기 있었는데, 그 만화에 심취한 나머지 '프랑스혁명'은 우리의 인생을 송두리째 폭 빠지도록 몰입하게 한 사건이 되었습니다. 지금 생각해도 그 당시의 몰입은 대단했던 것 같습니다. 중학교 2학년은 무섭긴 무서운 학년입니다. 대단한 몰입으로 프랑스혁명과 그 전후의 역사를 꼼꼼하게 공부했던 그 기억과 실력으로 지금도 사회 선생을 하고 있으니 말입니다. 그때부터 사회는 따로 시험공부가 필요 없는 과목이 되었고, 늘상 학교 시험문제가 너무 쉬운 게 불만이었지요. 제 실력을 드러내기에 너무 단편적인 문제들이었으니까요. 아마도 논술형 문제를 원했던 아주 조숙한 학생이었던 것 같습니다. 아무튼, 사회 선생님이 되고 싶다는 결심의 계기는 중학교 2학년 사회 선생님을 좋아했던 마음과 '베르사유의 장미'라는 만화였습니다.

　물론 그 이후로는 그다지 공부에 몰입하지는 않았던 것 같습니다. 공부보다는 동아리 활동에 더 전념했던 고등학교 시절이 떠오릅니다. 고등학교에서 연극반 활동을 했거든요. 연극반 지도 선생님과 거의 매번 생각이 맞지 않아 싸워가며 연극을 만들었지요. 연출가가 꿈인 제게 선생님의 연출방식은 매우 마음에 들지 않았던 겁니다. 어쩌면 그때가 후기 사춘기였던 걸지도 모른다는 생각을 합니다. 여하튼 자기주장이 아주 강한 연출가로 연극반에서 반장을 맡아 팀을 이끌기도 했고, 멋진 배우로 무대에 서는 것이 매우 행복했던 기억입니다. 입시는 둘째 문제였던 문제아, 담당 선생님의 눈에는 무척 문제가 많은 고등학생이었을지도 모릅니다. 그 선생님은 저를 무대의 주인공으로 서게 해주셨지만, 아직도 그 당시 선생님께 대들었던 당돌함에 대해 사과드리지 못하고 있습니다.

대학 입시에서, 남들은 모두 제가 연극영화과나 신문방송학과를 갈 거라고 예상했지만 저는 중학교 시절의 꿈을 먼저 이루고 후에 연극을 하겠다는 야무진 청사진 하에 사범대학 사회교육과를 지원했습니다. 그 까닭은 '선 교사, 후 연극' 플랜이 보다 실현 가능하다는 판단이었고, 무엇보다 연극이라는 예술이 만만하게 덤빌 수 있는 게 아니라는 신념 때문이었습니다.

교사가 되어 학생들과 함께 인생을 배우고 가르치며 깨달은 후에 연극을 하는 게 옳다고 믿게 된 계기는 아마도 고골리나 푸시킨 등 러시아의 희곡과 그 작가들에 심취하던 중학교 시절의 독서 때문인 것 같습니다. 어린 시절, 희곡을 읽으면서 대부분의 작가가 먼저 교사로서의 삶을 살면서 인생을 성찰했을 때 비로소 명작을 남길 수 있게 되었다고 이해한 까닭입니다. 일반화하기는 어려워도 당시의 식자들은 대개 누군가를 가르치는 일로 생업을 이었던 경향을 어린 마음에 그렇게 파악한 것이겠지요. 그 이후 연극을 놓지 않으면서도 사회 선생님을 할 수 있는 삶을 선택함으로써 원하는 두 가지의 일을 다 하기 위해 상황을 만들었던 것 같습니다. 지금에 와서는 프로 무대의 치열한 창작보다는 교육 무대에서 연극을 실천하는 교육자로서의 정체성이 더 크지만 말입니다. 때로는 치열한 현장에서 한발 물러서 현실과 타협한 것은 아닌가, 하는 생각을 하기도 합니다. 그러나 연극만큼 교육 현장도 치열하므로, 다만 치열함의 중점이 다른 것이겠지요. 그리고 이제는 연극인이라기보다는 '교육자인 연극인'이 된 이 삶을 더 사랑하는 것 같습니다. 제 이야기는 결국 연극을 사랑하는 사회 교사의 이야기인 것이죠.

왜, 무엇을, 어떻게?

—　　　사회 교사가 되어 연극을 시작하게 되었을 때, 얼마나 기뻤던가. 그 생각을 하면 지금도 꿈만 같습니다. 그런데 연극과 사회 교사로서의 정체성이 하나로 융합되는 일이 쉬운 일은 아니었습니다. 처음에는 학교에서 학생들과 연극을 한다는 것이 그저 연극반 동아리 활동을 하는 정도였습니다. 국어 교사였다면 희곡수업을 하면서 연극을 간단하게 해볼 수도 있었겠지만, 사회 교사에게는 지필 평가 위주였던 당시에는 쉽게 가능한 일이 아니었습니다. 늘 평가라는 것이 발목을 잡는 상황에서 수업 중에 연극을 한다는 것은 그냥 노는 것으로 여겨지니까요.

동아리 연극반을 만들어 공연을 하자니 재미는 있었지만, 이게 일상이 아니라 방과 후에 하거나 겨우 한 달에 한두 번 정도의 동아리 활동에 그치는 경우가 많아서 성에 차지 않았습니다. 일상적으로 늘 아주 많은 학생과 연극을 할 수 있는 방법이 없을까? 결국, 수업 시간에 연극을 하는 것이 답이지요. 그러나 고입시험도 있던 시절이고, 수행평가의 방법도 일반화되어 있지 않은 때였으니 주위의 걱정은 이만저만이 아니었습니다. 수업 시간에 모두 일어나서 연극을 하는 모습을 순시하는 교장 선생님이 본다고 상상해보세요. 아무튼 시끄러운 교실을 만드는 문제 교사가 되어야 가능했던 연극 수업이었습니다. 그러나 굴하지 않고, 때로는 갈등도 이겨가며 연극을 활용한 수업을 했습니다.

그렇게 세월을 10여 년 어쩌면 20년 보내고 나니 이제 세상이 달라졌네요. 연극을 활용한 수업이 미래형 수업이라며 여기저기서 수업 시연을 요청하기도 하고 특강을 해달라고 하는 세상이 되었으니 말입니다. 어제의 문제 교사가 이제는 유능한 교사가 된 듯한 건 제 착각일까요? 융합교육, 인성교육, 독서교육, 창의성 교육, 진로교육 등 어떤 특별한 교육을 위해 연극을 결합하겠다고 요청하는 사례가 날로 늘고 있는 것은 정말 저로서는 반가운 일입니다.

왜 수업 시간에 연극을 하면 좋을까요? 우선 수업 시간에 연극을 하면 아이들이 활기를 찾습니다. 처음에는 오글거려하지만 신나게 놀면서 공부하므로 나중에는 연극 하자고 조릅니다. 그리고 교사도 즐겁습니다. 따라서 연극을 수업 시간에 하는 이유는 아주 다양하고도 분명합니다. 또한 더욱 강한 신념을 갖게 된 이유는 우리 아이들이 살아가야 할 시대에는 단순하게 지식만을 혼자 익히는 학력이 중요하지 않고 매우 창의적이고, 협력적이며, 주어진 문제를 해결하는 능력이 필요하기 때문입니다. 그러한 경험을 일상적으로 하도록 하는 데 연극만큼 좋은 예술이 없기 때문입니다.

무엇을? 그런데 문제는 아이들이 열심히 연극을 하며 즐겁게 공부하는 건 좋은데, 무엇을 얼마나 배우고 익히며 새로운 도전 과제를 풀고 협동했는가 하는 것, 그것에 대한 교사 자신의 물음에 답이 필요하다는 것입니다. 수업 방법으로서 연극은 매우 좋은데 그렇다면 무엇을, 즉 어떤 내용을 연극으로 하는 것이 좋으냐는 질문에 스스로 답을 내려야 합니다. 즉 교과 혹은 그 단위를 넘어서는 교육내용이 교육과정과 잘 맞아떨어지고 학생들의 발달단계나 기타 생애 과업과 연관 지어 맥락이 있어야 한다는 것입니다.

'무엇을?'이라고 자문하며 연극 수업 속에 꼭 넣어야 할 지식의 요소, 정서와 가치의 요소를 매우 세밀하게 계획하지 않으면 안 되는 겁니다. 따라서 무엇을 배웠는가 하는 점은 아이들과 선생님 모두에게 중요한 과제입니다. 사회 교과의 교육 목표를 가장 단순화하면, 민주시민의 자질을 갖추도록 가르치는 것입니다. 그러나 그것을 연극 수업으로 구현하기 위해서는 단원마다 핵심적 개념, 가치, 태도와 정서를 고루 함양할 수 있도록 세밀한 수업 구상이 필요합니다. 그런 과정에서 실패를 거듭했습니다.

실패로 단련된다

— 어떻게? 대표적인 실패 사례는 이렇습니다. 학생들은 무조건 즐거워했느냐? 아니죠. 즐거워하는 아이들 속에 일부는 매우 심드렁해서 앉아 있기도 했고(연극팀과 논쟁팀으로 나누었을 때의 논쟁팀), 무척 소란스럽게 들떠서 모두 즐거워하며 연습을 했지만, 막상 모둠별 공연을 해보면 거의 비슷한 내용이어서 여섯 모둠의 공연을 모두 지켜보는 것이 곤

욕이었던 때(청소년 인권관련 법 개정을 요구하는 연극을 만들었던 때)도 있었습니다. 여하간 실패의 연속 속에서 깨달은 바가 있었지요. 한국의 적어도 30명이 넘는 교실에서 연극을 하려면 매우 구체적인 계획과 수업모형이 있어야 한다는 것입니다. 다시 말해 선진국에서 각광을 받는 연극 수업의 방법이 한국에서는 잘 통하지 않을 수도 있다는 것입니다. 한국의 학생들은 연극 수업처럼 신체 활동을 적극적으로 하고 자신의 생각이나 감정을 자유로이 표현하는 것에 서툴렀습니다. 부끄러워하기도 하고, 심지어 중학생이 되도록 연극 공연을 한 편도 관람하지 못한 아이들도 있었습니다.

그때부터 교실의 공간과 시간을 고려한 수업모형을 계획하게 되었습니다. 그러다가 지금은 '구&권 모형'이라고 부르는 한국 교실에 적합한 교육연극 수업모형을 세상에 내놓게 되었습니다.

연극 수업에 논쟁 수업을 결합한 모형이었고, 이것으로 석사 논문을 썼습니다. 당시 대학원에서 연극뮤지컬 제작연출연기를 전공하고 있었는데, 교육연극을 배우지는 않았습니다. 다만 석사 과정의 공부를 통해 알게 된 것은 내가 하고자 하는 연극은 일반 연극과는 다르다는 것이었습니다. 그래서 스스로 이름을 붙인 것이 '교육연극'이었는데, 저는 처음에 이 이름을 제가 명명한 것으로 알았습니다. 그러나 논문을 쓰는 과정에서 책을 접하고 공부하다 보니 영국과 미국에서 이미 'Drama In Education', 'Educational Drama' 등으로 불리는 교육을 위한 연극이 있었다는 것을 알았습니다. 또 이 분야를 공부하기 위해 영국이나 미국에서 유학하고 오신 분도 몇 분 계시다는 걸 알았습니다. 그러나 대개는 초등학교에 그것을 적용하고 계셨고, 중학교나 고등학교에서 적용한 사례는 매우 드물다는 것이 제게는 도전 거리였습니다. 우리나라 입시교육이 지금은 초등학교까지 넘어갔다고는 하지만, 중학교에 입학하면서 공부의 중점이 전격 입시로 옮겨지고 그로 인해 학생들은 다양한 경험을 통해 배우는 수업과는 점점 멀어지고 있다는 것이 교육연극계의 동향을 보아도 알 수 있습니다.

연극을 활용한 수업의 일반적 흐름

— 연극을 활용한 수업의 일반적인 흐름은 아래 그림과 같습니다. 우리가 흔히 수업계획을 할 때 따르는 순서와 거의 비슷합니다. 다만 팔로우업이 좀 더 중요합니다. 웜업은 일반적으로 놀이를 생각하시면 됩니다. 주로 정서적 벽을 깨는 아이스브레이크를 위한 놀이와 신체를 유연하게 하는 워밍업을 결합한 놀이라면 가장 좋습니다. 그리고 드라마 활동을 하게 되는데 아주 다양한 드라마 형식을 결합할 수 있습니다.

드라마 수업을 구성할 때 교육연극의 일반적인 유형과 연극의 형식을 알아두면 아주 좋습니다. 교실에서 이루어지는 연극은 흔히 Drama In Education이라 부르며 공연을 위한 무대 연극과는 구별합니다. 공연을 목표로 연습하여 무대에 올리기보다는 교실에서 연극적 방식으로 학습

연극활용 수업(교육연극)의 일반적 흐름

하고 협력하는 배움에 중점을 두고 있기 때문입니다.

사실 앞의 그림과 같은 수업의 흐름은 선생님들에게는 아주 익숙합니다. 수업을 위해 도입 장면, 전개 과정, 마무리 단계를 늘 고민하며 계획하고 있기 때문입니다. 다만 연극 수업에서는 도입부인 웜업을 위해 신체 활동을 하고, 전개 과정에서는 교과 내용의 핵심 개념을 드라마로 학습하기 위해 다양한 소재로 상상과 이야기를 만드는 활동이 중점이 된다는 차이가 있습니다.

교육연극의 다양한 이름

—　　　교육연극도 누가 무엇을 위해 어떤 방식에 중점을 두고 하느냐에 따라 여러 가지 이름으로 불립니다.

창의적 드라마는 주로 미국에서 문학을 이해하도록 하기 위한 방식으로 교육연극을 해온 것에서 유래한 형식입니다. 문학이나 텍스트의 이해를 위해 활용하고 결과가 명확합니다. 과정드라마는 영국의 도로시 헤스코트나 세실리 오닐에 의해 형식화된 예술적 드라마 수업의 유형인데, 매우 예술적이며 교사가 개입하는 영역이 매우 많습니다. 이때의 교사는 Teacher In Role[TIR]이라고 하며 배우처럼 연극을 할 필요는 없지만, 아이들과 함께 활동하므로 주제에서 벗어나지 않도록 이끌어주는 힘이 큽니다. 스토리 드라마는 기존의 동화나 전래동화 등의 이야기 주제를 활용하므로 과정드라마보다는 좀 더 쉽게 접근할 수 있습니다. 스토리 드라마를 통해 학생들은 자신이 경험했던 사회의 언어와 사고의 맥락을 표현하며 상상의 이야기를 펼침으로써 확장된 사고의 영역으로 성장하

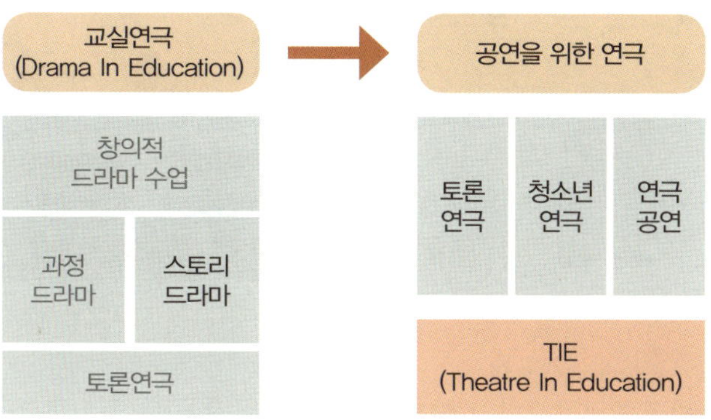

게 됩니다. 토론연극은 브라질의 아우구스또 보알이 만든 형식으로, 공연화시켜 무대에서 활용할 수도 있고 교실에서도 활용할 수 있습니다.

공연을 위한 연극은 형식에 따라 구분할 수도 있고 참여자의 특징에 따라 구분할 수도 있으며, 전문가가 개입하는가에 따라 TIE Theatre in Education로 불리기도 합니다. 우리나라에도 교육연극 전성기의 영국처럼 지역마다 아동 청소년을 위한 TIE 극단이나 교사 그룹이 있다면 정말 좋을 것 같습니다. 기회가 되면 이 형식들을 하나하나 알려드릴 수 있으리라 생각합니다. 이것은 수업을 위한 고민이기도 하지만, 지역 문화의 지형을 변화시키는 문화운동이 될 수도 있을 것입니다.

함께 연극해 볼까요?

— "우리 실습해볼까요?" 그날 온빛초에 모인 선생님들께 이렇게 말을 건네고 그 자리에서 즉석으로 아주 짧은 연극 실습을 했습니다. 지

금 생각해도 300명가량의 선생님에게 좀 무리한 부탁을 한 것 같습니다. 그러나 백문이 불여일견이므로, Go~!

위의 왼쪽 이미지를 보고 옆 사람과 이야기를 나눈 뒤 4~6명이 한 모둠이 되어 간단한 연극 장면을 만들어보면 좋습니다. 간단하게 정서적으로 공감할 수 있는 배경음악을 준비한다면, 연령과 성별을 넘어 아주 훈훈한 추억의 한 장면을 만들어볼 수 있습니다. 우리는 모두 당시 무대를 기억합니다. 여섯 분의 선생님이 무대에 오르셔서 아주 훈훈한 '엄마 마중'의 장면을 보여주셨던 것을 기억하시지요?

이 한 장의 이미지로 좀 더 복잡한 이야기를 구성하여 한편의 공연을 만들 수도 있습니다. 방법은 주인공의 캐릭터를 먼저 구축한 뒤Lead, 그의 목표를 정하고Objective, 그 목표 달성을 위해 방해하는 존재Comprontation 혹은 상황, 때로는 협력자나 상황을 첨가하여 갈등을 만들고 극의 결말의 목표 달성 여부K.O까지 이야기를 구성한 뒤 공연을 하는 방법입니다. 한두 장면을 만드는 것보다 조금 복잡한 구조를 지닌 이야기지만, 그런 만

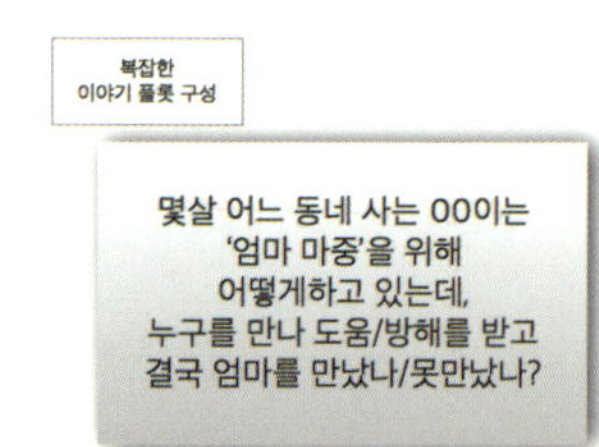

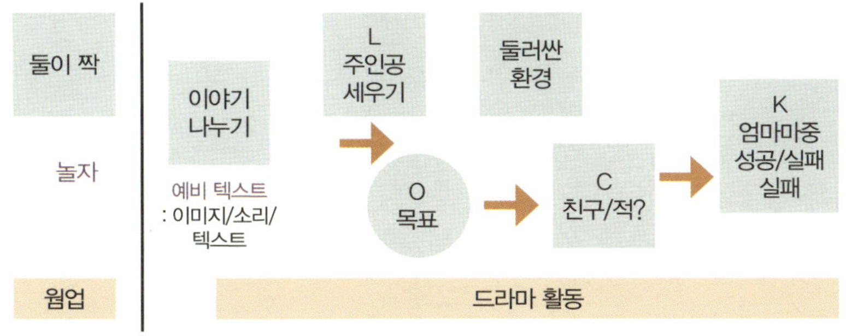

큼 재미는 더 있습니다. 시간이 허락된다면 시도해봄 직합니다.

위 그림은 이 과정을 좀 더 상세하게 한 시간 혹은 두 시간 블록타임을 가정하고 연극 만드는 방법을 제시한 것입니다. 아주 간단하게 이야기를 만들어 공연을 시도해볼 수 있습니다. 그 과정에서 아이들은 이런저런 이야기를 함께 나누며 상상의 나래를 펼 수 있고 이런 이야기에 잘 귀 기울이면 아이들을 지도하는 방법도 떠오릅니다. 모든 것의 열쇠는 무궁한 상상력과 이야기랍니다.

팔로우업이 중요하다

— 이렇게 연극을 만들어보고 함께 놀고 난 뒤에 무엇을 하면 좋을까요? 가장 중요한 것이 하나 남아 있습니다.

바로 마지막에 있는 성찰의 과정, 즉 '팔로우업follow up'입니다. 선생님들이 학생들과 함께 연극을 만들고 나누는 과정에서 어쩌면 교육적으로 가장 중요한 단계입니다. 우리가 오늘 무슨 이야기를 만들고 서로의 움직임과 표현으로 이야기를 더 풍부하게 상상했는지, 그 과정에서 어떤 걸 느꼈는지 대화하는 시간입니다. 이때 그냥 대화하기가 좀 맹숭맹숭하면 그림을 그려보거나, 편지나 시를 쓴 후 발표를 하면서 겸사겸사 이야기를 나누게 하는 것도 아주 좋은 방법입니다. 이 과정에서 학생들은 다른 친구들의 이야기를 들으며 자신이 미처 생각지 못했던 정서나 가치관 혹은 언어 표현을 통해 가장 많이 성장하게 된다고 생각합니다.

연극을 하며 배운다

— 백 가지 교육학의 이론이라도 모두 적용되지 않는 것이 없을 만큼 연극은 교육에서 아주 중요한 예술 장르이며 교육 효과는 어마어마합니다. 그 가운데서도 가장 힘을 주는 건 바로 정서적으로 아주 풍요롭게 한다는 것입니다. 함께 모여야 할 수 있는 것이며, 그 과정에서 서로의 이야기에 귀 기울이게 하고 사람의 몸과 마음을 움직이게 하는 것이 연극입니다. 그 매력에 폭 빠져서 여전히 학생들과 함께 연극 하는 걸 가장 좋아하는 교사, 그것이 바로 저의 정체성이랍니다.

중학교 2학년들과 제가 한 작업을 보신다면, 그 무서운 중2들이 정말

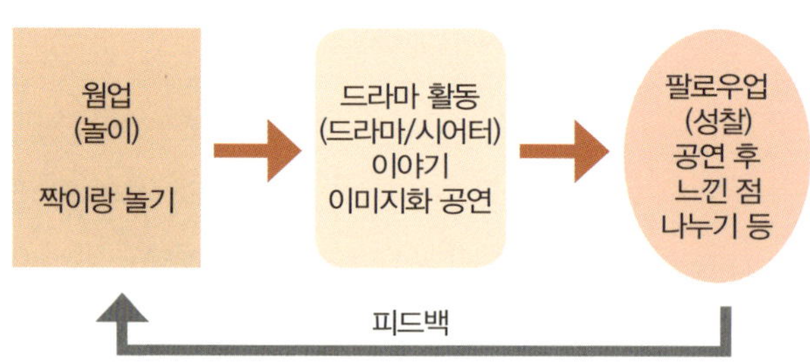

지점토 밥상

무섭도록 몰입하고 무섭도록 솔직하고 멋지다는 걸 아시게 될 겁니다.

위 사진은 한 중학교 2학년 아이가 만든 지점토 밥상입니다. 아주 손끝 야물게 미적인 소품을 만들어 공연을 준비했습니다. 함께 연극 하지 않았다면, 미술 교사가 아닌 사회 교사인 제가 그 아이의 재능을 알 수 없었을 것입니다. 가운데 하얗게 된 부분은 찌개 뚝배기 자리입니다. 이 밥상은 연극을 통해 얼마나 미적인 작업을 하는지 알게 해주는 예의 백미입니다.

아이들이 남긴 연극 수업 소감 중에 저에게 가장 감동을 주고, 배우게 했던 것이 있습니다.

"도움반 ○○이랑 수업할 수 있어서 좋았습니다."

평소 도움반에 가서 수업해야 했던 한 친구가 연극 수업에서는 함께 참여하여 춤도 추고 자신의 역할을 하면서 소외되지 않고 수업했던 것이 가장 기억에 남는다고 표현한 것입니다. 어떤 사회 교과의 개념보다 더 중요한 것을 스스로 깨달았고 선생님에게도 그런 일깨움을 준 아이에게 고마움을 전하고 싶습니다.

다음 사진에 나오는 것은 '문화 월드컵 퍼포먼스'라는 수업의 소품입니다. 학생들은 유럽의 동화 가운데 '빨간 망토 아이' 이야기를 소재로

그 아이가 온 유럽의 축제를 경험하는 퍼포먼스를 했는데, 어느 학급에서 스페인의 토마토 축제를 퍼포먼스로 만들면서 온 학급의 아이들에게 토마토 소품을 나누어 주었습니다. 저는 처음에 소품을 보고 잘 만들었다고만 생각했습니다. 그런데 아이들이 큐 사인과 함께 일제히 던지는 토마토를 보니 사진과 달리 빨간색 휴지 같은 것을 뭉친 소품을 던지는 것이었습니다. 이유를 물어보니 셀로판 커버는 몸이나 얼굴에 맞으면 따갑고 아프기 때문에 던지는 퍼포먼스용 소품은 아프지 않도록 제작했다는 것이었습니다. 과연! 중2들이 친구를 배려하는 마음에 감동을 받았습니다. 그 수업이 끝난 후 바닥에 떨어진 토마토의 잔해(?)는 스스로 모두 치우고 가는 성숙한 모습을 보여주어 또 한 번 감동을 받았습니다. 정말 멋진 아이들이었습니다.

오른쪽 첫 번째 사진은 우리 학교 중2 일짱들의 모둠이 활동하는 모습입니다. 이 아이들은 수업 준비를 위해 최대한 노력했습니다. 물론 처음에는 버티고 준비 안 하고 계속 나태한 모습을 보여서 한동안 애를 먹였지요. 그러나 보시는 것처럼 나중엔 자신들의 연기에 매우 흡족해하며 즐거운 시간을 함께했답니다.

오른쪽 두 번째 사진은 겨울방학 독서 캠프를 시작하는 모습입니다. '책이 없는 독서' 시간입니다. '경험으로 읽는 시간'이지요. 이 활동을 시작하는 날 간식을 놓고 의식을 거행합니다. 아이들이 제문도 만들어 읽고 열심히 활동하겠노라 다짐도 합니다. 즐거운 시간을 위해 일종의 '통과의례'를 만들어가는 것도 즐거움을 키우는 팁이 됩니다.

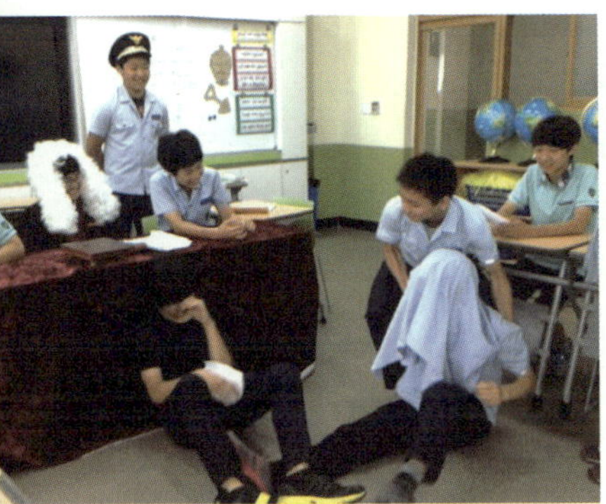

세상의 걱정거리가 되어버린 중2들이 아니라 매력적인 중2들이 무언가에 몰입하며 깔깔 웃는 소리가 울려 퍼지는 교실. 그것이야말로 제가 수업 중에 연극을 계속하는 이유입니다.

학생들과 수업 중에 함께하는 연극. 그 과정에서 교사는 함께 성장합니다. 연극을 하는 이유와 신념은 아래의 말이 대신해줍니다. 연극은 사람을 모이게 합니다. 그 사람 속에 학생과 교사 구분은 없습니다. 그냥 서로의 이야기가 상상 속에서 펼쳐지는 것입니다.

"연극은…
상처를 감싸주고
함께 모이게 하고
사람을 움직이게 한다!"

" 용기란 의미에 주눅이 들 필요가 없다.
용기는 행위가 끝나고 난 뒤에 붙여진 의미지
용기 있고자 말과 행동을 한 것이 아니다.
용기 때문에 행위를 한다면, 그건 폼 잡는 것일 수 있다.
그냥 해보는 거다.
그건 가장 하기 싫어 도망가다 어쩔 수 없을 때
돌아서 세상에 맞서는 것이다. "

차승민 선생님 강연

대마왕 차쌤이 당당하게 사는 법
- 용기는 찌질함의 끝에서 나온다 -

차승민

18년간 교단을 지키며 아이들을 가르치면서 요즘같이 유명세를 타고 소위 잘나가는(?) 교사가 되어 이곳저곳 강연 요청과 원고 청탁을 받으며 살아가고 있는 것이 꿈결 같다. 그런데 지금의 모습은 내가 잘나고 부족함이 없어서가 아니다. 나를 지금 이 자리까지 이끌어준 건 매우 역설적이지만, 콤플렉스 때문이었다.

'왜 난 남들보다 공부를 못하지?'
'왜 난 남들보다 능력이 부족하지?'
'왜 난 남들이 안 당하는 오해를 당하지?'
'남들은 편하게 사는데 왜 나만 힘들게 살아야 하지?'

그러나 콤플렉스라는 것이 거의 내가 만들어내고 나만 의식한다는 사실을 눈치채고 벗어나는 데는 무척 오랜 시간이 걸렸다.

범상치(?) 않은 외모 때문에 미소를 띠지 않으면 사람들은 내가 화 난 줄 안다. 그래서 오해도 많이 받았고, 1학년 담임을 할 때는 무섭다고 등교를 거부하는 아이들도 있었다. 거기다 굽히기 싫어하는 성격 탓에 돌아보면 교장, 교감, 동료 교사 그리고 학부모까지 부끄러울 정도로 무수한 다툼이 있었다. 하지만 내가 먼저 솔직하지 못했기 때문이란 사실을 간과하고 있었다.

어찌 보면 나의 콤플렉스는 솔직하지 못한 나의 모습에서 기인했을지도 모른다. 솔직해져서 자신을 있는 그대로 바라볼 수 있으면, 콤플렉스는 그저 나를 떠올리는 하나의 특징으로 변하고 내가 몰랐던 나의 강점도 발견할 수 있다. 그렇다면 난 어떻게 솔직해졌을까?

모르는 건 모른다고 한다

난 복잡하게 생각하지 못한다. 기억력이 떨어지기 때문이다.
난 어렵게 풀어가는 것을 싫어한다. 단순한 것이 좋기 때문이다.
난 내 생각을 먼저 한다. 내가 정리되어야 남의 생각도 듣기 때문이다.
난 생각이 끝나면 행동에 옮긴다. 행동하려고 생각하기 때문이다.
난 단순하게 나 자신과 내 주변을 정리한다.

"차쌤은 솔직해서 좋아. 대신 너무 솔직해서 사실 처음엔 당황스러워."

내가 교직 생활하면서 선후배들에게 가장 많이 듣는 말이다.

난 모르는 것이 있으면 그냥 물어본다. 물론 대화를 하다 모르는 단어나 개념이 나올 때 앞뒤 맥락으로 이해하는 경우도 있다. 그렇지만 그것도 한계가 있다. 그래서 모를 땐 화자나 글쓴이에게 바로 물어본다.

'혹시 모른다고 하면 무시하지 않을까?'

이런 걱정은 나 혼자만 하는 경우가 대부분이다. 화자나 글쓴이는 질문하면 잘 설명해준다. 그리고 설명을 듣고 나서 고맙다는 한마디면 사례로 충분하다.

그런데 모른다고 먼저 이야기 하니 좋은 점이 더 많다. 그래서 상대방에게 뭔가 묻는 것에 대해 주저함이 없어졌다. 어느 정도 독서가 이뤄지고 나면 해당 분야의 전문가들과의 대화를 통해 더 많은 지혜를 얻을 수 있다. 지식 중에서도 핵심 지식을 구할 수 있다. 모른다고 하면 더 잘 가르쳐준다.

"차쌤은 사물에 대한 통찰을 잘해요."

질문을 자주 하고 잘했을 뿐인데 이런 감동 어린 찬사(?)도 가끔 듣는다. 단순히 궁금한 것을 물어봤을 뿐인데 말이다. 가끔 오해를 부르기도 하지만, 일관성 있게 물어보면 책으로 얻는 지식보다 더 큰 것을 얻을 때가 많다. 멀리서 찾을 필요도 없다. 교실에서 아이들에게 서로 궁금한 것을 물어보라고만 시켜도 많은 공부가 된다.

"친구가 모르는 것이 있을 땐 알려줘. 가르쳐준다고 해서 네가 가지고 있는 지식이 없어지지는 않아. 대신 알려주면 너에게 더 많은 공부가 된단다."

교실에서 어린아이들에게 이렇게 말해주면 금방 알아듣고 곧잘 한다.

내가 나를 잘 모를 수 있다

— 　　고스톱을 치는 방법 중에 자기 패는 못 보고 남의 패만 보고 치는 방법이 있다. 이게 뭔 재미가 있겠느냐고 생각했지만 해보니 아주 흥미진진했다. 보통은 내가 가진 패를 기준으로 바닥에 깔린 패와 상대방이 가져간 패를 보고 아직 넘기지 않은 패를 예상한다. 그런데 내 패는 내가 못보고 상대방 패는 뻔히 보면서 치다 보면, 코미디도 이런 코미디가 없다. 광을 들고 먹을 수 있어도 쌍피를 내지 않나. 고도리를 눈앞에 두고도 죽정이 패를 내지 않나. 그런데 나만 이러는 것이 아니라 같이 치고 있는 모든 사람이 이런 헛발질(?)을 하고 있으니 말이다.

내 패를 내가 알고 있을 때는 나름 합리적인 추론과 예측이 가능한데, 내 패를 내가 모를 때는 상대방이 가진 패를 이용해서 내 패를 예측해야 한다. 현실 세계도 거꾸로 치는 고스톱이랑 별반 다르지 않다는 것이 내 생각이다. 내 패는 다 공개되어 있다고 보는 것이 솔직해질 수 있는 비결이다.

그렇다면 내 패는 어떻게 공개되어 있는가? 나의 표정, 나의 말과 글, 나의 행동을 통해 상대방은 나의 패를 유추한다. 이것을 어떻게 알 수 있는가?

우리는 둘만 모이면 남 이야기를 한다. 바로 뒷담화가 그것이다. 뒷담화 자체를 옳다 그르다 따지는 것은 제쳐두고, 말이 생겨나고 인류가 멸망하기 이전까지는 세 사람 이상 사회가 형성되면 반드시 뒷담화는 나오게 되어있다.

뒷담화를 잘 살펴보자. 뒷담화를 당하는 자의 표정이나 말, 행동 등을 어떤 형태로든 평가한다. 뒷담화로 인해 말썽이 벌어지는 이유는 험담이 오고 가면서 헐뜯는 데도 있지만, '내가 생각하는 나'와 '남이 생각하는 나'의 차이에서 오는 오해가 더 크다고 보면 된다.

나는 매년 1년이 지나고 나면 아이들에게 '선생님 사용설명서'를 자유롭게(?) 제작해보라고 하는데 가끔 그 안에 나오는 차쌤은 괴물로 표현되기도 한다.

'이런 썩을 것들~ 내가 얼마나 잘 해줬는데…. 빠지직~~'

이래 봤자 소용없다는 것을 얼마 가지 않아 깨달았다. 그 아이가 표현한 내 모습이 과장되어 있을 수도 있지만, 전혀 없는 것도 아니기 때문이다.

- 얼굴이 크다.

- 얼굴이 시커멓다.

- 목소리가 크다.

- '죽고 싶나, 지랄한다' 등 저렴한 교수 용어를 많이 쓴다.

- 기억력이 떨어진다.

- 글씨 못쓴다.

- 그림 못 그린다.

- 욱하는 성격 있다.

  ……

감추고 싶은 나의 비밀을 언제까지나 숨길 수는 없다. 주머니 속의 바늘과 추처럼 언젠가는 삐져나오기 때문이다. 내가 좋은 것만 보여주고 싶다고 보여줄 수 있는 것이 아니라 어쩔 수 없이 나의 속살이나 욕심도 나온다는 것을 인정해야 한다. 그래야 숨기고 싶은 내 속살과 욕심이 나오더라도 그것을 단점이 아닌 특징으로 인식하게 할 수 있다. 속살과 욕심은 남에게 피해를 주지 않는다면 나쁜 것이 아니다.

- 얼굴이 크다 – 그래서 옆 사람 얼굴을 작아 보이게 해준다.
- 얼굴이 시커멓다 – 그래서 옆 사람 얼굴을 자동 화이트닝해준다.
- 목소리가 크다 – 미리 알려주면 놀래지 않는다. 화가 난 것이 아니란 걸 미리 알려야 한다.
- '죽고 싶나, 지랄한다' 등 저렴한 교수 용어를 많이 쓴다 – 점점 줄이려고 노력한다. 대신 최대한 가볍게 웃으면서 하려고 한다.
- 글씨 못쓴다 – 그나마 지금의 글씨는 나름 십수 년 노력의 결과다.
- 그림 못 그린다 – 대신 그림을 잘 보고, 보는 걸 좋아한다. 못 그렸다고 뭐라 하지 않는다.
- 욱하는 성격 있다 – 과거에. 지금은 많이 줄었다. 대신 그래도 욱할 수 있음을 미리 알려준다.

내 속살이나 욕심을 미리 알려주는 것은 내가 내 패를 예상하고 보여주는 것이다. 쉽지는 않다. 내가 나를 잘 모르기 때문에 항상 상대방의 패를 신경 쓰고 살펴야 한다. 상대방의 말과 행동이 뭔가 일치하지 않으면 물어봐야 한다.

"제가 혹시 실수했나요?"

"본의 아니게 실례를 했다면 용서하세요. 고의가 아니었어요."

내 패를 내가 잘 모르기 때문에 상대방의 감정을 상하게 했다면, 이렇게 솔직하게 말하는 것이 오해를 줄이는 가장 확실한 방법이다.

세상은 나에게 별 관심이 없더라

―　　　　교사는 직업적인 특성상 감정의 교류에 민감해진다. 아이들의 행동과 표정을 늘 살피다 보니 언어로는 전달되기 힘든 것을 파악하고 분석하는 능력이 발달되어 있어서이다. 그래서 교사는 알게 모르게 연차가 쌓일수록 타인의 감정을 읽는 레이더가 민감하게 발달된다.

이런 감정 읽는 레이더는 교사에게 꼭 필요하지만, 안 좋은 영향을 주기도 한다. 즉 너무 민감해서 조그마한 타인의 시선이나 언행에도 많은 의미를 부여한다. 부여된 의미에 감정도 더한다. 수업을 통해 다져진 교수-학습의 기술은 복잡한 감정을 숨기고 표정과 언행을 조심하도록 조절 가능하게 단련된다.

'누가 나의 행동을 비난하지 않을까?'

'저 사람은 날 싫어하나 봐.'

'왜 나에게만 까칠하게 대하지?'

'왜 사사건건 나에게 시비를 거는 걸까?'

'손이 없나? 발이 없나? 왜 나한테만 부탁해?'

'관리자면 날 이렇게 막 대해도 되나?'

'동기끼리 너무하네. 어디 얼마나 잘하나 두고 보자.'

'저 후배는 자기 잘난 줄 만 알았지, 자기 행동이 얼마나 엉망인지도 모르고. 쯧쯧쯧.'

속으로는 이런 생각을 하면서도 겉으로는 친절하고 우아하며 격식에 맞게 대화를 주고받는다. 특히 교사는 이런 교내 활동에 상대적으로 다른 직종의 사람들보다 강하다. 난 이런 민감한 레이더가 돌아가는 학교라는 바다를 유유히 돌아다닌다. 필요하면 교장실, 교무실의 관리자를 만나 내 이야기를 하는 데 거리낌이 없고 인터뷰를 핑계로 누구든 만나 질문하고 도움을 청한다.

엄청나게 타인의 언행에 관심이 많은 듯 보이고 거기에 실수하지 않으려고, 대화의 이면에 무언가 다른 의미가 있는 것이 아닌가 파악하기 위해 힘쓰지 않는다. 그냥 타인의 말과 행동을 액면 그대로 받아들인다. 얼핏 보면 이율배반적으로 들리고 보인다. 이유는 간단하다. 타인의 언행과 표정을 살피고 해석하는 능력이 아무리 높다고 할지라도 근본적으로 학교는 너무 바쁘게 돌아가고 각자 자기 일과 고민에 치여 산다. 그러다 보니 타인을 배려하기가 좀체 쉽지 않다. 하지만 타인을 배려해야 한다고 배웠고 그래야 한다고 생각한다. 그리고 타인의 의견을 존중하고 잘 들어야 한다고 생각한다.

내 코가 석 자인 상황에서 이런 이상적인 것은 잘 들어맞지 않는다. 그래서 몸과 마음이 따로 놀고 자기에게 맞지 않는 가면을 쓰고 사회생활을 하는지도 모른다. 집으로 돌아오면 그 가면을 벗고 파김치가 된 자신의 얼굴로 돌아온다. 그리고 다시 아침이 되면 자신이 아닌 것 같은 가면을 쓰고 출근한다.

다시 처음으로 돌아가 생각해보자. 보통의 사람들은 이 루틴에서 자유롭지 못하다. 내 일도 벅찬데 타인을 배려하긴 쉽지 않다. 즉 다른 사람이 뭘 어떻게 하든 사고만 내지 않고 물의만 일으키지 않는다면, 별 관심도 없고 신경도 쓰지 않는다. 그렇다면 헷갈릴 것이다.

'그럼 평소 그 많은 조언과 질책, 뒷담화 등은 뭐란 말인가?'

간단하다. 그냥 해보는 말이 대부분이다. 거꾸로 생각해보라. 자신이 다른 누군가를 설득시켜 그의 행동양식을 바꿀 수 있다고 생각하는가?

"그냥 손잡아 주는 거예요."

부모는 아이의 안전을 위해 손잡고 걸어야 한다고 생각하지만, 어느 순간부터 아이는 그걸 귀찮아한다. 대신 엄마의 손을 잡지 않으면 엄마가 실망할까 봐 잡아주는 것일 수도 있다. 엄마는 아이의 손을 잡아주면서 자신의 역할을 다 하고 있다고 생각하지만, 아이의 생각과 다를 수 있다는 것이다. 실제 6학년 아이들과 대화하면서 들은 이야기다.

가장 가까운 부모와 자식 간에도 이렇듯 생각의 차이가 나고 행동의 오류도 생긴다. 그렇기 때문에 행동의 기준은 아주 간단해진다.

'내가 생각하는 것을 우선으로 해서 말하고 행동하면 된다.'

'왜냐하면, 사실 세상은 나에게 별 관심이 없기 때문이다.'

누군가 날 감시한다고 생각하지만,
가장 큰 감시자는 바로 나더라

— 　　어떤 이들은 내가 하는 말과 글의 표현에 대해 마음 상할 수도 있고 오해할 수도 있다. 그렇다고 해도 난 내가 생각하는 대로 말을 하고 글을 쓴다. 오해가 생기면 그때 가서 생각할 것이다. 이 글을 읽는 건 타인이지만, 가장 많이 읽는 독자는 나 자신이다. 나도 내 글을 읽으면서 흐트러지는 나 자신을 바로잡고 다독인다. 그래서 이글은 타인을 위해 쓰는 것 같지만, 어찌 보면 오로지 나 자신을 위해 쓰는 글이기도 하다. 어차피 이 글을 읽고 의미를 부여하거나 찾을 사람은 찾을 것이다. 반대로 자신의 생각과 반대되면 아예 쳐다보지 않을 것이다.

그렇다면 솔직하게 자신을 표현하는 데 장애가 되는 것은 과연 누구인가? 바로 자기 자신이다. 자신이 만들어둔 기준에 자신이 속박된다.

'완벽하지 않으면 안 된다.'

'실수하면 안 된다.'

'나의 실수는 타인이 날 우습게 보는 빌미가 될 것이다.'

'이것보다 더 나은 것은 없을까?'

'아직도 모자란 것 같다.'

'아직 파악하지 못한 경우의 수가 있으니 더 검토해야 한다.'

아마 이런 이유에서 자신을 솔직하게 표현하는 것에 어려움을 느낄지도 모른다. 그중에서 이런 생각 때문에 더 솔직해지지 못하는 것은 아닌가?

'나의 말과 행동과 표현을 다른 사람들이 오해하지 않을까?'

앞서서도 계속 말했다. 법적이고 도덕적인 것에 문제가 되지 않는다면, 별 관심 없다. 설혹 문제가 생긴다고 해도 큰 문제로 발전하진 않는다. 들어보고 내가 잘못되었으면 내 의견을 수정하거나 사과하면 된다. 오히려 상대방은 이런 태도에 더 신뢰를 느끼기도 한다. 생각이 필요한 것은 맞다. 그렇지만 필요 이상의 생각으로 결정을 지체하는 것은 솔직해지는 데 방해된다.

시한을 정해두고 뭔가를 하는 일을 생각해보자. 사회생활을 하다 보면 나 혼자가 아닌 상대방이 있는 거의 모든 일에는 시한이 정해져 있다. 우리는 이것을 약속이라고 부른다. 약속은 상대방과 협의해서 결정한 규약이며, 이것을 어겼을 땐 유무형으로 많은 피해를 본다. 즉 말과 행동으로 받는 오해보다 약속을 지키지 못해 받는 피해가 더 크다.

말과 행동 역시도 조심하고 사려 깊어야 한다는 것 자체를 부정하지 않는다. 하지만 약속이라는 더 큰 명제가 있을 때는 이것을 우선해야 한다는 뜻이다. 모를 땐 모른다고 하면 도와준다. 그러니 너무 오래 생각하는 것은 그리 좋은 방법이 아니다.

아무리 생각해봐도 복잡하고 어려운 세상을 사는 데 솔직하게 표현하는 것만큼 더 단순하게 문제의 답에 접근하는 방식을 찾지 못했다. 그래서 난 복잡하고 어려울수록 단순하게 생각한다. 나의 단순한 머리로도 해결되지 않으면, 답이 없다고 생각한다. 모르면 모른다고 하는 것이다. 모른다고 하고 답이 나올 때까지 다른 사람의 의견을 들어보고 기다리는 것에 대해서는 아무도 뭐라 하지 않는다.

타인의 영화에서는 내가 조연임을 인정하자

— 카페에서 이야기를 나누는 연인이 있다고 생각해보자. 이걸 영화 속 장면이라고 상상해보자. 자, 이 한 장면으로 몇 가지의 이야기가 나올 수 있을까? 무려 4가지의 이야기가 나온다.

첫 번째는 남자의 이야기.

두 번째는 여자의 이야기.

세 번째는 그걸 지켜본 점원의 이야기.

그리고 마지막 4번째는 이 모든 장면을 지켜본 관객의 이야기.

똑같은 상황에서 왜 이런 현상이 벌어질까? 이유는 간단하다. 사람은 자신이 보고 싶은 것만 보고 기억하고 싶은 것만 기억하기 때문이다. 즉 자신에게 필요 없다고 생각하거나 맥락상 의미가 이해되지 않아 해석되지 않는 것은 그냥 넘겨버린다.

하지만 대화하는 상황 그 자체만 보면 아닐 수 있다. 긍정의 표정과 제스처, 눈빛과 말투의 뉘앙스 등 정량하지 못하는 수없이 많은 신호가 오고 간다. 그 신호들은 대충 이런 것이다.

'저 잘 듣고 있어요.'

'뭔지는 모르지만, 일단은 받아들여요.'

말하는 사람은 상대방의 표정 등의 신호를 보면서 '아, 내 감정이 잘 전달되었구나'라고 생각하지만, 정작 상대방은 전혀 다를 수 있다.

남자인 나는 이런 사실을 후천적으로 알아냈다. 여자들은 본능적으로 이걸 안다는 사실도 교사가 되고 난 이후에 알았다. 그럼 나는 이것을 어떻게 알아냈는가? 역설적으로 수없이 많이 겪었던 수다와 뒷담화를 통해 터득했다.

A와 B 사이에 내가 있다. 난 둘과 친분이 있는데 유독 A와 B는 그리 친하지 않다. 대신 뭔지 모르게 불편해하는 것 같다. 그런데 나에게 전하는 A와 B의 이야기는 좀 다르다. 내가 모르는 이야기를 막 한다. 궁금하기도 하고 의아하기도 하다. 문제는 각자는 다른 이들을 평가하고 그것을 진실이라고 믿는다는 것이다.

"내가 직접 겪어 봤다니까."

"내가 직접 봤다니까(들었다니까)."

이러면 더 이상 뒤집을 수도 없다. 과연 어디까지 사실이고 어디까지 거짓이며 어디까지 과장일까? 남자인 나는 거의 해석 불가능하다. 오히려 해석하려고 하면 더 해석이 불가능해지는 이상한 현상을 겪는다. 더욱더 놀라운 것은 3학년 10살짜리 여자아이들도 이 게임에 익숙하다는 사실이다.

그럼 A와 B는 날 어떻게 생각할까? 그건 난 모른다. 며느리도 모른다고 봐야 한다. 그리고 알려고 노력해봤자 헛수고임을 금방 깨닫는다. 그럼 어떻게 해야 하나? 뭘 어떻게 하나, 내 캐릭터만 분명하게 보여주면 된다. 뭘 좋아하고 뭘 싫어하며 어디까지 허용되는지 이야기해주는 것이다. 물론 대놓고 아무 때나 하는 것이 아니라 그럴 시기가 올 때 주저하지 않고 한다는 뜻이다. 내가 어떤 형태로 포장해서 말하고 행동하든 상대방은 자기 관점에서 해석한 다음 기억하기 때문이다.

내가 기억하는 내용에서는 내가 주인공이고 나머지는 조연이다. 반대로 상대방의 기억 속에 있을 때의 나는 조연이다. 조연임을 인정하라는 말은 내가 그 사람의 기억 속에 어떤 인물로 기억될지 간섭하지 말라는 뜻이다.

억울할 수도 있다. 본의 아니게 상대방에게 오해를 줘서 날 부정적으로 생각한다면 더 억울할 것이다. 그렇기 때문에 반대로 상대방에게 사과할 명분이 분명히 생기는 것이다. 일단 사과를 해야 상대방도 오해를 푼다. 오해가 풀려야 내가 기억하는 주인공의 상황을 상대방도 인정해준다. 어차피 상대방도 오해가 풀리면 자신이 나의 영화에 어떻게 출연했는지 궁금해하기 때문이다.

용기는 행동으로 나온다. 가장 찌찔한 순간에…

—   세상은 나에게 별 관심이 없고 나를 제약하는 가장 큰 감시자는 바로 나란 사실을 아는 것만 해도 큰 발전이다. 그렇지만 그걸 행동으로 옮기는 건 생각만큼 그렇게 쉬운 일은 아니다.

"난 그렇게 생각하지 않아."

"내 생각은 이래."

"제가 해볼게요."

겉으로 보기엔 작은 행동 하나지만, 그건 내가 지금껏 살아오며 지키고 있는 생각과 관습 그리고 사고체계를 바꾸는 것과도 같기 때문이다.

자신을 온전히 드러내는 것 같아 엄청 두렵기도 하다.

'날 이상하게 생각하지 않을까?'

마음속으로 온갖 시나리오를 짜고 그에 맞춰 수많은 방법으로 시뮬레이션을 해본다. 이런 반응이 오면 이렇게 대처하고 반론을 제기하면 요렇게 말하고. 속으로 온갖 짓을 다 해본다. 그러나 마음속에 있는 말을 꺼내고 실제 행동으로 옮겨보면 생각했던 것처럼 세상은 그렇게 요동치지 않는다. 아주 잘못된 생각이나 행동이 아니면 일단 존중해준다. 그 결과에 따라 나의 말과 행동에 책임을 지면 된다. 아이를 대하거나 교직원들을 대할 때 범죄에 준할 만큼의 말과 행동을 하지 않으면 된다.

실제 말과 행동으로 실현해보면 주위에서 반응은 대체로 이렇다.

"참 자유로운 영혼으로 여유롭게 사시는 것 같아요."

"그런 용기가 어디서부터 나오는지 궁금해요."

궁금할 거 없다. 나 역시도 하기 싫은 건 하기 싫고 좋은 결과가 나오지 않으면 어떻게 하나 하고 고민하고 걱정한다. 나 대신 할 사람이 있으면 정말 고맙게 생각하고 누군가 결정을 내려주면 따를 준비도 되어 있다. 그렇지만 대신해줄 사람이 없고, 결정 내줄 사람이 오직 나뿐이라면 어떻게 할 것인가?

일단은 나도 도망간다. 갈 때까지 도망가고 하지 않으려고 한다. 그래도 할 사람이 없으면 한다. 가장 처음 해볼 때가 가장 어렵다. 그 순간은 천지가 개벽하는 것 같고 심장이 터질 것 같으며 세상의 모든 사람이 날 쳐다볼 것 같지만, 그건 상상 속에서만 벌어지는 일이다. 그냥 무탈하게 아무 일 없이 지나가는 경우가 대부분이다.

용기란 의미에 주눅이 들 필요가 없다. 용기는 행위가 끝나고 난 뒤에 붙여진 의미지 용기 있고자 말과 행동을 한 것이 아니다. 용기 때문에 행위를 한다면, 그건 폼 잡는 것일 수 있다. 그냥 해보는 거다. 그건 가장 하기 싫어 도망가다 어쩔 수 없을 때 돌아서 세상에 맞서는 것이다.

좋은 결과가 나오면 그때 세상은 나에게 용기 있는 행동이었다고 한다. 그렇다면 좋은 결과가 나오지 않으면 어떻게 하는가? 뭘 고민하나? 어차피 세상은 나에게 관심이 없는데, 다시 처음부터라도 시작하면 되지 않는가?

세상을 바꾼다는 건 나부터 바꾸는 것이다

— 우린 하나의 세상을 살고 있는 것 같지만, 전혀 다른 3가지의 세상을 동시에 살고 있는지도 모른다.

첫 번째는 TV 속에 나오는 세상이다. TV만 틀면 세상 모든 뉴스가 다 나온다. 방에 앉아서도 지구 반대편 소식을 알 수가 있고, 수없이 일어나는 사건 사고와 엄청난 숫자의 돈이 돌아다니는 경제현황도 보고 들을 수 있다. 하지만 TV를 끄고 나면 그냥 방구석에 앉아있는 내가 남는다. 어찌 보면 난 아무것도 할 것이 없고 별 영향도 받지 않는다.

두 번째는 내 전화기에 저장된 주소록만큼의 세상이다. 내 휴대전화에는 1,500개가 넘는 연락처가 저장되어 있다. 적어도 한두 번, 많게는 자주 연락하는 사람들일 수도 있다. 하지만 거의 대부분은 그냥 알고만 지내는 사이다. TV에 나오는 세상만큼 거의 영향을 주지 않는 것은 아니지만, 그렇다고 해서 내게 별다른 영향을 주는 세상도 아니다. 다른 점이 있다면 내가 필요할 때나 그들이 필요할 땐 서로 연락해서 뭔가 이야기하거나 해볼 수 있는 정도의 차이만 있을 뿐이다.

세 번째는 내가 평소에 만나고 생각을 공유하며 이야기를 나누는 세상이다. 바로 가족과 친척, 친구들 그리고 직장동료와 그 외 내가 속한 공동체다. 엄청 많은 숫자일 것 같지만, 한 명 한 명 꼽아보면 그중에서도 나와 실제 영향을 주고받는 사람은 그리 많지 않다. 사실은 이 세 번째 세상이 나의 의식과 행동을 지배한다고 봐야 한다.

"대통령이 저 모양이니 나라 꼴이 이 모양이지."

"정치가 썩어서 대한민국이 이 모양이야."

"이 사회가 썩어서 교육의 발전이 안 된다니까."

"하여튼 우리나라는 안 돼."

생각해보자. 세상이 불공정하고 정의롭지 못하며 비정상적이란 것에 나도 동의한다. 그런 불공정과 비정상 그리고 정의롭지 못한 것이 초래되는 세상은 어떤 세상인가? 바로 내가 밀접하게 생활하는 세 번째 세상에서 경험한 것들이다. 그러면서 욕은 첫 번째 세상에다 한다. 참 이율배반적이지 않은가?

첫 번째 세상이 잘 돌아간다는 의미가 아니다. 첫 번째 세상을 바꾸기 위해서는 세 번째 세상을 먼저 바꾸어야 한다. 내 가족, 내 친구, 내 동료, 내가 가르치는 학생과 부모를 바꾸어야 한다. 첫 번째 세상을 바꾸는 혁명보다 이것이 더 힘들지도 모른다.

그렇다면 무엇부터 바꾸어야 하는가? 결국, 나로 귀결된다. 용기 있게 바꾸는 것은 바로 나다. 이것이 내가 내린 결론이고 난 이렇게 살아왔다. 나에게 있는 용기와 자유로움이 무엇인지 다시 정리해본다. 세상이 어떻게 바뀌고 어떤 악조건이 생기더라도 바뀌지 않은 내가 무엇인지 정리해본다.

난 생각할 수 있다.

난 쓸 수 있다.

난 수업을 할 수 있고 아이들과 이야기할 수 있다.

난 나를 드러내 보일 수 있다.

난 행동할 수 있다.

'난 생각하고 행동할 수 있다'에 방점을 찍는다.

행동하다가 불이익을 당하지 않을까? 그런 걱정은 안 한다. 난 적어도 공무원 행동강령에 어긋나는 일은 하지 않는다. 또 헌법과 법률이 규정하는 한도 내에서 한다.

난 틀을 깨지 않는다. 틀은 나를 속박하기도 하지만, 날 보호해주는 보호막이다. 대신 틀 자체를 키운다. 틀을 헌법과 법률의 규정 한도까지

넓히면, 행동의 자유는 얼마든지 보장된다. 하지만 행동의 제약은 일신상의 불이익 때문에 제약받은 것이 아니란 것을 알았다.

내가 행동할 때

교사로서 아이에게 요구할 때

교사로서 학부모를 대할 때

부모로서 자식에게 요구할 때

동료로서 관리자와 다른 교사들을 대할 때

강연자로서 청중에게 말할 때

규정에 의해 말 못하거나 요구하지 못하거나 불편하지는 않다.

'말을 물가에 인도할 수 있어도 마시게 할 수는 없다.'

방법이 무엇인지 몰라 고민하지는 않는다. 대신 내 방법이 옳았다고 타인에게 투사하지 않고 지켜보는 것이 더 어렵다는 것을 느낀다. 그래서 난 선택했다.

용기 있게 세상을 산다는 것은 나에게 충실한 것이다.

내가 용기 있게 말하면서 내 주변의 사람들이 용기를 얻는다.

내가 용기 있게 행동하면서 내 주변의 사람들이 용기 있게 행동해보려는 의지를 가진다.

내가 용기 있게 행동하는 것이 찌질함에 극치였다고 고백하면서 내 주변의 사람들이 용기에 대해 쫄지 않고 안도감을 느낀다.

누구든 용기 있게 행동하는 나를 보고 또 다른 누군가는 용기를 얻어 세상을 살 힘을 가질 수 있도록 나 자신을 위해 충실히 살아갈 것이다.

그것이 내가 세상을 당당하게 사는 방법이다.

" 교사의 삶에 감사와 위로의 두 손길이 찾아온다면,
우리는 그 누구에게도 따뜻한 사람이 될 수 있을 것이다.
서로 상처 따위는 잊고
환하게 웃음으로 맞아줄지도 모른다.
그게 대한민국의 교사들의 앞날이었으면 좋겠다.
서로 따뜻하고 친절하게 이야기해주고
나누어주고 보듬어주는 것 말이다. "

지친 교사를 위한
두 개의 작은 손길

김성효

위로, 그것은 아주 작은 몸짓

—　　　곁에 두고 자주 읽는 책이 한 권 있다. 야누슈 코르착의 『아이들』이다. 그 가운데 가장 인상 깊었던 문장이 있다.

"우리 아이 중에는 상처를 입은 아이도 있습니다. 어떤 아이는 상처를 극복하고, 아무 흉터도 남기지 않습니다. … 이때 영혼도 함께 회복된다면 얼마나 좋을까요."

인간이라면 아이든 어른이든 할 것 없이 어떤 상처든, 다 나을 때까지는 모든 상처가 아프다. 겉으로 보이는 생채기도 아프지만, 가슴에 난 생채기도 겉으로 드러난 것 못지않게 아프다. 코르착의 말처럼 상처에 그 흔적이 남지 않는다면, 그래서 그 영혼까지 같이 회복된다면 얼마나 좋을까. 그러나 상처에는 그 흔적이 분명 남는다. 조금 옅은 흔적, 혹은 짙은 흔적, 그 차이만 있을 뿐이다.

교사에게도 상처가 있을까? 나는 있었다. 학부모에게서 들은 모진 소리, 동료 교사에게서 들은 슬픈 소리, 아이에게서 받은 비난, 교장에게 불려가서 들어야 했던 싫은 소리, 다 적을 수 없을 만큼 많다. 그중 어떤 것은 지금도 기억날 정도로 힘들다. 자라 보고 놀란 가슴 솥뚜껑 보고 놀란다고, 상흔이 깊으면 깊을수록 같은 상처를 받기 싫어 행동이 움츠러들기 마련이다. 상처 입은 교사가 좋은 수업을 할 수 있을까. 나는 아니라고 생각한다. 수업도 하기 싫고 학교도 가기 싫다. 아이들이라면 진저리가 쳐질 수도 있다. 내가 그랬으니까.

꽤 오래된 일이다. 큰 아이 임신 5주차의 일이다. 우리 반 여자아이 하나가 운동장에서 크게 다쳤다. 아이는 많이 아팠고 수술을 두 번이나 해야 했다. 이 아이의 일은 학부모 사이에서 큰 사건이 돼버렸다. 나도 담임교사로서 많이 힘들었다. 정말 많이 울었고, 너무나 많이 외로웠다. 그때 가장 힘들었던 것은 나에게는 죽을 만큼 힘든 이 일이, 다른 교사들에게는 옆 반 일, 남의 일이라는 사실이었다.

그런데 나도 그랬다. 나도 남의 일에는 별 관심이 없었고, 다른 교사들이 고민하는 일도 나 몰라라 했다. 내 교실 일이 잘 풀리면 그것으로 만족했고, 내가 가르치는 아이들이 잘하면 그것으로 기분 좋아했다. 다른 교실의 일에는 관심도 없었고, 왜 관심을 가져야 하는지조차 한 번도 생각하지 않고 살았다. 나는 그동안의 무심함에 대한 대가를 혹독하게 치르는 중이었다.

그때 내가 학교에서 할 수 있는 일은 별로 없었다. 학부모끼리 이미 서로의 책임을 묻거나 책임이 없음을 밝히는 고소장을 각각 제출한 다음이었다. 학교에도 법적 책임을 묻겠다는 고소장의 문구가 떠오를 때면 심장이 쿵쾅거렸다. '양쪽 학부모의 의견을 중재하며, 가운데서 최대한 원만하게 해결한다' 같은 말은 무슨 저 멀리 다른 나라 매뉴얼에나 나오는 소리였다. 그저 학부모들에게서 전화만 안 와도 살 것 같았다.

어느 날도 그중 한 학부모가 전화기에 대고 목소리를 높여 화를 냈다. 나는 흥분한 그에게 이렇게 말했다.

"아버님, 지금 화내시는 것은 충분히 이해하는데요. 제가 배 속에 아이도 있고 하니, 진정하시고 조금만 목소리를 낮추어 주시면 안 될까요. 부탁드리겠습니다."

내 딴에는 꽤 용기를 낸 말이었다. 배 속의 아기가 있는 임신 3개월 차의 임신부에게 중년 남자가 소리를 지르는 상황이었다. 당연한 요구라고 생각했지만, 돌아온 말은 너무나 큰 상처를 준, 뜻밖의 말이었다.

"선생님, 선생님 배 속의 그 애기, 그거 잘못돼도 내 책임 아니요."

아아, 어떻게 설명해야 할까. 그 순간의 충격을.

나는 멍해졌다.

더 할 말이 없었다.

그 말이 너무 큰 충격이어서 그다음은 뭐라 말했는지 기억도 잘 나지 않는다. 전화를 끊고 나니 아랫배가 단단하게 뭉쳐 있었다. 배 속의 아기가 힘들어하고 있었다. 아기에게 미안했다. 너무나 미안하고, 미안하고, 또 미안해서, 나는 배 속의 아기에게 말을 건네면서 한없이 울었다.

'엄마가 너무 미안해. 엄마가 무능한 교사여서 이런 소리를 너에게 듣게 한다. 엄마가 너를 지켜줄 수 있을까? 네가 정말 그 사람 말대로 잘못되지 않고 잘 태어날 수 있을까? 엄마는 어떻게 살아야 할까? 이런 소리 듣고도 살아있어야 하는 거지? 네가 살아있으니까 엄마도 살아야 하는 거지?'

그 이후로 길을 걸어가다가도 그 말이 떠오르면 나는 그대로 주저앉아 울었다. 하루는 교실에 우두커니 앉아 있다가 옆 반을 찾아갔다. 너무 외롭고 힘들어서 그대로는 집에도 못 갈 것 같았다. 평소에 친하게 지내던 두 살 위 선배 언니 교실이었다. 학교에서 모르는 사람이 없는 요란한 사건이니 언니도 전후 상황을 잘 알고 있었다. 언니는 핼쑥한 얼굴로 교실에 들어서는 나를 보고 의자를 가져다주었다. 그리고 따뜻한 차를 한 잔 타주었다. 그러고 나서 내 손을 잡으며 이렇게 말했다.

"성효야, 힘들지, 배 속에 애기도 있는데 너 이렇게 힘들어서 어쩌냐."

그리고는 언니가 주르륵, 눈물을 흘렸다. 나도 울었다. 뭐라 할 말이 없이 그냥 너무 고맙고 따뜻했다. 아무 말도 없이, 빈 교실에서 둘이 손을 잡고 그렇게 한참을 울었다.

아, 그때의 그 감정을 뭐라고 설명해야 할까. 그저 내가 그렇게 따뜻한 사람으로 살아오지 못했다는 사실이 미안했고, 선배 언니의 눈물에 또 너무나 고마웠다. 그때 그 눈물의 힘을 내 말재주로는 정확하게 표현할 자신이 없다.

아이를 낳으면서 육아휴직을 신청했다. 꼬박 1년 반을 아기만 키우면서 살았다. 그렇게 집에서 1교시는 미술, 2교시는 읽기, 3교시는 수학… 아기와 수업 놀이를 하면서 지냈다. 할 줄 아는 재주가 가르치는 것밖에 없는 나 자신이 우스웠다. 가끔 은행이나 목욕탕에 가면 아줌마들이 삼삼오오 모여 앉아 아무렇지 않게 선생을 욕하고 있었다. 교사가 아닌 일반인의 시선이란 어쩌면 그리도 날카롭고 따가운지, 나는 그들이 마치 내게 욕하는 것만 같아 뒤통수가 따갑곤 했다.

그들은 여자 교사가 화장이 진하다고 욕을 했고, 옷이 화려하다고 욕을 했다. 남자 교사가 술을 마신 다음 날 입에서 냄새가 났다고 욕을 했고, 선생 주제에 돈을 밝힌다고 욕을 했다. 나는 의아했다. 교사 앞에서 교사를 칭찬하던 그 많은 학부모는 다 어디로 갔을까, 하고 생각했다.

학교로 돌아가고 싶지 않았다. 그런 소리 들어가면서 선생을 해야 하나 몇 번이고 생각했다. 이미 학교에서 마음이 떠난 나였다. 그냥 아기만 키우면서 살면 좋겠다 싶었다. 그런데 그 생각은 천천히 변해갔다. 아이를 키우면서 보니, 나도 아이가 다치면 마음이 아팠다. 아이가 걸어가다 넘어지면 마치 내 무릎이 까진 것처럼 쓰라렸다. 아이가 속상해서 우는 것을 보면 나도 울고 싶어졌다. 나도 엄마였다.

아이가 다치는 것을 보고 싶지 않은 평범한 엄마의 입장에서 생각해 보니, 다친 아이 엄마 아빠는 얼마나 마음이 아팠을까 싶었다. 일부러 그런 것이 아닌데, 다치게 한 아이의 엄마 아빠는 또 어땠을까 싶으니 그것 역시 마음이 안 좋았다. 나도 내 자식이 어디 가서 다치고 오면 화가 날 것이다, 하고 생각하니 응어리진 마음이 서서히 풀렸다. 그리고 내가 겪은 일이 내 잘못으로 혹은 내가 무능해서 벌어진 일이 아니라, 세상 어디서나 있을 수 있는 평범한 일이었다고 생각하게 되었다. 그렇게 생각의 방향을 틀자 마음이 천천히, 정말 아주 천천히 편해지기 시작했다. 학교에 다시 돌아가기로 마음먹었다. '두 살짜리 딸과 하는 수업 놀이는 이제 그만하고, 내 교실로 돌아가자'라고 생각했다.

아이러니하게도 학교에 돌아가서 반을 뽑았을 때 나는 다친 아이의 동생이 있는 반을 뽑았다. 11개의 학급이 있었는데, 복직자 먼저 배려해 줄 테니 먼저 뽑으라고 해서 뽑았음에도 불구하고, 그 많은 반 중 하필이면 그 반을 뽑은 것이다. 그 아이의 동생을 가르쳐야 하니 그 부모님도 다시 만나야 했다. 몹시 껄끄러울 것 같았지만, 그럭저럭 괜찮았다. 오히려 재미있고 즐겁게 한 해를 보냈다.

그 힘들었던 어느 날, 내 손을 잡고 울어준 단 한 사람의 눈물을 나는 지금도 잊지 못한다. 힘들지, 라고 건네주었던 그 따뜻한 말 한마디를 잊지 못한다. 학교로 돌아간 다음, 나도 누군가를 위해 울어줄 수 있는 그런 선배가 되고 싶어졌다. 내 교사로서의 삶에 새로운 목표가 생긴 것이다. 나에게 교사로서의 터닝포인트가 무엇이었냐 묻는다면 나는 그때 선배 언니와 함께 울었던 그 눈물을 말하고 싶다. 고백하건대 지금 이 순간도 기도하는 마음으로 이 문장을 쓴다. 나는 진심으로 내가 겪은 그런 일련의 사건을 다른 이들은 겪지 않았으면 좋겠다. 그들은 울지 않았으면 좋겠고, 그런 험한 소리 듣지 않았으면 한다.

이 이야기를 꺼내어 입 밖으로 말하기까지 오랜 시간이 걸렸다. 그만큼 나에게는 아픈 상처였고, 눈물부터 나는 일이었기 때문이다. 이젠 말한다. 사람들에게 힘내라고도 한다. 요즘은 많은 사람 앞에 설 때면 이 이야기를 들려준다. 그리고 부탁도 한다.

"교실과 교실 사이가 너무 멀어요. 교실 사이에 놓인 벽이 너무 높아요. 옆 교실에서 누군가 울고 있을지도 몰라요. 선생님, 울고 있는 바로 그 사람의 손을 잡아주세요. 누군가 도움이 필요한 사람, 위로가 필요한 그의 손을 잡아주는 따뜻한 교실 우리 함께 만들어요."

나는 위로가 큰 것이라고 생각하지 않는다. 울고 있는 이의 어깨에 손을 올려 다독이는 아주 작은 몸짓, 그 몸짓 하나라고 생각한다. 괜찮냐 물어보고, 아프지 말라고 말해주는 그 몇 마디라고 생각한다. 서로 함께 같은 길을 걷는 우리가 묻지 않는다면 과연 누가 묻겠는가. 우리가 우리에게 힘내라고 응원도 해주고, 걱정하지 말라고 격려도 해주고, 괜찮을 거라고 위로도 해주어야 하지 않을까.

이제 우리끼리 해보자. 지금부터라도 우리끼리 서로에게 따뜻하게 손 내밀어 보자. 어쩌면 그것이야말로 교사인 우리가 교사인 우리에게 줄 수 있는 가장 작은 몸짓이자, 가장 큰 위로일 것이다.

기적은 어디에나 있다

— 많은 사람이 '기적奇蹟'을 전혀 불가능한 그 어떤 것으로 생각한다. 성경에 나오는 것처럼 물을 포도주로 만들고 바다 위를 걸어야 기적이라고 생각하는 것이다. 어쩌면 세상의 시선이 옳을지도 모르겠다. 단어 상의 의미로도 그렇다. 그러나 내가 생각하는 기적은 그것과는 다르다. 기적은 사소한 것이고, 어디에나 있는 것이다. 우리가 살아가는 매 순간이 기적이다. 꽃이 피고 바람이 불고 숨을 쉴 수 있다는 것조차도 기적이다. 그리고 내가 경험한 가장 놀라운 기적은 다른 게 아니라, 바

로 아이들을 가르칠 수 있다는 사실 그 자체다. 분명 기적은 어디에나 있다.

나는 눈물이 많은 교사였다. 학부모에게 상처받은 것뿐 아니라, 학생에게도 상처를 받곤 했다. 원래도 눈물이 많은 사람이지만, 교사를 하면서도 참 자주 울었다.

한 번은 우리 반 아이 하나가 일기장에 욕을 잔뜩 써온 적이 있다. 그때 우리 반은 마흔일곱 명이었다. 그렇게 많은 학생의 일기를 매일 아침 검사하는 것도 일이어서 나는 학교에 8시 전에 출근했다. 오직 일기검사를 하러 그렇게 이른 시간에 출근해서 매일 같이 일기를 검사하고 또 검사했다. 높이 쌓인 일기장을 하나하나 검사해가다가 일기장 하나에 손이 멈추었다. 내 앞에서 나를 빤히 보고 있는 여자아이의 일기였다. 아이의 일기는 이렇게 시작하고 있었다.

'혼자만 착한 척하는 담탱이, 진짜 짜증 난다.'

뒤로 갈수록 글의 내용은 심각하고 거칠었다. 욕도 간간이 섞여 있었다. 아이는 나를 향해 저 혼자만 잘난 척하고 착한 척했다고 말하고 있었다. 그래. 아이의 말이 맞았다. 난 혼자 잘난 척하고, 혼자 착한 척했다. 그때 우리 반에는 왕따가 있었다. 전날 나는 이런 말을 했다.

"알고 보니 그리 나쁜 애는 아닌데 너희가 의도적으로 너무 괴롭히는 거 아니냐, 앞으로는 사이좋게 지냈으면 좋겠다."

그렇게 한참 설교한 다음 만족해했다. 아이들이 앞으로는 함부로 못 할 것이다, 생각도 했다. 지금 생각해보면 어이없을 정도로 순진하지만, 아이가 비난하는 대상이 나라고는 전혀 생각하지 않았기 때문에 처음에는 '어머, 이 선생님 진짜 안 됐다'라고도 생각했다. 그리고 그게 나라는 걸 깨달았을 때는 손이 부들부들 떨리기 시작했다. 머릿속이 하얘지는 것 같았다. 어떻게 할 수 없을 만큼 화가 나더니, 이내 서서히 가라앉았다.

'이게 바로 지금 나의 모습이다'라는 생각이 들면서 슬퍼지기 시작했다. 열세 살짜리 어린 학생에게 '미친 ×' 소리를 듣는 교사, 그게 나였다. 나는 일기장을 안고 복도로 나와 한참을 울었다. 아무것도 할 수 없고 그 어떤 것도 해낼 수 없다는 자괴감이 밀려왔다. 아이에게 일기장을 돌려주는데 어떻게 화를 내야 할지도 모를 만큼 스스로에게 실망스러운 감정이 밀려왔다. 나는 한동안 그 충격에서 벗어나지 못하고 두고두고 괴로웠다.

그런데 시간이 흐르면서 한 가지 깨달은 게 있다. 그것은 그 아이의 문제가 아니라 나의 문제였다는 것이다. 그 시절의 나는 미숙한 교사였지만, 인정하기 싫었다. 한없이 좌충우돌하기만 하는 교사였다. 이 사실을 인정하기까지 오랜 시간이 걸렸다. 고학년 아이들이 익숙하고 편해지기까지도 한참의 시간이 필요했다.

나는 간섭하고 싶어 했다. 우리 반에서 일어나는 모든 사건을 내가 해결해주고 싶었고, 아이들의 싸움이란 싸움은 모두 알고 있어야 한다고 믿었고, 어떻게든 문제를 해결하지 않으면 안 된다고도 믿었다. 한마디로 교사는 전지전능해야 하고, 그 전지전능함이 전제되지 않는 교사는 무능하다고 믿었던 것이다.

그런데 나는 전지전능한 교사가 아니었다. 나는 그저 평범한 사람이었다. 아프고 슬프고 괴롭고 기쁘고 울고 웃는, 아주 평범한 사람. 아이들의 사랑을 무한정 받는 게 아니라 아이의 미움을 받기도 하고, 손가락질의 대상이 되기도 하고, 아이로 인해 눈물을 흘려야 하기도 하는… 그런 평범한 교사. 나 스스로 그런 평범함을 인정하고 나니, 뭐랄까, 조금은 편해질 수 있었다. 얼마든지 어느 교실에서나 벌어질 수 있는 일이라고 생각하면 우리 교실이 그다지 특별히 모자랄 것도, 넘칠 것도 없다는 생각을 하곤 했다.

'그래, 괜찮아. 다른 사람도 실수하고, 다른 교실에서도 별의별 일이 다 벌어지는걸.'

평범함을 인정하고 나면 마냥 아플 줄 알았더니, 그 뒤에 온 것은 뜻밖의 기쁨이었다. 그렇게 평범한 내가 아이들 앞에 서 있는 것이 얼마나 감사한지, 나 같은 사람도 누군가를 가르칠 수 있구나, 생각하기 시작했다. 감사는 사람을 변화시키는 힘이 있다. 나는 아이들과 같이 지내는 시간에 행복해하기 시작했다. 수업을 잘하면 잘하는 것으로 감사했고, 수업을 못 하면 다음엔 잘하자, 하면서 실패에 감사했다. 내가 특별하게 잘난 교사가 아닌 이상, 얼마든지 실수하고 실패해도 된다고 생각했던 것이다. 그런 생각은 나를 좋은 수업, 좋은 교사라는 타이틀에서 자유롭게 했다. 까짓 거 좀 못 하면 어떠냐, 좋은 교사가 되고 싶다는 중심만 흔들리지 않고 꾸준히 노력하면 된다, 생각했다.

지난 17년 교사 생활을 돌아보면, 하루하루가 기적 같다. 물론 큰 사고 없이 가르쳤다, 라고 말할 수 있으면 더욱 좋겠지만 그 사고 덕분에 어쩌면 엄마의 마음도 이해하게 됐고, 나처럼 오만하던 사람이 스스로 늘 돌아보면서 살게 됐으니 그 역시 기적이고, 아이들과 학부모에게 큰 사랑 받는 교사로 살아왔으니, 그 또한 기적이고, 평범하기 그지없던 나의 이야기를 많은 사람과 나누게 되었으니, 그보다 더한 기적도 없다.

나는 내 삶에 찾아온 이 '감사의 기적'을 다른 이와 나누고 싶다. 누구든 삶에서 감사할 것을 찾아내고, 그 감사를 들여다보면 삶이 기적이라는 것을 알 수 있지 않을까 생각해본다. 교사의 삶에 감사와 위로의 두 손길이 찾아온다면, 우리는 그 누구에게도 따뜻한 사람이 될 수 있을 것

이다. 서로 상처 따위는 잊고 환하게 웃음으로 맞아줄지도 모른다. 그게 대한민국의 교사들의 앞날이었으면 좋겠다. 서로 따뜻하고 친절하게 이야기해주고 나누어주고 보듬어주는 것 말이다.

교사들이여, 힘내라.

당신은 이 땅의 가장 작은 풀꽃이요,
가장 작은 등불이다.
당신이 꺼지지 않는 희망일 때
우리는 살아있는 가슴일 것이다.
교육을 위해 흘리는,
뜨거운 핏방울일 것이다.

" 주어진 것을 진도에 맞춰 가르치기만 했던 교사에서 벗어나
다양한 교육콘텐츠를 만들고 나누며 발전시키는 것이다.
여기서 그림과 나눔, 동감은 우리를 하나로 만들어주는 데
큰 힘을 할 것이라고 확신한다. "

기 정왕초 교사 김차명

김차명 선생님 강연

그림과 나눔 그리고 동감

김차명

나는 대학교에서는 교육학을 전공했고, 대학원에서는 특수교육을 전공했다. 그런데 나를 처음 보는 사람은 이렇게 묻는다.

"혹시 체육교육과?"

또 나를 조금 아는 사람은 묻는다.

"혹시 미술교육과?"

"혹시 컴퓨터교육과?"

운동 잘하게 생긴(?) 외모에 컴퓨터를 활용하여 그림을 그리니 저런 질문을 매우 많이 받는다. 하지만 내가 그림, 특히 컴퓨터로 그림을 그리게 된 가장 결정적인 이유는 컴퓨터를 잘해서도, 그림 공부를 따로 해서도 아니다. 바로 '필요'에 의해서였다.

같은 생각, 같은 마음으로

— 같은 생각과 같은 마음을 가진 사람들이 힘을 합치면 역사가 바뀐다. 당연하다고 여기는 관례와 문화도, 철옹성 같은 권력도 결국 변형되고 사라지게 된다. 같은 생각과 마음을 가진 사람들에 의해서 말이다. 모든 혁명도, 모든 혁신도 그렇게 시작되었다.

불과 수십 년 전만 하더라도 신규 교사가 수업이나 학급운영 등의 정보를 얻기 위해서는 선배 교사의 지도와 교장·교감의 장학 외에는 다른 방법이 없었다. 나보다 학교를 먼저 경험한 선배의 말이 곧 진리였으며, 관행적으로 이어져 온 학교 문화는 당연히 받아들여야 할 것으로 인식되었다. 학교는 폐쇄적인 집단이 되어갔고 교육부-교육청-교장-교감-부장교사-교사로 이어지는 상명하복의 관료적 학교 문화는 강화되어 갔다. 이러한 문화 속에서 훌륭한 교사란 학교 문화에 잘 적응하고 관리자의 눈에 들어 스펙을 차곡차곡 쌓아 승진을 하는 사람이었으며, 다른 교사는 (특히 비슷한 경력이라면) 내 경쟁자일 뿐이었다. 승진에 성공한 교사들은 자신의 영웅담을 바탕으로 후배 교사들이 자신의 뒤를 따라 폐쇄적 학교 문화 속에서 훌륭한 교사가 되기를 권했다.

하지만 시대가 바뀌고 있다. 공유와 개방, 네트워크화된 사회가 도래하면서 교사들은 승진을 위한 스펙에만 몰두하는 것이 아니라 다양한 교육영역에서 다양한 교육방법을 고민하고 활용하게 되었다. 이러한 변화는 새로운 학교 문화 형성과 나아가 교육발전에 기여하고 있다. 제러미 리프킨Jeremy Rifkin은 저서 『공감의 시대The Empathic Civilization』에서 다음과 같이 말했다.

"경제활동은 더 이상 파는 사람과 사는 사람이 전의를 다지고 벌이는 적대적 경쟁이 아니다. 오히려 마음이 통하는 선수들끼리 힘을 합쳐 같은 목표를 향해 달리는 모험이다. 나의 이익은 상대방의 손해를 대가로 얻어지는 것이라는 고전적 경제 개념은 물러나고, 다른 사람의 행복을 증진시키는 것이 나 자신의 행복을 증폭시킨다는 개념이 새로 등장하고 있다. 승자와 패자를 가르는 게임은 빛을 잃고 원윈win-win 시나리오가 대세를 이룬다."

이를 교사공동체에 적용해보면, 학교에서 벌어지는 승진파들의 경쟁과 멀리서 이들의 경쟁을 관망하는 웰빙파들의 대치 구도를 넘어 현대는 교사공동체 전체가 힘을 합쳐 같은 목표를 향해 달리는 구도로 변화될 것이라고 말할 수 있다. 하지만 이러한 구도가 자연스럽고 쉽게 변화될 수 있는 것은 아니다. 이를 위해서는 교사 간의 '공감대 형성'이 필수 조건이다.

나는 선생님들의 공감대 형성에 기여하기 위해 이미지를 활용하고자 했다. 앞에서 말한 컴퓨터로 그림을 그리기 시작한 '필요'가 바로 이런 것이었다. 그림을 그리는 것은 내가 가장 잘할 수 있는 분야이기도 했고, 수십 문장의 글보다는 전달력 있는 한 장의 그림이 분산되어 있던 선생님들의 공감대를 끌어내어 하나로 만드는 데 더 큰 효과가 있다고 생각했기 때문이다.

텍스트의 시대에서 이미지의 시대로

— 　　　우리 시대는 텍스트 중심에서 이미지 중심으로 바뀌고 있다. 비단 학교에서뿐만 아니라 우리 주변의 서적, 가정과 사무실의 다양한 그림 매체, 거리의 진열대와 광고에 이르기까지 그림이 없는 곳이 없으며, 무엇을 배우고 익히는 데에도 그림이 통로나 수단으로 활용된다. 현대는 텍스트를 활용한 소통방식보다는 이미지를 활용하여 보다 감각적이고 명료한 소통방식이 주목받는 시대이기 때문이다.

빌렘 플루서Vilem Flusser는 저서 『그림의 혁명Die Revolution der Bilder』에서 인류의 문명사라는 거시적 관점에서 이러한 변화를 고찰하며, 그 발달의 단계를 기호들로 이루어진 체계인 코드를 통해 설명했다. 인류의 문명이 선사시대의 신화 주술적 상상에서 나온 그림의 단계에서 시작되어, 문자로 서술하고 분석하는 단계를 거쳐 이제는 기술 장치를 통해 창조된 기술적 이미지의 단계로 발전해왔다는 것이다. 페이스북Facebook과 인스타그램Instagram 같은 이미지 중심의 SNS가 많은 관심을 받고, 텍스트로 가득한 책보다는 웹툰이나 이미지가 많이 들어간 책을 선호하는 것이 대표적인 현상이다.

‘2014년 제6회 전국동시 지방선거’ 이후 전국 최대 초등교사 커뮤니티 ‘인디스쿨’에서 전국 교육감 당선자들에게 바라는 점과 교육의 비전, 하고 싶은 말을 모으는 캠페인을 벌였다. 전국 각지의 약 400여 명 초등교사가 다양한 의견을 올려주었고, 이를 정유진 선생님이 다음과 같이 마인드맵 프로그램을 활용해 글로 정리하여 5가지 범주로 나누었다.

400명이 올린 글을 하나하나 분석하고 범주화하여 수십 문장으로 요약했다. 문제는 ‘전달하는 방법’이었다. 많은 선생님이 쉽게 내용을 파

악하고 공감할 수 있으며, 전달과 공유가 쉬운 방법을 생각하다가 요약 내용을 그림으로 정리하게 되었다. 400명이 올린 글을 수십 문장으로 요약했고, 다시 그 글을 아래와 같이 3장의 그림으로 표현했다.

이렇게 표현하고 나니 온라인에서의 반응이 궁금해졌다. 글로 올린 내용과 이미지로 올린 내용을 페이스북에 게시하고 나니 반응이 다음과 같았다.

페이스북에서는 '좋아요' 수와 '공유' 수로 사람들의 반응을 알 수 있다. 보는 바와 같이 글로 게시했을 때는 좋아요 44개와 공유 35개였지만, 이미지로 게시했을 때는 좋아요 455개, 공유 169개로 껑충 뛰었다.

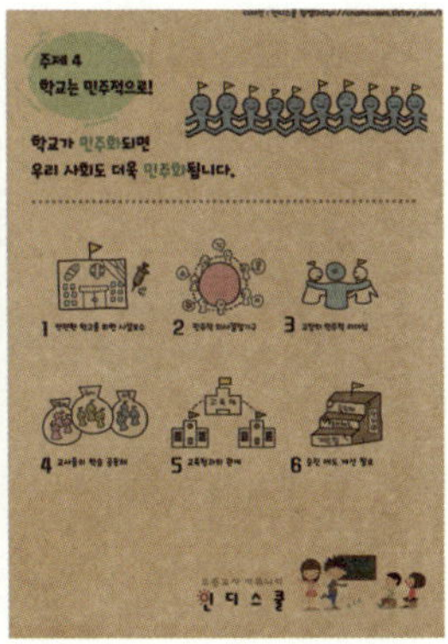

사람들의 동감을 이끌어내기 위해서는 글보다는 이미지가 훨씬 효과가 있다는 것을 확인한 단편적인 예이다.

선생님들의 이야기를 만화로 그려보자

— 내가 이미지를 활용하는 방법 중에서 가장 효과적인 것은 만화였다. 만화는 이미지 자체에 정보와 의견을 담을 수 있을 뿐만 아니라 스토리를 구성할 수도 있기 때문이다. 처음에는 수업 시간에만 만화를 활용하다가 책 형태의 출판만화와는 다르게 컴퓨터 작업을 통해 만화를 웹으로 연재하는 웹툰을 통해 선생님들의 이야기를 공유하면 어떨까 하는 생각이 들었다. 학교에서 벌어지는 소소한 에피소드를 바탕으로 2010년부터 '교사동감'이라는 웹툰을 만들기 시작했다. 기대보다 선생님들의 반응은 매우 좋았고, 2015년 그동안 연재한 것을 엮어 책으로 출판했다.

내가 그리는 웹툰은 주로 선생님들의 사연을 받아 만든 '사연툰'과 교

실에서 공감할 수 있는 내용을 담은 '공감툰'이 두 가지이다. 2015년에 출간한 『교사동감』도 이 두 가지를 엮은 것이었고 지금도 많은 선생님께서 사연을 보내주신다. 다른 사람이 내 사진을 찍는 것은 기분 나쁘지만 그림을 그려 주는 것은 기분 좋듯이, 자신의 사연을 웹툰으로 만드는 것에 대해서 긍정적인 것 같다. 이제는 나뿐만 아니라 선생님들의 이야기를 선생님들 스스로 만화로 그려냈으면 하는 바람이 있다.

아이들에게 쉽게 다가갈 수 있는 자료를 직접 만들자

—   선생님들이 이미지를 직접 활용하기 가장 좋은 방법은 바로 수업 시간에 쓸 수 있는 '교육자료'가 아닐까 한다. 최근 교사들은 수업 및 학급운영 등 교육자료를 만들거나 소비할 때 외부 업체의 교수학습 사이트를 많이 이용했다. 1년에 몇만 원만 결재하면 클릭만으로 각종 동영상이나 플래시 자료를 손쉽게 사용할 수 있어 매우 효율적이기 때문이었다.

하지만 이러한 교수학습 사이트는 몇 가지 고질적인 문제점이 있다. 첫째, 수업자료를 재구성하기 어렵다. 교수학습 사이트에서 제공하는 동영상과 플래시 교육자료는 전국 어느 지역, 어느 학교라도 활용할 수 있게 되도록 표준적이고 교과서 내용을 중심으로 제작되었다. 하지만 자료의 특성 때문에 수업이 이루어지는 학생들의 환경과 교실 수업 상황, 교육과정 재구성에 맞게 수정, 보완하기가 어렵다. 사실상 이 자료에 맞춰 수업을 이끌어가기 쉽다는 뜻이다.

둘째, 아이들을 받아쓰기 머신machine으로 만든다. 물론 교수학습 자료를 적절하게 활용하는 선생님이 대다수이지만, 대부분의 교수학습 사이트의 플래시 수업자료는 정답이 가려져 있고 클릭하면 답이 나오는 형태로 구성되어 있다. 교수학습 사이트를 주로 사용하는 학급의 아이들은 선생님이 질문하면 적극적으로 대답하지 않는다. 교사의 질문에 대한 답을 찾거나 의견을 내지 않아도 조금만 기다리면 TV 화면에 받아 적을 수 있는 모범 답이 나타나기 때문이다. 이 때문에 수업은 점점 수동적인 학습이 이루어질 수밖에 없다.

셋째, 교수학습 자료가 상업적으로 사용되는 경우가 많다. 이 교수학습 사이트들은 교육기업이지만, 어찌 됐든 간에 수익을 창출해야 하는 사기업이다. 수익을 최우선으로 생각할 수밖에 없다 보니 교사들이 자신들의 교수학습 자료를 수업에 활용하는 것을 학부모들에게 홍보 거리로 내세우게 되는 것이다. 모 기업에서 "전국 초등학급 99%에서 매일 수업과 평가에 활용되는…"이라고 대대적으로 홍보한 사례는 교사 사이에서도 입방아에 오른다. 화도 나지만 부끄러운 일이다.

이러한 문제점에서 벗어나려면 어떻게 해야 할까? 교사들이 직접 교육자료를 제작하면 된다. 이미 교육자료를 제작하여 수업에 활용하고

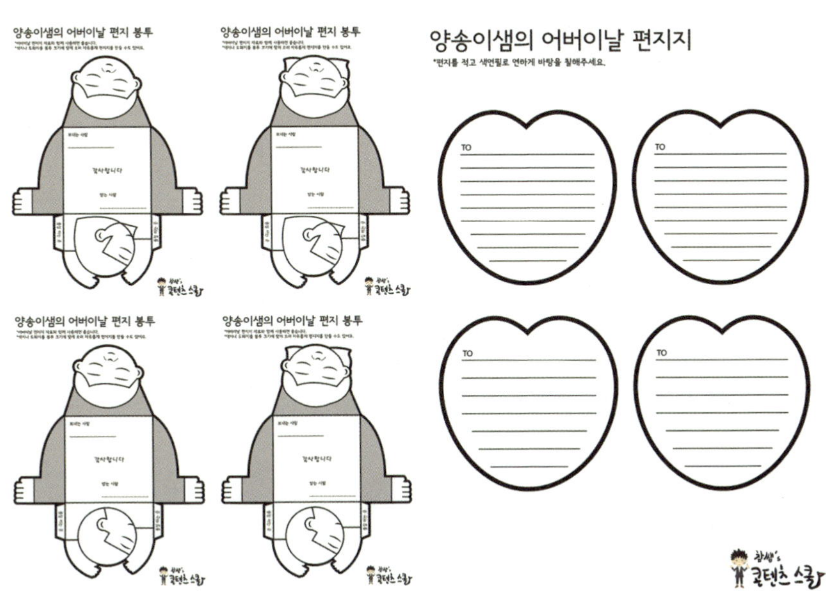

있던 선생님들은 적극적으로 공유할 수 있는 시기가 왔다. 기업에서 만든 교육자료가 아닌 교실에서 선생님이 직접 만들어 적용해보고 효과를 검증한 자료들을 공유하는 것이다. 다음 자료들을 보자.

위 자료는 경남 함양 서성초 정원상 선생님이 만든 어버이날 편지지와 편지봉투이다. A4 크기로 간단하게 출력할 수 있으며 몇 번 접으면 부모님이 아이를 안고 있는 형태로 편지봉투를 만들 수 있다. 어버이날의 의미도 살리며, 초·중·고등학교 모두에서 사용할 수 있다.

다음 자료는 경기 송포초의 임혜빈 선생님이 만든 스승의 날 교육자

료이다. '만약 선생님이'라는 주제로 주어진 상황에 이어질 내용을 재미있게 만화로 꾸며 선생님에게 편지와 함께 전달할 수 있다. 여러 가지 상황을 4컷 만화로 꾸며봄으로써 편지 일색이었던 스승의 날 행사를 쉽고 재미있게 다가갈 수 있도록 만들었다.

단편적인 예이지만, 학교에서 이루어지는 모든 활동을 계획하며 교육적인 의미를 부여하고자 하는 선생님들이 아니라면 이런 자료를 생각하여 제작하기 어려울 것이다. 아마 외부 기업에서 어버이날과 스승의 날 교육자료를 만들었다면 일반적인 편지지 형태에서 디자인만 바뀌었을 것이다. 그렇다고 아이디어가 있는 선생님이 기업에 직접 아이디어를 제공하여 공유하기도 어려울 것이다. 기업에 제안을 하고, 기획 담당자를 만나고, 디자이너와 별도의 미팅을 하고… 번거로울 뿐만 아니라 하루에 몇 시간씩 이루어지는 모든 수업의 교육자료를 이런 방식으로 제작하여 공유하는 것은 불가능에 가깝다. 교사 공동체 속에서 서로 직접 만들어 공유하는 것이 답이다.

나의 일주일로 30만 명의 10분을 가치 있게

— 폐쇄적인 학교 문화는 선생님들이 자신의 수업과 교육자료를 공개하기 꺼리는 풍토를 낳았다. 그리고 자신이 만든 교육자료를 자기 교실에서만 사용하려고 한다. 남들이 내 자료를 평가하지 않을까라는 부끄러움, 애써 만든 자료를 다른 사람들에게 '퍼주기' 아까운 마음 그리고 자기가 힘써 만든 자료가 불특정 다수에게 공유되고 저작권이 확보되지 않을지도 모른다는 걱정 때문일 것이다.

하지만 중요한 사실은 스스로 부족하다고 생각하는 자료라도 다른 선생님들에게는 단비 같은 자료가 될 수 있으며, 내가 가지고 있는 것이 없어야 다시 발전된 새로운 것을 만든다는 사실이다. 저작권 문제는 개방, 공유의 시대에 이미 수많은 콘텐츠 크리에이터가 그러하듯 자료에 출처와 간단한 소개를 포함하는 것으로 정리하면 될 것이다. 수많은 선생님이 적극적으로 자신의 콘텐츠를 공유하고, 다시 그 자료를 수정, 보완하는 과정에서 더 좋은 콘텐츠가 만들어질 것이라 기대한다.

앞에서 살펴봤듯 이미 많은 선생님이 독특한 아이디어를 바탕으로 학교 현장에서 유용하게 쓸 수 있는 교육자료 콘텐츠를 만들어내고 있다. 자료를 만드는 데 걸리는 시간은 대략 살펴봐도 애니메이션은 일주일 이상, 웹툰과 학습지는 꼬박 이틀 이상 걸렸을 것이다. 많은 사람이 '어리석다'고 말한다. 고작 10~30분 정도 활동할 자료를 짧게는 이틀, 길게는 몇 개월에 걸쳐 만드느냐는 것이다. 일리 있는 말이지만, 그분들은 '공유' 측면을 간과했다. 자기 교실에서만 사용할 거라면 물론 그렇겠지만, 앞서 예시로 든 자료들은 각종 교사 커뮤니티에서 다운로드 10,000회 이상을 기록하고 있다. 한 반에 30명이라면 30만 명의 학생들이 사용한 것이다. 나의 일주일의 시간으로 30만 명의 10분을 가치 있게 할 수 있다는 것은 얼마나 멋진 일인가. 무엇보다 HWP, PPTX 형태로 제작되어 있어 사용하는 선생님들이 얼마든지 학급의 실정에 맞춰 쉽게 수정, 재가공할 수 있다. 그렇게 재가공한 자료는 다시 공유되어 더 많은 선생님이 사용할 것이다.

함께한다는 것, 그 이상의 행복

—　　콘텐츠를 생산한다는 것은 상당히 고된 일이다. 특히 디지털 교육콘텐츠는 기술을 습득하기도 어려운 편이며 제작 시간도 오래 걸린다. 또한 교육자료 특성상 검증 과정도 상당히 중요하다. 게다가 수익사업도 아니기에 혼자 오래 지속하기에는 버겁고 외로운 작업이다. 그래서 함께할 사람들을 찾기로 했다. 바로 '참쌤의 콘텐츠 스쿨(이하 참쌤스쿨)'이라는 전국 단위 디지털 교육콘텐츠 제작 모임이다. 참쌤스쿨은 '교사가 최고의 콘텐츠다'라는 모토 아래 교사들이 쉽게 활용할 수 있고 학생들이 즐겁게 공부할 수 있는 웹툰과 애니메이션, 비주얼 교육자료를 제작하여 전국의 교사들과 공유한다. 2015년 현재 참쌤스쿨 1기에 20명의 초등교사와 교대생이 참여하고 있으며, 2016년 2기를 맞이할 준비를

하고 있다.

반 년간 이들이 만들어낸 교육콘텐츠를 살펴보면, 장애인의 날을 맞아 전국 초등학교에 보급되는 KBS 장애이해 애니메이션 「대한민국 1교시」 제작, 300명의 교사를 초대하여 그림을 활용한 재능기부 오프라인 연수인 '그림축제', 교육부 SNS에서 릴레이 연재되는 교사·학생·학부모 공감툰 「교육동감」, 업무용 메신저인 '쿨메신저'에서 사용하는 교사 전용 이모티콘 제작, 각종 위탁연수 등 교사들이 직접 콘텐츠를 만들었을 때 가장 효과적인 현장 중심의 프로젝트들을 진행했다. 혼자 작업했다면 절대 불가능했을 일들이다.

무엇보다 참쌤스쿨은 교사 자신만의 교육콘텐츠를 쉽게 만드는 방법

을 가르쳐주는 연수 모임의 개념을 넘어서 같은 뜻을 가지고 모인 교사들이 함께 교구 개발 등 프로젝트를 진행할 수 있도록 돕는 창구이다. 1기 교사들이 1년 과정을 수료한 뒤 배운 것을 활용해서 자기 색깔이 담긴 콘텐츠를 계속 만들 수 있도록 도움을 주는 것을 목표로 삼고 있다.

그림과 나눔, 동감은 우리를 하나로

— 지금까지 모든 교육정책과 교육개혁은 '위로부터의 정책과 개혁'이었다. 교육 현장에서 가장 주체가 되어 교육을 변화시켜야 할 교사가 공교육 종사자 먹이사슬 제일 아래에서 일방적인 지시를 받아 움직이니 어떠한 정책과 개혁도 흐지부지 지나갈 수밖에 없었다. 교사들은 이제 동감을 바탕으로 하는 새로운 교육콘텐츠 생산자로서 교육의 주체가 되어야 한다. 여기서 말하는 교육콘텐츠는 내가 하고 있는 이미지 기반 디지털 교육콘텐츠 뿐만 아니라 교육 전반에 걸쳐 일어나는 모든 산출물을 말한다. 주어진 것을 진도에 맞춰 가르치기만 했던 교사에서 벗어나 다양한 교육콘텐츠를 만들고 나누며 발전시키는 것이다. 여기서

그림과 나눔, 동감은 우리를 하나로 만들어주는 데 큰 힘을 할 것이라고 확신한다.

　마지막으로 함께 나누고 싶은 작품을 소개하고 마칠까 한다. 최근에 그린 그림 중에서 제일 잘 그린 작품을 보여 달라고 하면 나는 주저 없이 이 이 작품을 꺼낸다. 대구 대덕초등학교에서 근무하는 안화용 선생님이 세월호 참사 1주기를 추모하기 위해 '공중'이란 노래를 만들어 SNS에 올린 것을 우연히 듣게 되었고 마음에 큰 울림을 받았다. 노래를 들으면 들을수록 머릿속에 선명해지는 장면들을 그리기 시작했고 많은 사람이 볼 수 있도록 애니메이션 형태로 만들어 공유했다. 반응은 뜨거웠다. 여러 매체에서 소개되었을 뿐만 아니라 많은 교실에서 교사와 학생들이 함께 보면서 눈물을 흘렸다고 한다. 안화용 선생님은 음악으로, 나는 그림과 영상으로, 방법은 다르지만 같은 마음으로 표현했기 때문일 것이다. 영상을 통해 많은 사람이 같은 마음으로 아파하고, 그 날을 같이 기억하며 눈물을 흘리는 것, 그것이 바로 동감 또는 공감이 아닐까.

공중
영상 : 김차영(경기징왕초)
작곡/노래 : 안화용(대구대덕초)
아... 친구들...
엄마, 보고싶어요...

엄마, 너무 힘들겠지만...
제발 아프지말아요.
♪ 공중으로 떠오르는 사람을 본 적이 있나요
♪ 공중으로 떠오르는 사람을 본 적이 있나요
♪ 수면 위로 떠오르는 우리 모습 본 적이 있나요
우리 모습 본 적이 있나요
http://chamssaem.tistory.com/

'공중' 보기

" 수요일밴드를 시작하고 무엇이 가장 좋으냐는 질문에 나는
"좋은 선생님들을 많이 뵙게 되어서 좋아요" 한다.
"생각이 비슷한 선생님들과 만나서 너무 좋아요" 한다.
많은 좋은 선생님을 만나고 싶다.
그리고 그런 만남의 자리에서
수요일밴드가 노래할 수 있기를 소망한다. "

수요일밴드 공연

나쁜 선생님

박대현

수요일밴드의 다섯 번째 싱글 앨범인 '나쁜 선생님'은 우연에 우연이 겹쳐져 만들어진 노래다. 많은 선생님을 즐겁게 해준 '나쁜 선생님'의 노래와 뮤직비디오가 어떻게 만들어졌는지 혼자만 알고 있기에는 아깝고 재미있어 이 책 지면을 빌려 이야기해본다.

'나쁜 선생님' 악보

나쁜 선생님 '정성식'을 만나다

— 　　　2014년 12월.

인디스쿨에서 수요일밴드를 서울로 초대했다. '인디스쿨의 날' 축하공연이라 한다. 수요일밴드 첫 홍대 공연. 합정역 '허그인'이라는 아기자기한 카페에서 인디스쿨의 날을 축하하는 많은 선생님을 만났다. 재미나게 공연을 끝낸 후 에듀니티 김병주 대표님이 책을 많이 가져오셨다면서 경품 추첨을 했다. 운 좋게 내가 집은 포춘쿠키 속엔 '축하합니다'가 적힌 작은 쪽지가 있었고, 에듀니티에서 발행한 책 중 하나를 고를 수 있었다. 여러 책 가운데 눈에 띄는 제목이 있다.

'돌직구? 교육과정에 돌직구를 던져라?? 허, 참. 제목 재미있네.'

그렇게 나는 『교육과정에 돌직구를 던져라』 책을 가방에 덥석 집어넣고 밤 기차를 타고 집으로 돌아왔다. 아무도 몰랐을 거다. 이게 '나쁜 선생님'의 첫 단추였다는 것을.

'나쁜 선생님'의 첫 단추가 되었던 '인디스쿨의 날' 단체 사진 / 사진 bees

2015년 3월.

집으로 돌아오고 한동안 책을 보지 못했다. 바쁜 시기에 재미없던 것들이 재미있어지듯, 바쁜 학기 초에 책장의 '돌직구'가 눈에 들어왔다. 잠깐 볼까 하고 들었는데 책에 빠져 단숨에 읽었다. 감동했다. 내가 하고 싶은 현실의 종이 교육과정 이야기를 대신 해줬다. 시원하다. 게다가 학교교육과정을 간소화하며 혁신했고, 실천에 옮기기까지 했다. 챕터 하나하나가 내 마음에 큰 울림을 주었다. 온전히 내 마음을 사로잡았다.

'그런데 이런 글 써도 되는 건가? 저자가 누구지? 정성식 선생님?'

감동한 나는 페이스북 포스팅으로 '정성식 선생님과 소주 한잔 하고 싶다' 했다. 페이스북의 답글에 답글을 타고 정성식 선생님과 연결이 되었다. 정성식 선생님은 창녕 대지초등학교에 강연이 있으니 그때 만나자 하셨다. 목요일이지만 사정을 이야기하고 아내에게 외박을 허락받았다. 정성식 선생님의 강연이 궁금했던 나는 강연 중간에 살짝 들어가 강연하시는 모습을 뒤에서 바라보았다.

진짜 돌직구를 던지시며 구수한 전라도 사투리로 강연하시는 선생님. 그때 정성식 선생님을 처음 뵈었다. 생각보다 마르셨다. 많은 학교에서 선생님을 찾아왔고 집중했다. 강연이 끝났다. 강연이 끝났는데도 사람들은 집에 가지 않았다. 선생님을 붙잡고 질문하고, 자료를 구하고, 책에 사인을 받았다.

나도 가져간 책을 슬그머니 내밀었다.

"제가 박대현이에요."

"아, 그래? 선생님이었어요? 페이스북으로 사진만 보다가 얼굴 보니 바로 못 알아봤네. 미안해요."

정성식 선생님과 첫 대화.

정성식 선생님을 처음 만난 날, 이인식 선생님과 대지초등학교 선생님들과 함께
개관하기 전 우포자연도서관에서

이후 대지초등학교 선생님들과 자리를 옮겨 식사하고, 이인식 선생님
이 계신 우포자연도서관으로 다시 자리를 옮겼다. 술자리가 깊어지면서
어느새 '정성식 선생님'은 '성식이 행님'이 되었으며, 밤이 깊어지는 만큼
노랫소리도 커졌다. 술잔을 들이키다 눈을 잠시 감았다가 떴는데 아침이
다. 지각이다. 숙취와 두통이 밀려온다. 아쉽지만 급하게 성식이 형님과
헤어지고 학교로 달려갔다. 정성식 선생님과 첫 만남은 강하고 진했다.

나쁜 선생님, 노래가 되다

—   2015년 4월.
『교육과정에 돌직구를 던져라』를 읽고 내 마음에 생긴 물결이 점점 커
지더니 파도가 되었다. 이건 노래해야 한다. 말해야 한다. 그렇게 단숨
에 1절 랩 가사를 써갔다.

출근하자마자 컴을 켜 쿨메신져

읽지 않은 메시지가 다섯 개나 있어

어제까지 제출해야 했던 공문

안 왔다고 지원청에 전화가 왔다고

죄송합니다. 다했는데 보내는 걸 깜빡했네요

뻥을 치고 즐겨찾기 업무포탈 접속

어제까지 발송해야 했던 공문 보자 헐

정보공시 다 올렸던 그 자료

필요하면 검색하면 다 나오는 걸

양식 바꿔 편집하니 짜증이 나나? 안 나나?

이럴 거면 정보공시는 왜 하는데

선생님 애들 싸워요. 뭐? 나쁜 선생님

('나쁜 선생님' 1절 랩)

가사를 쓰고 나니 후련하다. 입에 착착 감긴다. 1절 정도 가사가 나왔으면 반 이상은 노래가 만들어진 거다. 제목은 '나쁜 선생님'이라 지었다. 그냥 입 다무는 착한 선생님 말고 할 말 하는 나쁜 선생님이다. 가사를 수요일밴드의 보컬인 이가현 선생님에게 보여주니 재미있단다. 나는 다시, 노래로 만들면 싱글 내도 되겠냐 물었다(이가현 보컬은 필터처럼 내 생각 속 오만 가지 아이디어를 필터링한다. '이건 돼', '이건 안 돼' 식이다). 이가현 선생님이 "뭐, 괜찮네요" 했다. 후렴은 이후에 만들어졌다. 다음 날 출근 길 라디오에서 빅뱅의 '루저LOSER'가 나왔을 때였다.

LOSER 외톨이 센 척하는 겁쟁이 못된 양아치 거울 속에 넌 JUST A
LOSER 외톨이 상처뿐인 머저리 더러운 쓰레기 거울 속에 난

('루저' 가사 중)

노래 가사 속의 쓰레기, 양아치, 겁쟁이가 남 이야기 같지 않았다. 지
드래곤, 참 노래 잘 쓰네! 생각하던 차에 가사와 멜로디가 번뜩 떠올랐
다. 빅뱅 '루저'의 후렴과 '나쁜 선생님'의 후렴은 코드 진행이 같다. 오
묘하게 닮았다.

그때 그때 쳤어야 할 수행평가를 미루고 미뤄서 이제야 치르네
제때 제때 나가야 할 진도를 빼네 폭풍진도를 나쁜 선생님

('나쁜 선생님' 후렴 가사)

2015년 5월.
곡이 대략 완성되어 가는 가운데 욕심이 생겼다. 이 노래는 정성식 선
생님의 책을 보고 쓴 곡이니까 정성식 선생님이 피처링을 해주면 좋겠
다는 생각을 했다. '나쁜 선생님(FEAT. 정성식)' 멋지지 않은가? 페이스북
메시지로 가사를 보냈다.
"형님 책 보고 쓴 노래니까 피처링 해줘요~."
"대현이라면 무조건 OK."

학기 초에 계획했던 학년 학급 운영계획
창체 범교과 넣고 운영해야 하는데
그건 그냥 패스 넘어가기 일쑤

그건 나만 그런 거니 확대는 말구

넣으라는 거 넣다 보니 매주 다른 시간표
사실 알고 보면 누가 할까 생각하지만
그냥 입 다물어 중간은 하는 척
(정성식 선생님 부분) 근데 이런 숫자놀이 왜 하라는거?
이거 말고 답이 없는거?

창의적인 학급 운영하라 하는 게
만 원 주고 치킨 두 마리 콜라 오징어 그리고
남는 돈으로 너 하고 싶은 거 다 해
라는 거지 솔직히
('나쁜 선생님' 2절 랩)

처음에 부탁한 가사는 '근데 이렇게 왜 해? 라는 생각 안 해?'였는데 정성식 선생님이 '이런 숫자 놀이는 왜 하라는겨, 이것 말고 답이 없는겨?'로 가사를 바꾸어주셨다. 파일은 영상 파일로, 카카오톡으로 받았다.

그런데 노래를 완성하고 나니 그때부터 걱정이었다. 내부 고발자로 안 해도 될 소리를 하는 건 아닌가? 혹여나 내 노래 때문에 잘하는 선생님들에게까지 해 끼치는 건 아닌가? 부담스러웠다.

고민하던 차에 때마침 교육부 잡지 「행복한 교육」에서 화제의 선생님으로 인터뷰 요청이 들어왔다. 인터뷰 담당자에게 '나쁜 선생님' 데모 버전을 보내줬다. 이런 노래를 만들었는데 감히 교육부 잡지에 우리 노래가 실려도 되는가? 하고 질문했다. 결론적으로 '이 정도는 괜찮다'라는 답변을 받았다. 교육부(정확하게는 교육부 발행 월간 잡지)가 허락했다는 데 누가 뭐라 그래! 용기가 생겼다.

그래도 솔직히 겁났다. 그 마음도 솔직히 담았다.

그냥 입 다물면 중간은 가는데
왜 난 이런 노랠 만드는 걸까
그냥 입 다물면 중간은 가는데
교육청에서 전화 오는 거 아이가 근데?

이걸 말하는 게 나쁜 선생님이가
말을 안 하는 게 나쁜 선생님이가
이걸 말하는 게 좋은 선생님이가
말을 안 하는 게 좋은 선생님인가 모르겠다 진짜
('나쁜 선생님' 3절 랩)

노래가 나오고 나서 교육청에서 전화가 오긴 왔다. 공연 섭외로 말이다.

나쁜 선생님, 뮤직비디오를 만들다

— 　　2015년 6월.

피처링을 부탁하고 난 후 또 정성식 선생님께 부탁했다.

"형님, 랩도 하신 김에 뮤직비디오, 앨범 커버도 같이 촬영해주세요."

"네 맘대로 해~."

밀양 예림초등학교에서 촬영한 사진(좌)과 '나쁜 선생님' 앨범 커버(우)

뮤직비디오 피처링 부분은 정성식 선생님이 직접 해야지 더 재미있을 것 같았다. 내가 전북 익산으로 간다고 했더니 곧 밀양교육지원청에 출장을 오신다며 그때 보자고 하신다. 영화 '범죄와의 전쟁'의 포스터를 모티브로 했다. 오래된 정장과 선글라스를 준비해달라고 부탁했다. 장소는 생각지도 않았는데, 마침 밀양교육지원청 앞의 예림초등학교가 마음에 들었다. 학교 숲이 참 예뻤다. 해 질 녘이라 빛도 좋았다. 사진 촬영을 해줄 사람이 필요했는데 마침 정성식 선생님 연수를 동기인 박종화 친구가 듣는단다. 그래서 촬영은 친구 박종화가 해줬다. 학교 여러 곳에서 사진과 영상을 찍었고, 그렇게 포스터와 뮤직비디오가 나왔다.

1절 랩 부분은 정성식 선생님과 촬영을 했지만, 아직도 랩 2회분과 후렴부 4회분이 남았다. 웹툰 고수 오토리 선생님께 다시 한 번 도움을 요청했다. 오토리 선생님은 2년 전 '에어컨송' 뮤직비디오에 들어갈 웹툰을 부탁한다고 메일로 무작정 연락드린 것이 첫 인연이다. 이후 에어컨송이 대박이 났다. 수요일밴드가 유명해지는 데 일조해주셨다. 교사 이

뮤직비디오에 들어간 오토리 선생님의 삽화

야기를 재치 있게 웹툰으로 만드는 능력은 그야말로 최고다. 재미있는 점은 오토리 선생님과 두 번의 작업을 했지만, 전화통화 한 번 한 적이 없다는 것이다. 2년이 지난 지금도 전화번호를 모른다. 실제 성함도 모른다. 아무튼, 또 한 번 닉네임만 아는 진정한 사이버 친구 오토리 선생님에게 웹툰을 받았다. 고화질 고퀄의 웹툰. 마음에 쏙 들었다.

웹툰도 받았겠다, 뮤직비디오에 들어갈 모습을 하나하나 머릿속으로 그려갔다. 그러다 보니 평소에는 라이브로 녹음과 영상을 함께 찍는 편이지만, 이번은 앨범 발매도 함께하기에 뮤직비디오의 영상이 좀 더 화려했으면 좋겠다고 생각했다.

'그래, 춤이 있으면 좋겠어. 어떤 춤을 추지?'

그때 불현듯 떠오른 어떤 이가 있었으니 영어 동요에 맞춰 신나게 춤을 추시는 선생님이다. 인디스쿨에서 '영어 동요 댄스'로 검색하니 나온다. 바로 '팥들었슈' 선생님이다. '팥들었슈' 선생님의 영상을 다시 보니 이건 '보아'급 댄스 감각이다. 이분만 섭외되면 대박이라고 생각했다. 2년 전 오토리 선생님에게도 그랬듯 내 특기로 무작정 들이댔다.

선생님 안녕하세요. 수요일밴드입니다!!!

선생님의 춤을 사랑하는 수요일밴드입니다!!! 꺅!!
다름 아니옵고... 선생님의 춤사위를 오래전부터 보아왔는데요.
가사를 몸으로 표현하는 능력이 매우 출중하신 걸로 예전부터 대단하다 생
각을 하였더랬습니다.

최근 작업을 하고 있는 곡이 있는데 7월 1일 디지털 싱글로 제작을 하려고
합니다.
후렴부에 맞는 댄스를 선생님이 만들어주시면 정말 신나겠다 생각이 들어
서 무작정 이렇게 연락을 드려봅니다.

『교육과정에 돌직구를 던져라』의 저자 정성식 선생님께서도 피처링으로 참
여해주셨고 웹툰 작가이신 오토리 선생님의 삽화도 들어갈 예정입니다.

선생님의 댄스... 그리고 수요일밴드 멤버 2명도 그 춤을 따라 추고 편집을
적당히 멋지게 하면 정말 재미있을 것 같아서⋯ ㅎㅎ

노래 제목은 '나쁜 선생님'입니다.^^

한번 들어보시옵고 판단해주시면 감사하겠습니다.^^

분명 그다음 날 메시지를 읽으셨는데, 일주일 동안 연락이 없었다. 안
해주시더라도 답장은 주시지 싶어 섭섭했다. 초조한 일주일이 지나고,

그냥 어찌 해보자 결정하려던 차에 메시지가 왔다. 우리가 연습하기 좋게 거울 모드로 편집까지 해주신 안무 영상이었다. 안무를 생각하고 촬영, 편집하신다고 일주일 시간을 쓰셨던 거다. 영어 동요를 춤으로 만드실 때도 가사의 의미를 정확하게 표현하시던데, '나쁜 선생님'의 가사도 정말 몸으로 표현을 잘해주셨다. 감동! "너무 감사합니다." 메시지를 보내고 나니 우리가 팥들었슈 선생님과 함께 영상을 찍으면 좋겠다는 생각이 들어 선생님께 말씀드렸다.

"오세요."

선생님은 흔쾌히 응해주셨다.

"그런데 여긴 제주입니다."

아뿔싸. 경기도 즈음일 거라고 생각했는데 제주라니. 촬영할 친구와 수요일밴드 2명의 비행기 티켓 값을 계산하니 49만 원이다. 그때 불현듯 떠오른 단어가 있었다.

'에듀니티!'

수요일밴드 팬이시라며 자신의 타임라인과 페이스북 페이지에 글을 몇 번 올려주셨던 '에듀니티' 김병주 대표님께 메시지를 보냈다. 에듀니티에서 비행기 푯값 50만 원을 지원해주면 뮤직비디오에 에듀니티 광고를 넣는다는 내용이었다. 혹시나~하고 찔러본 김병주 대표님인데 재미있으시다며 회사에서 상의보겠다고 하셨다. 속으로 '앗싸!! 낚였다!!' 했다. 뮤직비디오에서 제일 먼저 나오는 '세상의 모든 아이들이 행복하면 좋겠습니다. (희미하게) 에듀니티'는 협찬사 광고다.

회사 지원이 되는지 알아보고, 안 되면 사비를 털어서라도 지원하겠다고 하신다. 일요일 밤에 메시지를 보냈는데, 다음날인 월요일 오전에 에듀니티에서 지원하기로 했다는 연락을 받았다. 정확히 오후 3시 즈음

50만 원을 입금 받았다. 에듀니티 짱! 함께 공연을 준비하던 이종황 선생님이 촬영해주기로 하고 비행기 표 3장을 바로 샀다. 렌터카와 숙소도 예약했다. 그 주 토요일 아침 10시 우리는 제주에 도착했다. 그런데 제주에는 우리를 기다리는 이가 한 명 더 있었으니 자유로운 영혼의 소유자, 에듀니티에서 일하는 동갑내기 박종서 촬영 팀장이었다. 뮤직비디오 메이킹 영상을 찍으러 온다는 핑계로 제주도에 놀러 온 듯하다. 아니라지만 분명하다.

여하튼 그렇게 박종서 팀장과 협재해수욕장에서 만났고 쉴 틈 없이 촬영했다. 협재해수욕장에서의 촬영을 마치고 북서귀포초등학교 '팥들었슈' 오현우 선생님을 뵈러 갔다. 반갑게 맞이해주셨다. 그리고 함께 발바닥에 땀나도록 촬영했다. 오현우 선생님은 자상하고 재미있고 재치있고 따뜻한 선생님이셨다. 정말 즐기면서 재미있게 촬영했다.

촬영을 끝내고 자리를 옮겨, 바다가 보이는 곳에서 한라산 소주와 함

왼쪽부터 오현우(팥들었슈), 이가현, 이종황(위), 박종서(아래), 박대현

께 제주의 밤을 맞이했다. 우리가 묵은 게스트하우스의 막걸리 파티에서 음주 공연을 하는 잊지 못할 추억도 만들었다.

다음 날도 촬영을 계속했다. 박종서 팀장의 회사에 대한 밥값_{출장비} '의무'와 뭐라도 많이 촬영해가고 싶은 내 '욕심'이 시너지 효과를 발휘했다. 이틀간 협재해수욕장, 북서귀포초등학교, 사려니숲, 함덕해수욕장에서 3편의 라이브 영상과 '나쁜 선생님' 뮤직비디오를 촬영했다. 정말 가열차게 촬영했다.

2015년 7월.

이렇게 기적 같은 일들의 연속으로 수요일밴드 다섯 번째 디지털 싱글 앨범 '나쁜 선생님'이 발매되었다.

만남이 좋은 나쁜 선생님

— 2013년 4월부터 시작한 수요일밴드는 '교사들의 이야기를 노래하는 밴드'로 그저 우리네 교사 생활 속 이야기를 담은 여러 노래를 만들었다. 그저 페이스북의 '좋아요'와 '댓글'에 힘이 나고, 재미나던 밴드였다. 지금처럼 전국에서 크고 작은 공연을 하다니… 오 마이 갓! 믿기지 않는다. 작은 나비 날갯짓에서 시작한 바람이었다.

인디스쿨에서 수요일밴드를 불러주지 않았다면, 그곳에서 포춘쿠키에 당첨되지 않았더라면, 『교육과정에 돌직구를 던져라』를 선택하지 않았더라면, 페이스북에 책 서평을 남기지 않았더라면, 정성식 선생님을 만나지 않았더라면, '팔들었슈' 오현우 선생님의 영상을 본 적이 없었더라면, 에듀니티 김병주 대표님께서 수요일밴드 팬이 아니셨다면, 박종서 팀장을 보내지 않았더라면, 이종황 선생님이 수요일밴드를 돕지 않았더라면… 지금 '나쁜 선생님'은 노래는 물론 뮤직비디오도 없었다. 지난 7월 11일 '교사가 만들어가는 교육 이야기'에서 여러 선생님을 뵙지도 못했을 것이고, 이런 글로 또 여러 선생님과 만나 뵙지 못했을 것이다.

수요일밴드를 시작하고 무엇이 가장 좋으냐는 질문에 나는 "좋은 선생님들을 많이 뵙게 되어서 좋아요" 한다. "생각이 비슷한 선생님들과 만나서 너무 좋아요" 한다.

많은 좋은 선생님을 만나고 싶다. 그리고 그런 만남의 자리에서 수요일밴드가 노래할 수 있기를 소망한다.

수요일밴드 다섯 번째
싱글 앨범
'나쁜 선생님'

'혼자'
혼기 늦은 많은
여선생님과 면담을
통해 만든 노래

'내신 쓸까 봐'
신규 여교사와
눈 맞은 썸남 때문에
내신 고민하는
여교사의 이야기

'I like B'
B록 내 성과급은
B지만 학교 성과급은
S였으면 하는 소망을
담은 노래

" 이것이 제가 교사로 살아가는 이유입니다.
10년 후, 1분.
이것이 많은 실패와 고통과 아픔을 견딜 수 있었던 이유고,
이것이 두려움에 주저앉지 않고
한 걸음 더 나아갈 수 있었던 이유입니다. "

 정유진 선생님 영상

10년 후, 1분

정유진

섬이 있네 사람의 마음 위에 침묵에 잠겨 있는 그 마음들 위에
남아 있네 저마다의 공간으로 건너갈 수 없어 외로이 서성이네.
(안치환의 '섬' 중에서)

남아 있는 저마다의 공간을 건너 만날 수는 없을까요? 함께 이야기 나
누고 웃고 가슴 설레며 서로의 눈물을 닦아줄 수는 없을까요?

그래서 우리는 그날 그곳에서 만난 거겠지요.

그날 진행을 맡은 저는 처음 시작하는 이야기를 대신해 위의 노래 한
구절을 불렀습니다. 전국에서 300여 명의 선생님, 장학사, 연구사님들이
모인 자리, 쟁쟁한 연사들이 강연을 하려고 기다리는 곳, 게다가 수요일
밴드의 공연 다음에 잘 부르지도 못하는 노래를 반주도 없이 불렀네요.
이 무모함을 어쩌면 좋죠? 사회 대본을 준비하기는 했지만, 그곳에 모인
분들을 바라보니 무언가 마음에서 뭉클하게 올라오더군요. 그 뭉클함이

이 노래가 되었습니다.

"정유진 선생님은 처음부터 잘했을 것 같아요."

모임을 마치고 한 선생님께 들은 이야기입니다. 저를 매우 좋게 봐주셔서 감사합니다만, 정말로 처음부터 잘했겠어요? 좋은 모습만 보여드린 거지요. 그래서 오늘은 빙산의 아랫부분과 같은 이야기를 하려고 합니다.

'정유진 개××, 씨××'

— 　　지구 멸망설로 떠들썩하던 1999년 교대를 졸업하고 곧바로 수색대대 장교로 군 복무를 시작했습니다. 어려운 환경 속에서도 2년 반 동안 참 열심히 살았습니다. 그리고 2001년 6월 30일 전역하고 7월 1일에 교사로 돌아왔습니다. 저는 어떤 교사였을까요? 아이들을 어찌나 잘 잡는지 선배 선생님들께서 이렇게 말하곤 했지요.

"정 선생, 장교 출신이라 그런가? 아이들을 정말 잘 잡네."

2년 반이라는 공백, 아니 교사로서는 오히려 퇴보라 생각했기에 더욱더 열심히 해야 했습니다. 그렇게 열심히 한다는 것은 군인의 삶이 연장되는 것을 의미했습니다. 그러던 어느 날 학교 기둥에 쓰인 저에 대한 욕을 보고 큰 충격을 받았습니다. 제가 잘하고 있는 게 아니었던 것입니다. 그 후로 달라지기 위해서 많이 노력했지만, 시행착오를 겪기는 마찬가지였습니다.

엄격한 교사가 아니라 친절한 교사가 되었는데도 어려움을 겪기는 마찬가지였습니다. 내가 아이들을 믿고 존중하면 아이들도 나와 친구들을 서로 존중해줄 거라 믿었는데, 놀랍게도 무시하고 함부로 대하는 것이었습니다. 그러다가 부장 선생님이 문을 박차고 들어와서 무섭게 혼을 내면 그제야 자세라도 바로잡는 시늉이라도 하는 것을 보면서 배신감이 들었습니다.

시간이 지나도 그때를 잊을 수 없었습니다. 그래서 공부하고 또 공부했습니다. 생각해보세요. 학교 중앙 현관 기둥에 또다시 내 욕이 있는 것을 보고 싶겠습니까?

맥코비와 마틴(1993)은 사회화가 시작되는 유아에서 청소년기까지 부모의 수용·반응성과 요구·통제가 양육에서 가장 중요한 두 가지 측면으로 보았고, 이를 조합하여 4가지 양육방식으로 나누었습니다.

수용 · 반응성

	높음	낮음
높음	권위적	독재적
낮음	허용적	방임적

요구 · 통제

학생의 요구를 얼마나 받아들이는가(수용 · 반응성), 학생의 행동에 엄격하게 제한을 두는가(요구 · 통제)는 교사에게도 대단히 중요한 부분이라 할 수 있습니다. 이 이론을 보면서 저는 욕을 먹기 전에는 독재적 교사였고, 욕을 먹고 난 후엔 허용적인 교사였음을 알게 되었습니다.

그리고 다시 물었습니다. 그렇다면, 왜 독재적인 교사가 되고 허용적인 교사가 되는가? 또 어떤 교사들은 방임자가 되거나 권위자가 되는가? 두려움에 사로잡혀 있는 교사들에게 가르칠 수 있는 용기를 북돋워 주었던 파커 J. 파머의 책을 읽으면서 4가지 유형의 교사들은 무엇을 두려워하는가에 대해 고민했습니다. 그 결과 교사의 4유형이라는 이론을 만들었습니다. 만드느라 욕봤다는 말이 있지만, 욕봐서 만들었다고 할 수 있겠네요.

| 교사의 유형 |

높은 기대와 규칙	**A. 권위자를 지향하나 독재자** 의사소통 : 지시, 명령, 통제 선호 문제해결 : 문제에 직면, 규칙, 교사의 권위와 힘 이용 두려움 : 교사로서 책임을 다하지 못하는 것	**D. 민주적 권위자** 의사소통 : 학생의 감정을 존중하며 자신의 감정과 욕구를 평화적으로 표현 문제해결 : 교사의 권한, 모두가 합의한 규칙, 긍정적 기대와 격려로 자존감, 소속감, 책임감을 키움
낮은 기대와 규칙	**C. 방관자** 분노하는 방관자 슬퍼하는 방관자 감정에서 후퇴하는 방관자	**B. 친구를 지향하나 하인** 의사소통 : 존중과 사랑으로 부드럽게 문제해결 : 좋은 관계로 해결하려고 노력, 문제 회피, 눌렀던 분노가 한 번에 폭발 두려움 : 인간으로서 사랑받지 못하는 것
	낮은 친밀관계	높은 친밀관계

출처: 『지니샘의 행복교실 만들기』

군 생활 2년 반이라는 공백 때문에 교사로서 책임을 다하지 못할까 두려웠기에 독재자의 삶을 살았으며, 공개적으로 욕먹고서 인간으로서 사랑받지 못하고 있다는 것을 알아차리고 이에 대한 두려움으로 살았던 것입니다.

정밀한 연구결과는 아니지만, 기존 이론에 개인의 아픔과 두려움이 더해져서 '교사의 4가지 유형'을 만들게 된 것입니다. 이후 연수를 통해 선생님들과 이야기를 나누면서 말합니다.

"저만 그런 거예요?"

"아니요오~."

"다행입니다. 저만 그런 게 아니라서."

'친절한 교사가 될 것인가 vs 엄격한 교사가 될 것인가'라는 교사 집단의 오랜 딜레마에 대한 나름의 답을 찾은 셈입니다. 한 인간이 느끼는 감정에는 친절하게, 공동체 구성원으로서 행동에는 엄격하게 대할 때, 한 개인으로 자존감이, 공동체 구성원으로 소속감과 책임감이 자란다는 것도 알게 되었습니다.

이번 장의 소제목 꽤 자극적이었지요? 조금 바꿔야겠습니다.

'정유진 개××, 씨×× → 교사의 4유형'

길동이가 자꾸 괴롭혀요. 뭐라고!! 청부폭력

— 교사 연수를 진행하면서 이 연수를 통해 배우고 싶은 것이 무엇인지 포스트잇에 적어서 붙이도록 하면 꼭 등장하는 것이 있습니다. 그것은 바로~ '고자질.'

한 아이가 제게 와서 울면서 이야기합니다.

"선생님, 길동이가 아까부터 계속 괴롭혀요. 흑흑흑…."

"뭐라고? 어제도 그래서 혼났잖아? 길동이 어디 갔어? 너 이리와!"

그리고 분노 폭발…. 이런 고자질과 분노 폭발 루틴 속에서 너무 힘들었습니다. 또 여쭤볼게요. "저만 그런가요?"

교실에서 어떤 아이들은 '고자질-분노 폭발 루틴'으로 권력을 갖게 되기도 하더군요. 교사의 분노 감정을 극대화하는 데 타고난 재능이 있는 아이도 있더군요. 아니면 제가 너무 쉬운 사람이거나. 후자겠죠?

언젠가 제 마음이 아주 편안하고 분노 공격의 대상이어야 할 아이에게 분노가 일지 않았던 날 고자질한 아이가 제게 물었습니다.

"그런데… 왜 혼내지 않아요?"

그래요. 저는 청부폭력업자였는지도 모릅니다. 누군가가 저의 감정을 건드려서 감정 폭력을 다른 누군가에게 가하고 있었던 것이지요. 그것을 알아차리고는 앞으로는 이르지 말라고 화내면서 이야기했습니다. 이르는 것은 없어졌지만, 우리 반에서 심각한 왕따 문제가 있다는 것도 알지 못했습니다.

"선생님이 이르지 말라고 했잖아요."

또다시 고민에 빠졌습니다. 어떻게 해야 할까? 나도 혼란스럽고 아이들도 혼란스러웠을 것입니다. 그러던 어느 날 한 아이가 일기장에 다른 친구의 문제 행동을 이야기하며 도와달라는 글을 썼습니다.

"… 선생님께서 도와주셔야 할 것 같아요. 그런데 너무 혼내지는 않았으면 좋겠어요."

'그런데 너무 혼내지는 말라고?'

마지막 구절에 담겨있는 그 아이의 마음이 느껴지시나요? 그 마음은 저에게 큰 깨달음을 주었습니다. 고자질과 도움을 청하는 것은 어떤 정보를 준다는 점에서는 같습니다. 하지만 어떤 마음으로 말을 하는가에 차이가 있습니다. 이 말을 듣고 분노하고 혼내기를 바라는가, 차분하고 지혜롭게 문제를 해결하기 위한 도움을 주기를 바라는가?

감정적으로 쉽게 분노하고 폭발하던 저를 변화시킨 것은 그 아이가 쓴 일기의 마지막 구절이었습니다. 자신의 글을 읽고 선생님이 화가 나서 친구를 혼낼까 봐 걱정해서 주저하고 고민하다가 조심스레 쓴 그 아이의 마음이었습니다.

아이들에게 이런 의미를 가르치고 나서는, 아이들의 이야기에 화가 폭발하거나 중요한 정보를 나만 모르는 일은 거의 생기지 않았습니다. 그런데 이것만으로 만족할 수는 없었습니다. 언제까지나 제가 문제를 해결해줄 수는 없으니까요. 아이들이 스스로 문제를 해결할 수 있기를 바랐습니다. 여러 심리학을 공부하고 적용하면서 나름대로 체계화하기 시작했습니다.

"우리 반에서는 문제해결 8단계를 사용합니다. 이 방법을 활용하는 이유는 문제가 생겼을 때 선생님이 화를 내거나 벌을 주는 방식으로 문제를 해결하지 않고 스스로 자신의 감정을 조절하고 적절한 말과 행동을 하면서 문제 해결하는 힘을 키우기 위해서입니다. 여러분도 저에게 혼나거나 벌을 받는 거 좋아하지 않지요? 저도 그렇습니다. 가장 중요한 것은 자기 스스로 문제를 해결하는 것입니다. 그런데 항상 스스로 해결할 수는 없습니다. 그래서 도움이 필요합니다. 문제가 심하지 않으면 약간의 도움이, 문제가 심하면 많은 도움이 필요하겠지요. 1~2단계는 스스로 해결하는 힘이 가장 크다면, 3단계부터는 다른 사람들의 도움이 조금씩 들어가게 되고, 6~8단계는 외부의 도움도 커질 뿐만 아니라 져야 할 책임의 크기도 커지게 됩니다. 문제해결 8단계를 잘 배워서 활용한다면 보다 행복해지고 문제를 통해 더욱더 성장하게 되리

학급 – 학교 문제해결절차	
1단계	감정 조절하기
2단계	평화대화법
3단계	또래 중재
4단계	교사 상담
5단계	학급평화회의
6단계	학부모 상담
7단계	학생 선도 위원회
8단계	학교폭력대책 자치위원회

라 생각합니다.”(출처: 『학급운영시스템』)

누구나 어느 교실이나 문제를 겪기 마련입니다. 문제가 없을 수는 없지요. 중요한 것은 그 문제를 어떻게 다루고, 어떻게 해결하는가입니다. 문제가 있다는 것은 나쁜 것이 아니라 우리가 그것을 다루고 해결할 지혜와 능력이 부족하다는 것을 의미할 뿐입니다. 문제해결능력을 갖추면 문제를 만나도 두렵지 않습니다. 회피하지 않고 직면하여 문제를 해결하며 함께 성장할 수 있게 되는 것입니다.

연수에서 한 선생님께서 제게 물었습니다.

“선생님은 무엇 때문에 그렇게 열심히 하세요?”

“음… 후회 때문인 것 같아요.”

만약 제가 고자질-분노 폭발의 루틴을 경험하지 않았다면, 그걸로 후회하고 괴로워하지 않았다면, 한 아이가 마지막 한 줄을 써주지 않았다면 더 많이 헤맸을 것입니다. 이렇게 후회하고 괴로워했기 때문에 한 걸음 더 나아갈 수 있었던 것 같습니다.

> 고자질-분노 폭발 루틴 → 문제해결절차

그때 선생님이 우리 좀 많이 때리셨죠

—　　2년 차에 가르쳤던 5학년 아이들과 참 열심히, 즐겁게 살았습니다. 처음으로 학급문집도 만들었고 나중에 고등학교 졸업하면 술 한 잔 사주겠다고 약속했습니다. 그리고 7년이 흘러 그 아이들을 다시 만났

습니다. 모여서 이야기를 나누는데 한 아이가 이런 이야기를 했습니다.

"그때 선생님이 우리 좀 많이 때리셨죠."

"맞아. 그때 선생님께서 대나무 술통으로 때리기도 했지."

"난 단소로 맞아서 이후로 단소가 싫어졌다니까."

쥐구멍이라도 있다면 숨고 싶었습니다. 처음에 이야기한 아직 군인에서 벗어나지 못한 시기였던 것 같습니다. 참 열심히 가르치고 그만큼 때리기도 했습니다.

"그래. 알고 있어. 나중에 너희를 다시 만나면 꼭 사과하고 싶었어."

"에이 무슨 말씀이세요. 선생님이 우릴 사랑해서 그러셨다는 거 알죠. 덕분에 사람 됐죠."

"내 마음을 이해해주니 고맙구나. 그래서 나는 더욱 미안하다. 만약 내가 너희에게 나쁜 교사였다면 내가 가한 폭력도 나쁘게 생각했을 거야. 그런데 너희가 나를 좋아했기에 내가 너희를 때린 것도 좋게 생각할 수 있지. 사랑이라는 이름의 폭력 말이야. 하지만 폭력은 어찌 되었든 폭력이다. 그래서 다시 한 번 더 사과한다. 그땐 교사로서 미숙해서 그랬어. 지금은 나도 교사로서 성장해서 너희 후배들은 그 방법 없이도 잘 가르치고 있어. 사랑이라는 이름으로 폭력을 가하는 것을 정당하게 여기지 않았으면 좋겠다."

이런 죄책감에 항상 고민했습니다. 그즈음에 '스승의 은혜'라는 공포 영화가 개봉되었습니다. 학생들이 자라서 성인이 되어 다시 모여 선생님에게 복수하는 이야기지요. 이런! 죄책감만이 아니라 두려움도 갖게 되었네요. 지난 일은 어쩔 수 없다 하더라도 앞으로는 그러지 말아야겠다, 벌이 아니라 더 좋은 방법은 없을까 고민했습니다.

뿐만 아니라 몇 번의 체벌은 학부모의 민원으로 교단의 이슬로 사라

질 뻔한 위기도 두 차례 있었습니다. 체벌 원인이 초등학생의 성추행과
장애인 폭행이라는 심각한 사안이라 부모들이 고소하려다 말았지만, 그
전까지의 상황은 매우 심각했지요. 그러다 『에스퀴스 선생님의 위대한
수업』이라는 책을 읽고 콜버그의 도덕성 발달단계를 초등학생에게 맞게
변형하여 적용했습니다.

1단계 : 벌과 두려움에 의한 도덕성

2단계 : 보상과 욕구충족에 의한 도덕성

3단계 : 인정과 좋은 관계에 의한 도덕성

4단계 : 약속을 지키는 책임감에 의한 도덕성

5단계 : 자신과 타인을 존중하는 도덕성

6단계 : 가치와 아름다움을 지향하는 도덕성

〈EBS 아이의 사생활 – 도덕성〉 편이 나오고서 도덕성 수업에 큰 도움
을 받았습니다. 아이들의 도덕성을 키워주자고 한 수업이었는데…. 이
런 이야기 있잖아요. 수업을 마치고 나니 선생이 가장 똑똑해졌다고. 매
년 도덕성 수업을 하면서 제 도덕성이 더욱더 높아지는 느낌입니다. 이
러다 지구인들이 보낸 개념들로 인해 개념 충만해진 안드로메다로 가야
할 것 같습니다.

여기서 중요한 것 두 가지 더 말씀드리겠습니다. 인간의 도덕성은 위
의 단계대로 성장하지만은 않으며, 딱 구분되지도 않습니다. 어떤 때는
높은 수준의 도덕성을 보이기도 하지만, 어떤 때는 낮은 수준으로
행동하기도 합니다. 예를 들면, 과속 단속 카메라가 없을 때처럼요.

그리고 벌과 보상이 낮은 단계라고 해서 나쁘다거나 필요 없다는 것

은 아닙니다. 어떤 경우에는 필요할 수도 있습니다. 다만, 그것이 가장 중요한 원리여서는 안 된다는 것입니다. 왜냐하면, 교사가 그 수준으로만 대한다면, 아이들도 그 수준 이상 자라기가 어렵기 때문입니다. 반대로 교사가 너무 높은 수준으로만 대한다면, 아이들도 따라올 수 없습니다. 그래서 아이들을 이해하고 적절한 도움을 주기 위해서는 도덕성 발달 6단계를 이해하고 활용하는 게 필요하다고 생각했습니다.

체벌 → 도덕성 발달단계

휴지에서 시작된 전쟁

— 일제고사와 교사 파면의 광풍이 불어 닥친 다음 해에 4학년 담임을 맡게 되었습니다. 분명 1지망 6학년, 2지망 6학년, 3지망 6학년, 이렇게 짐승의 숫자 666으로 써넣었는데 말입니다. 아침에 학교에 가자마자 교감 선생님에게 왜 6학년이 아니라 4학년을 주셨냐고 물었습니다.

"정 선생, 올해도 일제고사 거부할 거 아닌가? 정 선생은 너무 위험해. 아무튼, 6학년은 줄 수 없네."

작년 파면의 광풍이 이 지역을 휩쓸고 갈 때 저를 보호하기 위해 많은 노력을 하셨답니다. 당시에는 투쟁심과 동료에 대한 죄책감으로 볼 수 없었는데, 3월 2일 아침에야 망나니의 칼날이 제 목을 비켜간 이유를 알게 된 것이었습니다. 3층의 교실로 올라가는 길은 복잡한 감정으로 참으로 길고도 멀었습니다.

그렇게 맞이한 4학년 아이 중 3명의 아이가 눈에 들어왔습니다. 한 아이는 왼손이 없고, 또 한 아이는 앞머리가 없고, 나머지 한 아이는 필리핀인 엄마를 둔 다문화 가정의 아이였습니다.

어느 날 교무실에 다문화 가정 아이의 아버지가 찾아왔다는 연락을 받았습니다. 작년에 만취한 상태로 학교를 뒤집었다는 이야기도 함께 들었습니다. 다행인 것은 저에게 감사 인사하러 왔다더군요. 역시 술에 만취해서.

앞머리가 없는 아이는 원형 탈모 같은 게 아니라 스스로 머리를 뽑았던 것이었습니다. 심리적 고통이 너무 심하고 지속적이면 신체적 고통을 주어 상쇄한다고 합니다. 그렇게 손오공처럼 한 올 한 올 앞머리를 뽑다가 원형 탈모처럼 보이는 것을 넘어 몽골식 변발로 나아갈 것 같았지요. 아버지하고만 살던 그 아이는 외로움과 두려움이 너무 컸던 것 같습니다. 다행히 점차 좋아졌고 머리를 뽑지 않으니 다시 앞머리도 채워지기 시작했습니다.

이런 해피엔딩의 이야기를 하려고 이번 장을 시작한 것은 아닙니다. 한 명 남았지요? 왼손이 없는 아이….

3월 3일 만난 지 이틀 되던 날, 모둠 활동을 하는데 그 아이의 책상 옆에 쓰레기가 떨어져 있는 게 보였습니다. 그깟 쓰레기 정도야 그냥 넘어갈 수도 있겠죠. 하지만 지난 15년 동안 단 한 번도 이루지 못한 깨끗한 교실에 대한 열망은 왜 그리 3월 첫주에만 불타오르는지 모르겠지만 그 아이에게 말했습니다.

"길동아, 네 자리에 떨어져 있는 그 쓰레기 주워서 버려라."

"싫어요."

"뭐? 네 자리 옆에 떨어져 있는 쓰레기 주워서 버리라고."

"싫다고 했잖아요."

그 아이는 왼손만이 아니라 아버지도 없고, 우울증이 있는 어머니와 살고 있었습니다. 가정에서 제대로 보살핌을 받지 못할 뿐 아니라 장애 때문에 친구들에게 놀림도 많이 받았습니다. 하지만 이런 사실을 3월 3일에 다 알 수는 없잖아요. 저는 조금 더 강하게 말했습니다.

"쓰레기 주워서 버리라고."

그 아이도 강하게 되받아쳤지요.

"싫다고 했잖아요."

이제 제 감정이 활활 타오르기 시작했습니다.

"야아! 쓰레기 주워서 버리라고 했잖아."

"싫다니까요."

"너, 이리 나와!"

그랬더니 아이가 책상을 발로 뻥 차면서 나오는 거예요. 나와서 서로 언성을 높여서 말싸움을 했습니다. 3월 3일, 새 학년이 시작된 지 이틀 만에 초등학교 4학년 남자아이와 30대 초반의 남자교사가 칠판 앞에서 치열하게 싸우는 장면을 상상해보세요. 그걸 지켜보는 아이들의 마음은 어땠을까요? 싸움 구경이라 재미있었을까요? '올해는 큰 똥을 밟았구나'라고 생각했을까요?

저는 화가 치밀어서 그 아이의 볼을 잡고 당기면서 말했습니다.

"이 자식이 어쩌고 저째?"

이 정도면 힘으로 제압될 줄 알았는데 그렇지 않았습니다.

"이, 씨X"

"뭐라고? 너 계속 그러면 선생님한데 맞는다."

"때려요, 때리라고요!"

이렇게 말하며 다가오는데 제 마음이 어땠겠어요. 지금껏 잘 사용해 왔던 힘으로 통제하는 각종 협박하기 세트가 무용지물이 되었습니다. 그렇다고 때릴 수는 없고…. 아이는 자존감도 전혀 없고, 자신과 세상에 대한 혐오와 분노로 가득해 보였습니다. 공포가 밀려왔습니다. 제가 힘으로 이길 수 있는 아이가 아닌 것이었습니다. 이 세상 모든 것을 다 부술 수 있을 것 같던 분노는 공포에 밀려 순식간에 사라졌습니다.

'큰일 났다. 어쩌면 좋지?'

만약 선생님께서 이런 상황이라면 어떻게 하시겠습니까?

고민하고 또 고민하고, 공부하고 또 공부했습니다. 이런 일을 저만 겪고 있겠어요? 누군가 이전에 저와 같은 공포를 겪어보지 않았겠어요? 이런 사례와 문제해결방법을 찾아서 읽고, 연수에도 다녀왔습니다. 당시 T.E.T. 연수는 제게 큰 충격을 주었습니다. '마음의 창'이라는 문제 진단 도구로 진단을 한 후 상황에 맞게 적절하게 대처하는 법이 있었습니다. 지금까지 저는 도덕성 발달단계의 2단계인 보상으로 동기를 유발하거나, 3단계인 재미있고 좋은 선생님으로 즐거운 시간을 보내며 살았습니다. 하지만 문제가 생기면 1단계 힘으로 해결하려고 했었지요. 그런데 문제를 진단해서 문제에 따라 다르게 접근한다니 참으로 놀라웠습니다. 이 이론을 바탕으로 저의 경험을 분석하고 재구조화했습니다.

그 아이 자리에 쓰레기가 떨어져 있는 것은 오른쪽의 문제 진단표에서 어디에 해당할까요? 사실 '문제없음'에 들어갈 수도 있습니다. 깨끗한 교실을 갈망하는 3월 첫주의 제가 아니라면요. 그럼 누가 문제를 갖는 걸까요? 그렇습니다. 교사의 문제, 그중에서도 책임의 문제입니다. 책임을 느낀 제가 주워서 버렸다면 그걸로 해결되었을 것입니다. 만약 깨끗한 교실을 강렬하게 원하는 3월 첫주의 제가 아니라면 그렇게 했거

학생 문제		교사 문제	
규칙/책임	감정	책임	감정

학생－교사 문제

나 무시했을 것입니다. 하지만 그때는 3월 첫주의 저였기에 그 아이에게 책임을 부과하기로 한 것이었습니다. 그러면 이제 '학생 문제' 중에서도 규칙/책임 문제에 불이 들어옵니다. 그래서 그 문제를 해결하기 위해 정중하게 요청했습니다. 하지만 아이의 반응은 '부정적 감정'에 의한 것이었습니다. 몇 번 정중하게 요청했지만, 슬슬 저의 감정도 달아오르기 시작해서 분노라는 감정에 휩싸이게 됩니다.

다시 정리해보면

① 휴지 발견, 교사 책임 문제

② 학생 책임 문제로 문제해결을 위한 요청

③ 이미 학생은 부정적 감정 상태였고, 화내며 대응

④ 충격받았지만 그래도 참으면서 다시 한 번 더 요청

⑤ 안 그래도 화나 있는데 교사까지 귀찮게 하니 더 화를 냄

⑥ 학생의 분노에 충격을 받고 좋게 이야기해도 듣지 않아 화가 엄청남

어때요? 글을 읽는데 생생하게 광경이 떠오르고 감정의 충돌이 느껴지나요? 그때의 감정을 글로 다 표현할 수 없어서 글자 수를 조금씩 늘리면서 썼는데 고조되는 격렬함을 느끼실지 모르겠습니다.

⑦ 교사가 소리침. '너 이리 나와.'

이젠 단순하게 학생과 교사의 책임, 감정 문제가 아니라 학생-교사 문제 그중에서도 가장 나쁜 형태인 힘겨루기, 치킨 게임의 형태가 되어버린 것입니다. 그렇게 싸웠지만 저는 그 아이를 이길 수 없었지요.

3월 둘째 날부터 이렇게 망가져 버린 학급을 되살리기 위해 이전보다 훨씬 더 많은 노력을 기울여야 했습니다. 매일 마음속으로 이렇게 다짐했지요.

'이젠 쓰레기 하나에 내 학급의 모든 걸 걸지 않겠어. 흑흑흑.'

위의 문제 진단표와 각 문제 상황에 맞는 다양한 문제해결방법은 이 시기에 체계화된 것입니다. 쓰레기 줍기 하나에 망가진 학급을 다시 살리는 과정에서 치열하게 고민한 결과인 것이지요.

제가 그 아이에게 조금씩 다가가던 어느 날, 컴퓨터실에서 타자연습을 하는데 그 아이가 300타 이상을 치는 것을 보았습니다. 왼손이 없고 손목 부분에 1cm도 되지 않는 엄지와 약지만 있는데 7개의 손가락으로 그렇게 치는 것이었습니다. 활동 중인 아이들을 집중시키고 말했습니다.

"여러분 잠시만 선생님을 봐주세요. 타자 200타 이상 치는 거 어렵죠? 그런데 우리 길동이는 왼손이 불편한데도 300타 이상을 칩니다. 대단하

지 않나요?"

"오오오~ 진짜?"

"와~ 진짜네. 대단하다."

아이들이 크게 박수를 쳐주었습니다. 그때까지만 해도 저와 사이가 좋지 않았기 때문에 갑작스러운 칭찬에 당황한 것 같았지만, 친구들의 그런 반응에 기분은 좋았겠지요. 그런데 그 아이의 마음이 느껴졌습니다.

"여러분 잠시만요. 초등학교 4학년이 300타 이상을 친다는 것은 참 대단한 일입니다. 그것도 한 손이 불편한 아이가 그렇다는 것은 더욱더 대단하지요. 열 손가락으로도 쉽지 않고 오타도 많은데 7개 손가락으로 치려면 얼마나 힘들었을까… 얼마나 오타도 많고… 잘 쳐지지 않아서 얼마나 속상했을까… 얼마나 많이 연습을 해야 했을까… 중간에 포기하고 싶은 마음이 들지는 않았을까… 얼마나 많이 노력했기에 이렇게 칠 수 있게 되었을까… 이런 생각이 드니 내 마음이…."

눈물이 날 것 같았습니다. 제 마음이 아이들에게 전해졌던 걸까요? 조금 전 환호성을 지르던 아이들이 숙연해지는 것을 느꼈습니다. 4초 정도요. 4학년이니까 4초인 걸까요? 아이들은 곧바로 그 아이에게 가서 손을 잡고 말했습니다.

"너 정말 대단하다."

"너의 기를 나에게 전해줘오오오~."

몇몇 여자아이는 왼손의 작은 손가락 두 개를 보면서 이렇게 말했습니다.

"그러고 보니 이 두 손가락 정말 귀엽지 않냐?"

이 순간은 뭔가 공부를 해서 그랬던 게 아닙니다. 그냥 그 아이의 마음을 느껴보니 300타를 치는 것도 대단하지만, 그 과정이 어땠을지 느껴져서 느낀 대로 말한 것뿐입니다. 그래서 마음이 참 중요한가 봅니다. 하지만 공부를 많이 했기에 그 마음이 더 잘 느껴지고 더 잘 표현해냈다고 생각합니다.

아이는 이후로 더욱 밝아지고 적극적으로 변했습니다. 놀림당하던 자신의 장애를 친구들이 받아주기 시작했으니까요. 얼마 지난 후 체육 시간에 그물술래잡기를 할 때였습니다. 그물술래는 처음 술래가 다른 사람을 잡으면 그 사람과 손을 잡고 함께 그물술래가 되고, 잡을 때마다 술래들이 손을 잡고 늘어나서 반 전체가 그물술래가 되는 놀이입니다. 이 놀이를 하다가 제가 그 아이를 잡았는데 잠시 저를 바라보더니 자신의 왼손을 잡으라고 내밀더군요.

'그래 네 손을 잡아줄게. 고마워. 내게 손을 내밀어 줘서.'

> 치킨 게임 → 문제 진단표와 문제에 따른 해결법

공포의 외인구단

—   "정유진 선생님은 처음부터 잘했을 것 같아요."

이 글 처음에 썼던 구절입니다. 처음부터 잘한 게 아니라는 것을 이제 아시겠죠? 처음에는 다른 선생님들과 마찬가지로, 아니 어쩌면 타고난 에너지의 크기만큼이나 큰 분노와 두려움에 더욱 힘겨워했는지도 모르겠습니다.

처음에는 다섯 개의 이야기를 준비했고 이제 네 개를 했습니다. 마지막 하나 남았는데 앞의 네 개를 합한 정도의 무게가 있는 이야기입니다.

그러니 제목도 공포의 외인구단인 거죠.

　제가 원고 마감일은 잘 못 지켜도 원고 분량은 잘 지키려고 노력합니다. 벌써 원고 분량을 거의 다 채웠고 마무리할 이야기도 남은 상황이라 이 이야기는 다음 기회에 하겠습니다. 이런 아쉬움이 있어야 다음에 제 글을 만날 기대도 생기는 것 아니겠어요?

학급운영시스템과 교사의 실천교육학

—　　기록하지 않으면 사라집니다.
나누지 않으면 정교해지지 않습니다.

1년의 기록은 성글지만

　꽤 오래되었음에도 이렇게 생생하게 이야기를 나눌 수 있는 이유는 무엇일까요? 제가 그 당시 지혜와 능력을 갖춘 교사는 아니었지만, 우연하게도 몇 가지 일은 이곳저곳에 기록했습니다. 기록을 아주 잘하는 사람은 절대로 아니었습니다. 공책을 마지막까지 써 본 적이 별로 없을 정도로 잃어버리고 대충 써서 알아보지도 못하는 그런 사람이었지요.

　아이들을 가르치면서 어떤 문제를 겪을 때마다 이상하게도 기시감데 자뷔이 드는 것이었습니다. 혹시 경험해보지 않았나요? 지금 겪는 이 문제, 언젠가 어디선가 본 것 같은…. 실은 매년 겪는 문제였던 거죠. 해결해낼 능력이 없으니까 또 겪고 또 겪는 것이었습니다. 심지어 작년에는 해결했는데 올해는 미궁에 빠져서 헤매는 붕어 같은 상황도 있었습니다. 그래서 다음 해에 또 이런 일이 생기면 참고하기 위해서라도 적기 시작했습니다.

연수에서 제가 사용한 교사수첩을 보여드리면 많은 선생님이 놀랍니다.

"애개?"

기록을 매우 잘해서가 아니라 기록된 게 별로 없어서입니다.

"1년의 기록은 성글지만 성근 1년의 기록이 5년이 되면 촘촘해집니다."

변명이 아니에요. 성글지만 5년, 10년, 15년 기록해보니 꽤 두껍고 촘촘한 기록이 되어 있었습니다.

촘촘한 기록을 정교하게

초등학교 5학년 시절 술에 취한 선생님에게 따귀를 맞고 날아간 적이 있었습니다. 울면서 집으로 돌아갔었지요. 13년이 지나 초등교사가 되었고 5학년을 연속으로 5년 동안 맡았습니다. 5학년 아이들을 만나면서 5학년이었던 저를 다시 만나고 있었는지도 모르겠습니다. 5년 정도 5학년을 가르치고 나니 이제 6학년이 하고 싶어졌습니다. 그래서 5학년 5년을 돌아보면서 기록한 것을 모았습니다. 앞서 이야기했듯 1년은 성글어도 성근 1년이 모인 5년은 성글지 않더군요. '지니샘의 학급운영 2006' 이란 제목의 한글 문서를 만들었고 인디스쿨에서 많은 분에게 사랑을 받았습니다. 책으로 내라는 말을 많이 들었지만, 책으로 내지는 못했습니다. 하지만 거기에 담긴 이야기들을 좀 더 깊고 넓게 풀어낸 다른 책을 여러 권 쓰게 되었습니다. 그 문서가 바로 책이 되지 않았지만, 여러 책의 씨앗이 되었던 것입니다.

기록은 프로그램과 시스템이 되어

3월 첫날을 어떻게 보낼까 고민하다 보니 괜찮은 방법들을 찾을 수 있었고 체계화해 보니 첫날 프로그램을 만들게 되었습니다. 첫날 시간은 별로 없는데 하고 싶은 게 한두 개여야지요. 첫날 프로그램은 이틀이 되고 사흘이 되고 나흘, 닷새가 되었습니다.

1년의 첫날, 첫 주는 1년의 학급문화와 학급운영에 대단히 큰 영향을 미친다는 것을 잘 알고 계실 겁니다. 그래서 5일 20시간짜리 첫 만남 프로그램을 만들었습니다. 그동안 제가 해온 모든 실천을 펼쳐 놓고 버릴 것 버리고 미룰 것 미루고 정말 중요한 것, 첫 주에 꼭 하면 좋겠다고 생각하는 것을 20시간 분량으로 모으고 분류하여 체계화했습니다.

컴퓨터를 사면 기본적으로 운영시스템을 설치합니다. 보통 설치된 컴퓨터를 구입하죠. 스마트폰도 마찬가지고요. 그런데 컴퓨터나 스마트폰보다 훨씬 더 복잡한 우리 학급에는 어떤 운영시스템이 설치되어 있나요?

운영시스템이 없으면 그때그때, 사안별로 대처해야 합니다. 바다에 나갈 때 노만 저어서는 멀리까지 항해할 수 없고 돛을 달아서 바람을 타야 하듯 학급운영도 운영시스템을 갖추어서 1년의 바람을 타야 합니다. 학급운영시스템은 학급문화의 기초가 됩니다.

교사로서 살아가는 데 꼭 필요한 것들 – 교사의 실천교육학

책을 읽고 연수에 다니고 실천하고 기록하면서 교사로서 조금씩 성장하고 있다는 것을 느낄 수 있었습니다. 그런데 공부를 많이 하다 보니 이런 생각이 들더군요. '내가 배우고 있는 것들이 다 좋기는 한데, 교사로 살아가는 데 꼭 필요한 것들은 무엇일까?' 그것들을 정리하기 시작했습니다.

대부분 교사에게 '학급운영, 생활지도, 교수학습' 이렇게 3가지 영역이 대단히 중요합니다. 현실에서는 업무능력이 더 중요하겠지만, 그것

| 1주. 3월 4 ~ 8일 | 첫 만남 프로젝트

목표	행복하게 1년을 시작하고 행복한 학급을 위해 필요한 것들을 배우고 익힌다. 1. 행복한 첫 만남 : 마음이 따뜻하고 1년에 대한 기대를 갖게 하는 첫 만남 갖기 2. 마음−몸 수업 : 자신의 삶에 대해 통찰하고 좋은 성품과 높은 도덕성을 키워 훌륭한 사람으로 자라기 3. 학급 세우기 : 안전하고 평화롭고 즐거운 학급 만들기 4. 의사소통기술 : 마음이 통하는 의사소통 방법 배우고 활용하기 5. 문제해결기술 : 규칙 문제, 감정 문제를 해결하는 방법 배우고 활용하기 6. 기초학습기술 : 마인드맵에 대해 배우고 활용하기

	월 (4일)	화 (5일)	수 (6일)	목 (7일)	금 (8일)
행사	개학식			학급 임원 선출	
아침		명패 만들기	요가 1 산−나무−삼각	요가 2 전사−궁수−여왕	요가 3 전체
	첫 만남	**성품**	**학급 세우기**	**의사소통훈련**	**문제해결훈련**
1	1. 환영하기 □ 첫 만남 이야기 □ 교사소개/기본규칙 □ 인사 나누기 □ 집중 신호	1. 인생수업 □ 세상을 떠난다면 □ 행복 나누기 □ 필요한 것은?	1. 모둠 세우기 □ 협동활동 □ 모둠 역할 □ 모둠 친교	□ 가라사대 놀이 1. 의사소통 기초 □ 고양이와 개 □ 머라비언 □ 말−감정−욕구	문제해결 8단계 □ 자주 경험하는 문제들 1. 감정조절하기 □ 심호흡 □ 하칼라우

2	2. 친해지기
	□ 책상배치/대형안내
	□ 공동체 놀이
	  (친구를 사랑?)
		2. 성품 도입
		□ 모둠 대형
		□ 친구의 특성
			2. 우리가 원하는
			  우리 반
				2. 듣기
				□ 바라보고 듣기
				□ 반응하며 듣기
				□ 공감하며 듣기
					2. 평화대화법
					□ 나 말하기와 듣기
					□ 사과하기

3	3. 학급활동 □ 우리가 원하는 우리 반 □ 우리 반을 아름답게 □ 사진 찍기	3. 성품 10 □ 모둠 성품활동 □ 이야기나누기 □ 활동하기 □ 느낌 나누기		3. 말하기 □ 자기정보 표현 □ 감정욕구 표현	3. 또래 중재 4. 선생님 상담 □ 변화 계획하기 □ 싸움 해결하기
4	4. 정리하기 □ 느낌 나누기 □ 헤어지는 인사/ 돌림노래	4. 도덕성 □ 갈등상황 □ 다큐 감상 □ 관련 토의 □ 도덕성 6단계	3. 학급규칙 4. 생활절차 5. 과제절차		생일잔치 • 생일 노래 부르기 • 생일책 만들기 • 간단한 다과

5		**공동체 놀이**
		
		□ 운동장 놀이
		  말미잘 술래잡기
		  바퀴벌레술래잡기
		  소감 나누기
		  글쓰기(숙제)
				미술
				
				□ 키스 해링
				  살펴보기
				□ 색칠하기
				□ 배운 것들 정리
				□ 포스터 만들기
					5. 학급평화회의

6		**학습**
		
		□ 두뇌 이해하기
		□ 마인드맵 기초
		□ 발산적 마인드맵
		□ 함께 마인드맵
		□ 마인드맵 공책
					공동체 놀이
					
					□ 운동장 놀이
					  말미잘 술래잡기
					  바퀴벌레술래잡기
					  소감 나누기
					  글쓰기

은 교육의 본질이 아니므로 제외했습니다. 그러면 교사는 왜 그렇게 학급운영하고 생활지도하며 교수학습지도하는 하는 걸까요? 파커 J. 파머는 『가르칠 수 있는 용기』에서 이렇게 말합니다.

"우리는 우리의 자아를 가르친다."

교사로서 나는 어떤 자아가 형성되어 있는가 살피고 개선해나가는 것이 대단히 중요하다고 생각했습니다. 그래서 교육에 대한 통찰, 학급운영 전략, 인생전략, 교수학습기술이라는 4가지 영역으로 나누었습니다. 그리고 각 영역에 꼭 필요한 것 3가지씩 모두 12개로 나누었습니다. 영역마다 기존의 교육적 신념-전제를 정리하고 제가 하고자 하는 새로운 교육의 신념-전제를 표(180쪽)로 정리했습니다.

아무리 좋은 철학을 갖고 있더라도 현실에서 구현해낼 수 없다면 의미가 줄어들 것입니다. 좋은 철학은 좋은 방법으로 구현되어야 진정한 의미를 갖습니다. 그래서 위의 새로운 교육의 전제를 '하우스 모델'로 다시 구조화했습니다.

교사들이 자신의 경험과 배움을 바탕으로 자신의 실천교육학을 만들어가기를 바랐습니다. 우선 저 자신부터 해보기로 했지요. 마치 집을 짓는 것처럼 저의 실천교육학을 만들어갔습니다.

집과 마찬가지로 그 밑바탕은 땅을 다지는 것입니다. 삶과 교육, 교사 자신과 아이들에 대한 이해에서부터 시작하는 것이지요.

다음은 기둥을 세우는 디딤판이 되어주는 기초 콘크리트를 치듯이 학급이라는 공동체를 위한 기본적인 디딤돌인 심리적 연결, 합리적 제도, 안정된 환경을 만드는 것입니다.

세 번째는 기둥을 세우고 벽체를 만드는 것처럼 자신의 인생을 살아가는 데, 공동체에서 함께 사는 데 꼭 필요한 인생의 기술, 즉 마음과 몸

	기존의 전제	행복교육학의 전제
교육 통찰	교육은 사회적으로 성공하기 위한 수단이다.	교사와 학생이 행복한 삶을 사는 것 그 자체가 교육이다. '삶의, 삶을 위한, 삶에 의한 교육'
	교육은 지식을 전수하고 익히는 과정이다.	교육은 나를 아는 것에서부터 시작한다.
	전수하고자 하는 지식을 정확하게 아는 것이 가장 중요하다.	학생들을 이해할 때 더 잘 가르칠 수 있다.
운영 전략	학생들은 교사의 말을 잘 들어야 한다.	구성원들이 심리적으로 연결(친밀, 소속, 즐거움, 가치)될 때 더 행복하게 배울 수 있다.
	상과 벌이 명확할 때 더 잘 배울 수 있다.	목표-규칙-절차가 명확하고 일관적으로 적용될 때 더 효과적으로 배울 수 있다.
	교육환경은 그다지 중요하지 않다. 개인의 노력이 가장 중요하다.	긍정적 감정을 촉진하고 교수학습방식을 고려한 환경에서 더 안정적으로 배울 수 있다.
인생 전략	학습에서 중요한 것은 성품이나 도덕성, 감정을 얼마나 성취하는가이다.	좋은 성품과 도덕성, 감정을 알아차리고 다룰 수 있을 때 보다 높은 수준의 삶을 살 수 있다.
	친구는 경쟁을 통해 이겨야할 대상이다.	바라보고 듣고 공감하고 표현하는 의사소통을 통해 우리는 배우고 사랑하고 살아간다.
	학습문제를 잘 풀어 높은 성취를 이루는 것이 성공을 위한 가장 확실한 길이다.	높은 수준의 문제해결능력이 있을 때 인생의 문제조차도 배움의 기회가 된다.
교수 학습	학생들은 책을 읽고 수업을 들을 때 공부를 잘 할 수 있다.	학생들은 다양한 방식으로 배우므로 교수학습방식은 더욱 더 확장되어야 한다.
	프로젝트학습은 시간 낭비이며, 실제로 큰 도움이 되지 않는다.	인생 자체가 프로젝트이므로 프로젝트학습은 삶에 가장 적합한 교수학습방식이다.
	배움은 고통스러운 것이다.	배우고 익히니 어찌 즐겁지 아니한가?

다루기, 의사소통, 문제해결 능력을 배우고 활용하는 것입니다.

네 번째는 배우고 나누는 과정으로 확장 교수학습법, 프로젝트 학습법 그리고 학생들 스스로 공부할 수 있는 자율학습법을 배우는 것입니다.

마지막은 지금까지 갖춘 것들을 통합적으로 체계화해서 실질적으로

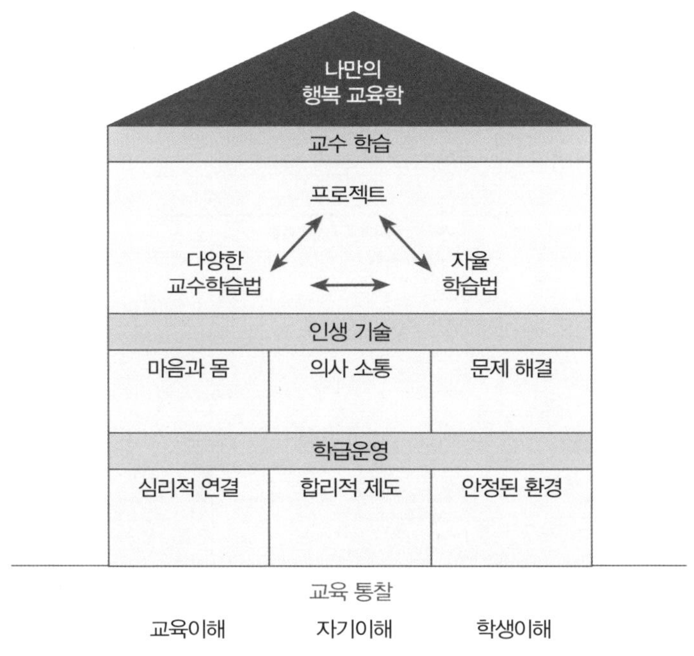

활용할 수 있는 교육과정으로 만드는 것입니다. 이 과정을 좀 더 구체화
한 것이 위의 표입니다.

저는 이런 과정을 통해 저의 실천교육학을 만들어왔고 오늘도 조금씩
개선해가고 있습니다. 그리고 여러 선생님께서 자신의 경험을 소중히
여기고 돌아보고 기록하고 체계화하여 자신의 실천교육학을 만들어가
도록 돕고 있습니다.

이 세상에 태어나, 교사의 길을 걸으면서 맨날 외국인들이 만든 이론
이나 따라 할 수만은 없잖아요? 그들의 좋은 것을 많이 배우면서, 이제
는 이 땅에서 하루하루 살아가고 있는 교사들의 삶에서 건져 올린 나의
교육학, 우리의 교육학을 만들어가야 하지 않겠습니까?

행복교육학 구조

교육 목표	자기성찰 (자기이해)	공부 (논리– 수학)	문예감성 (언어/음악/ 시각)	인간관계 (대인관계)		건강 (신체운동)	조화 · 나눔 (자연 · 실존)	
V 교육과정 성품	협동		존중			책임	신뢰	나눔
	지혜		사랑			용기	감사	성찰
욕구	자아실현	인지	심미	존경	소속사랑	안전	생리 · 생존	자기초월
인간	사고		감정			의지	영성	

IV 교수학습전략

IV-1. 확장 교수학습법
1. 학습의 과정
2. 확장교수학습 구조방법
3. 파라링귀스틱스
4. 학습자 참여 촉진하기
5. 다중지능 활용하기
6. 음악과 환경사용하기
7. 수업 중 문제해결하기
8. 평가하기
9. 수업계획세우기

IV-2. 프로젝트 교수학습법
1. 프로젝트의 기초
2. 프로젝트 수업 사례
3. 프로젝트 수업 설계
 ① 주제 정하기
 ② 목표/범위/추진질문
 ③ 계획/준비하기
 ④ 프로젝트 관리하기
 ⑤ 반성하기

IV-3. 자율학습법
1. 기억법
2. 독서법
3. 정리법
4. 수학문제 해결법
5. 오답 정리법
6. 글 쓰는 법
7. 그림 그리는 법
8. 시험 준비하는 법

III 인생기술

III-1. 마음–몸 사용하기
1. 좋아하는/꺼려하는 친구
2. 9가지 성품
 감사/성찰/나눔
 사랑/지혜/용기
 존중/협동/책임
3. 도덕성 발달 6단계
4. 마음을 다루는 EFT
5. 요가와 명상
6. 몸 사용하기

III-2. 의사소통 기술
1. 의사소통의 기초
2. 의사소통을 방해하는 것
3. 협동심과 의사소통
4. 듣기
5. 표현하기
 ① 정보제공
 ② 긍정감정
 ③ 욕구(기대–예방)
6. 학부모 의사소통

III-3. 문제해결 기술
1. 문제해결과정과 진단하기
2. 학생문제 다루기
 ① 학생이 감정 문제 소유
 ② 작은 갈등 해결
 ③ 인사해약 사과하기
 ④ 싸웠을 때 해결하기
3. 교사문제 다루기
 ① 자기 조절
 ② 감정 정화
 ③ 문제 행동의 이유 이해
 ④ 행동의 4가지 목적
 ⑤ 효과적인 훈육 5가지
4. 교사–아동 문제 다루기
 ① 힘겨루기 피하기
 ② 느슨한 대결
 ③ 적극적 문제해결

II 학급운영기술

II-1. 심리적 디딤돌

II-1-1.친밀감
1. 친해지기
2. 특별한 인사
3. 긍정의 힘

II-1-2.소속감
1. 모둠 세우기
2. 학급 세우기

II-1-3.즐거움
1. 교실놀이
2. 운동장놀이
3. 연극놀이
4. 즐거운 수업

II-1-4.가치
1. 존중
2. 협동
3. 책임

II-2. 제도적 디딤돌

II-2-1. 목표
1. 우리 반
2. 우리의 다짐

II-2-2. 규칙
1. 기본 규칙
2. 문제 예방

II-2-3. 절차
1. 교실사용
2. 교수학습
3. 모둠활동
4. 협동학습
5. 일상적절차
6. 과제관리
7. 이동절차

III-3. 환경적 디딤돌

II-3-1. 수업과 책상 배치
1. 물리적 거리와 심리적 거리
2. 수업 유형과 책상 배치
3. 교실환경 꾸미기

II-3-2. 교실환경 꾸미기
1. 교실 배치도
2. 포스터
3. 음악
4. 식물

I 행복교육기초

I-1. 교육이해
1. 인생수업과 교육
2. 인간에 대한 이해
3. 행복교육학의 기초
4. 행복교육학의 전제
5. 행복교육학의 이론적 바탕
6. 우리 교육의 문제–대안
7. 아름다운 세상을 위하여

I-2. 자기이해
1. 교사의 모험
2. 좋은 교사 판타지
3. 내 인생의 선생님
4. 교사의 역할
5. 교사의 4가지 유형
6. 어떤 삶을 살고 싶은가?
7. 나는 어떤 교사인가?
8. 어떤 점을 닮고 싶은가?
9. 교사능력개발 4분면
10. 에너지를 충전하는 방법
11. 에니어그램 성격 이해

I-3. 아동이해
1. 다양한 아이들
2. 어떤 아이로 키우고 싶은가?
3. 행복하게/힘들게 하는 아이
4. 에니어그램과 발달단계
5. 나는 어떤 아이였나?
6. 왜 그랬을까?
7. 에니어그램과 아이들
8. 에니어그램과 교육

10년 후에도 남을 1분

— 저는 초등학교 5학년 담임으로 1년에 1,088시간을 가르치고 있습니다. 교과 전담 시간을 빼야 하기는 하지만 약 1,000시간 정도 가르친다고 하겠습니다. 스스로 물었습니다.

'아이들이 1년 후, 10년 후, 나와 함께한 1년 1,000시간을 돌아볼 때 단 1분이라도 생각하고 느끼게 하고 싶은 것은 무엇인가?'

초임 시절 아이들과 함께 지지고 볶으면서 지내고 그 이야기들을 문집에 담아 함께 읽고 마지막에 교실을 떠나보내면서 마음이 아팠습니다. 중학교 교사로 오면 안 되냐던, 우리 집에 놀러 왔다 돌아가는 지하철에서 울음바다가 되었던 아이들. '1년은 너무 짧아, 더 오래 함께하고 싶어…' 하지만 그럴 수 없지요. 그래서 10년 후에도 생각하고 느낄 수 있는 단 1분을 선물로 주고 싶었습니다.

아래 편지는 앞에서 생략한 '공포의 외인구단'을 가르칠 때 종업식 날 받은 것입니다. 이 친구는 저에게 무언가를 받았습니다. 그래서 헤어져도 괜찮다고 이야기합니다.

> **1년 동안 돌아본 소감문**
>
> 저는 동화책 속의 알라딘처럼 지니를 만났습니다. 바로 지니쌤이지요. 동화책에 나오는 지니는 소원을 3가지 들어줍니다. 하지만 제가 만난 지니는 소원을 너무나 많이 들어주었습니다. 학교에 갈 때마다 들어준 소원 중의 하나는 바로 ETF였습니다. 그 소원은 제가 너무 고통받던 틱 증상과 마음의

상처를 치유하고 오히려 더 저를 성장하게 만들었습니다. 또 에니어그램을 통해 꿈과 가까이 다가갈 수 있었고 일러스트로 그림 실력을 향상시켰습니다. 또 축제로 큰 용기를 얻었습니다. 그런데 지니는 램프 속으로 사라져야 합니다. 하지만 괜찮습니다. 지니가 가르쳐준 비법을 잘 알고 있으니까요. 저는 언제든지 그 비법을 사용할 수 있습니다. 그래서 괜찮습니다. 소중한 소원을 들어주신 지니쌤께 감사드립니다.

2012. 2. 15

다시 이 아이들을 만나서 정을 나누거나 하지는 않습니다. 가서 새롭게 만난 친구들, 선생님들과 잘 지내고 행복하기를 바랍니다.

긴 이야기를 정리하겠습니다. 만나는 아이들에게 주고 싶은 가장 소중한 선물, 10년 후에도 떠오르는 1분이 되는 선물입니다.

첫 번째. 선생님은 참 행복한 삶을 살고 있어. 함께하니 나도 행복해. 나도 그런 사람이 되고 싶어.

두 번째. 선생님은 우리를 참 소중하게 대해주셨지. 나도 다른 사람들을 소중하게 대해줄 거야.

세 번째. 선생님은 배우고 나누는 것을 참 즐거워하셨지. 우리가 성장하는 모습을 보면서 많이 기뻐하셨지. 나도 지금 배우고 나누는 것이 참 즐겁고 가치롭다고 느껴.

네 번째. 선생님은 우리를 민주적인 공동체의 주인으로 여겨주셨지. 나는 내 삶의 주인이자 내가 속한 공동체의 주인으로 책임을 다할 거야.

다섯 번째. 선생님은 자신의 삶, 우리의 삶을 소중하게 여겼듯 우리가 살아가는 사회도 소중하게 여기셨고 사람 사는 세상을 위해 여러 방식으로 기여하셨지. 나도 이 세상에서 내 존재의 빛을 발하고 싶어.

이것이 제가 교사로 살아가는 이유입니다. 10년 후, 1분.
이것이 앞서 이야기한 것보다도 훨씬 더 많은 실패와 고통과 아픔을 견딜 수 있었던 이유고, 이것이 두려움에 주저앉지 않고 한 걸음 더 나아갈 수 있었던 이유입니다.

건너갈 수 없어 외로이 서성이던 사람들이 있습니다.
그들의 마음에도 이런 이야기가 담겨있겠지요?
그래서 우리는 저마다의 공간을 건너서 만나야 합니다.
눈을 마주치고 손을 잡아야 합니다.
서로의 이야기를 말하고 들어주어야 합니다.
서로에게 한 마디 해주자고요.
"아프냐? 나도 아프다."
"외롭냐? 나도 외롭다."
"그렇기에 우리 함께할 수 있지 않은가?"

정성식 선생님 영상

학교를 바라본다는 것

정성식

해거리하는 교사

— 　나이 마흔이 되던 무렵에야 나무가 해거리하는 이유를 알았다. 과실수를 보면 열매를 주렁주렁 매달다가 그 양이 줄어드는 해가 있다. 이를 두고 '나무가 해거리한다'고 한다. 무심하게 지나쳤던 자연 현상인데 『나는 나무처럼 살고 싶다』라는 책을 읽고서야 비로소 알았다. 나무는 쉬고 싶어서 해거리를 하고, 해거리한 나무가 더 오래 산다는 것을.

집 마당에 심어두고 가꾸는 단감나무를 유심히 바라보았다. 해거리한 나무에 맺힌 감은 장마와 태풍에도 잘 버텨주었다. 과즙도 많고 오래 두고 보관해도 잘 무르지 않았다. 해거리란 게으름, 나태함이 아니라 더 크고 단단한 열매를 맺기 위한 의미 있는 쉼이라는 것을 그때야 알았다.

나도 해거리하고 싶었다. 작은 시골학교 부장교사로, 도교육청 TF 위원으로, 교육연수원 강사로 몇 년을 쉼 없이 달리던 때였다. 지칠 만도 했다. 만기가 되어 학교를 옮겨야 할 상황이었는데 얼마나 정신없이 살 았는지 옮길 학교도 물색해놓지 않은 상황이었다. 마침 교육청에서 학 습연구년 특별연수 교사를 모집했다. 별다른 기대를 하지 않고 신청서 를 냈다. 당시 갈증이 있었던 교사학습공동체를 연구해보겠다는 주제로 연구계획서를 냈고, 운 좋게 선정이 되었다. 드디어 나도 해거리를 할 수 있게 되었다. 남은 교직 생활을 더 의미 있게 보내기 위해 쉬면서 나 를 돌볼 시간을 갖게 되었다.

2015년 3월 2일, 새 학년이 시작되는 첫날이 되자 비로소 실감했다. 아내와 아들, 딸이 모두 학교에 가자 나만의 시간이 주어졌다. 아침 드 라마를 보겠다, 낮잠도 즐기겠다, 책과 영화도 실컷 보겠다, 목공을 배 우겠다, 혼자만 누릴 수 없으니 요리를 배워 때때로 맛있는 밥상을 차 려보겠다는 등의 야심 찬 계획도 세웠다. 이런 일을 해내기 위해서 '정 줌마'라는 별명도 스스로 지어 붙였다. 정줌마의 학년 초는 그렇게 꿈에 부풀었다.

그러나 아침 드라마는 도무지 취향이 아니어서 바로 접었다. 대신에 미뤄둔 책도 읽고, 한적한 낮 시간에 극장에 홀로 앉아 영화도 봤다. 무 료한 날이면 가까운 산을 찾기도 했다. 이렇게 좋은 것들을 하느라 낮잠 을 즐길 틈이 없었다. 며칠을 이렇게 보내니 미안한 마음도 들었다. 이 런 부담을 조금이라도 덜려고 시작한 것이 딸이 다니는 학교의 녹색어 머니였다. 내가 학교에 있을 때 모집하기 힘들었던 기억이 난다. 학교를 떠났지만 이렇게라도 학교를 돕고 싶은 마음에 선뜻 신청했다. 녹색 조 끼를 입고 아이들의 등교를 돕는 날이면 뿌듯한 마음이 들기도 했다. 교 육과정설명회, 수업공개, 운동회도 참석해보았다. 예년 같으면 내가 준 비해서 학부모를 맞이했어야 할 행사들인데 학부모가 되어 찾아가니 느낌이 새로웠다.

이런 꿈같은 시간도 잠깐이었다. 작년 말에 출간한 『교육과정에 돌직구를 던져라』를 계기로 출강 요청이 잦아지기 시작했다. 잘 쓴 책은 분명 아니다. 지금 봐도 얼굴이 화끈거릴 때가 많다. 그런 책에 의외로 격한 반응이 있었다. 그만큼 교사들이 맺힌 게 많다는 방증이리라. 이렇게 맺힌 교사들이 부르는데 뺄 수가 있나. 속 터놓고 이야기라도 나누면 낫겠지 하는 마음에 불원천리를 달려갔다. 어찌 됐든 책은 지방의 작은 시골학교 교사인 나를 전국 무대로 불러 세웠다. 쉬는 것에도 슬슬 무료함을 느끼던 차에 계속되는 출강 요청은 낯선 곳으로 나를 안내했고, 그곳에서 새로 맺게 되는 인연들이 나를 들뜨게 했다.

그러나 이도 쉽지 않은 일이었다. 오가는 길은 멀었고 돌아올 때면 몸이 고단하여 고속도로휴게소에서 잠시 눈을 붙인다는 것이 눈 떠 보니 아침인 날도 더러 있었다. 지금도 혹시 모를 그런 순간을 위해 내 차에는 이불이 실려 있다. 이렇게 찾아다닌 학교, 시ㆍ도교육청, 교육지원청, 연수원 등의 일정을 세어보니 100회가 넘는다. 자동차 주행거리는 올 초와 비교해보니 3만km를 훌쩍 넘었다. 여기에 기차로 고속버스로 다닌 거리까지 합하면 얼마나 많은 거리를 이동했는지 가늠조차 안 된다.

이렇게 돌아다니느라 몸도 많이 축났지만, 그래도 보람은 있었다. 여러 사람을 만나면서 교육에 대한 다양한 고민을 접한 것이 내 마음의 키를 자라게 해주었다. 작은 노력이었지만, 함께 토의한 내용이 행정적인 변화로 나타나는 곳도 있었다. 이만한 보람이 어디 있나. 이런 움직임이 없었다면, 결코 다닐 수 없었던 머나먼 여정이었다.

학교가 이상하다

— 　　이렇게 학교를 떠나 학교 밖에서 학교를 찾아다니다 보니 학교가 다르게 보이기 시작했다. 같은 일을 두고도 지역마다 접근하는 방식이 달랐다. 예를 들면, 주간학습안내의 경우 존치하는 지역과 그렇지 않은 지역이 있다. 작성 내용과 방식에도 큰 차이가 있었다. 평가방식의 경우에도 서술형·논술형 평가를 확대하면서 가르친 자가 평가하도록 평가 본연의 목적을 쫓아가는 지역이 있는가 하면, 시험문제를 교육청에서 일괄 출제하여 한날한시에 시행하는 지역도 있었다. 혁신학교를 한다면서 기존의 연구학교처럼 운영하는 곳도 있었다.

교원노조의 분위기도 지역마다 느낌이 달랐다. 노조와 교육청의 관계도 상생과 화합을 하고 있는 지역이 있는가 하면, 대립과 반목을 거듭하는 곳도 있었다. 이런 차이를 보면서 그 지역에서 갑갑해 하는 내용을 다른 지역의 다양한 사례와 견주어 이야기도 나누었다. 힘들기는 했지만, 이는 전국 투어를 하지 않았다면 생길 수 없는 안목이었다. 그러나 학교 밖에서 학교를 바라보니 이상하게 보이는 것이 있었다. 학교 안에 있을 때는 보지 못했던 것이 하나둘 보이기 시작했다. 그렇게 내 눈에 보인 이상한 학교의 모습 몇 가지를 정리해본다.

역대 교장단 사진이 학교의 역사인가?

어느 지역이나 교육청, 교육지원청, 연수원에 가면 한쪽 벽면이 역대 기관장 사진으로 장식되어 있다. 학교에도 역대 교장단 사진이 교장실이나 복도 한 면을 차지하고 있는 곳이 있다. 사진에는 칼을 차고 있는 젊은 교장의 모습도 더러 있다. 연대를 보면 짐작대로 일제강점기 교장이다. 이는 소위 말하는 진보교육감 지역이나 보수교육감 지역이나 차이가 없다. 혁신학교와 일반학교의 차이도 없다.

기관장의 사진을 이렇게 걸어두는 이유는 무엇일까? 아마도 기관의 역사를 기리는 일종의 의식일 것이다. 그러나 사진 속의 인물들을 보면 나는 기관의 역사를 떠올리기보다는 영정사진의 행렬을 보는 것 같다. 인상은 왜 그리 쓰고 있는지 이름도 얼굴도 모르는 그들의 무표정한 사진을 보면 섬뜩함마저 든다. 비단 나만의 생각인가? 굳이 학교의 역사를 인물사진으로 드러내고 싶다면 교장 개인의 사진이 아니라 졸업생들의 단체사진을 걸자.

교사는 [　　　]에서 정하는 바에 따라 학생을 교육할까?

이 질문을 던지면 고개를 갸우뚱하는 교사가 많다. 수업 시간에는 아이들에게 많은 질문을 던지는 교사들도 막상 연수생이 되고 나면 입을 다문다. 내 성격도 보통이 아니다. 인내심을 갖고 기다리다가 그래도 대답이 나오지 않으면, 선다형으로 문제를 바꾸어 다시 질문을 던진다. 같이 풀어보자. 무엇이라고 생각하는가?

다음 중 [　　　] 안에 들어갈 알맞은 낱말은 무엇인가? (　　)

교사는 [　　　]에서 정하는 바에 따라 학생을 교육한다.

① 교장의 명 ② 법령 ③ 진리와 양심 ④ 교육과정(교과서)

반응은 나뉜다. 응답의 비율은 그때그때 다르나 평균적으로 ④ 〉 ① 〉 ② 〉 ③ 순으로 나온다. 보편적으로 교사들이 이렇게 인식하고 있는 것이다. 교사뿐만 아니라 전문직, 관리자 연수에서도 같은 반응이 나온다. 정답은 '② 법령'이다. 현행 법령상 그렇다는 것이다. 그런데 이렇게 오답의 빈도가 높은 이유가 있다. 보통 사람들은 법에 별 관심이 없다. 교사들은 더하다. 보통 모범생으로 순탄하게 자라고 공부를 제법 해야 교사가 된다. 그러면서 자신은 법 없이도 살 사람이라고 생각한다. 그러나 실상은 법을 모르면 당한다.

우리나라 법전에는 '교육법'이 없다. 아니 예전에는 있다가 현재는 사라졌다. 우리나라의 교육을 규정했던 교육법은 1949년 12월 31일 제정되어 50년 동안 효력을 유지하다가 민주화의 시대적 흐름을 반영하여 1998년 3월 1일부터 '교육기본법', '초중등교육법', '고등교육법'으로 나뉘고 이후에 영유아교육법까지 제정되면서 역사의 뒤안길로 사라진다. 이렇게 사라진 '교육법' 제75조는 "교사는 교장의 명에 따라 학생을 교육한다"고 밝히고 있었다. 역대 교장단의 사진을 내걸 만도 했다. 민주화를 가로막는 대표적인 독소조항이었다. 이 조항은 '초중등교육법' 제20조에서 "교사는 법령에서 정하는 바에 따라 학생을 교육한다"로 바뀐다. 이 법을 제정할 당시 '진리와 양심'으로 하자는 주장도 있었는데, 모호한 측면이 있어서 어쨌든 현행 법령에서 "교사는 법령에서 정하는 바에 따라 학생을 교육한다"고 밝히고 있다.

그러나 아직도 '교장의 명'이 유령처럼 떠돌며 '법령'을 비웃고 있는 학교가 많다. 교장에 의존하는 학교 경영에서 벗어나 민주적 자치공동체를 구현하는 것이 학교혁신이다. 이는 진보교육감들이 끊임없이 주장해온 내용이다. 같은 맥락이다. 현재 교육청이 주력해야 할 일은 교육감 의존도에서 벗어나는 길을 찾는 것이다. 관료사회의 병폐인 상명하복, 복지부동은 여전하다. 이를 깨는 보다 능동적인 변화가 필요하다. 그러나 진보교육감이 있는 교육청에도 역대 교육감들의 사진 행렬은 여전하다.

관료 조직의 민주성이 그 사회의 민주성을 대변한다. 대통령 하나 바뀌었다고 정부부처가 이렇게 퇴행하는 것을 보면 틀린 말도 아니다. 우리 사회의 민주성이 그만큼 척박하다는 것이다. 교장 하나 바뀌어서 달라지는 학교라면 제대로 된 학교가 아니다. 교육청도 지역청도 연수원을 포함한 직속기관도 마찬가지다. 17개 시·도교육청은 진보든 보수든, 직선이든 간선이든 어느 교육감이 와도 흔들 수 없는 민주적인 관료조직으로 바뀌고 있는지 돌아볼 일이다. 결국, 교사들이 깨어나는 수밖에 없다. 법령으로 정하는 것은 한계가 있었지만, 궁극적으로 교사는 진리와 양심을 쫓아 학생을 교육해야 한다. 그러기 위해서라도 교사가 교육과정을 포함한 교육정책에 대해 목소리를 적극적으로 낼 때가 됐다.

학생 대표에게 왜 아직도 임명장을 주는가?

올 초에 중3 아들은 학급 실장이 되었다. 아내는 부담스럽다며 말리는 눈치였는데 그래도 해보겠다고 나서더니 당선이 되었다. 며칠 후에 아들은 기분 좋게 식탁에 임명장을 내밀었다. 축하 인사를 하고는 아들에게 임명과 당선의 의미를 설명하기 시작했다. 임명이란 법적으로 인사권을 가진 자가 해당 지위에 맞는 인물을 등용하는 것이고, 당선은 선거에서 뽑히는 것인데, 이 경우 임명인지 당선인지 물었다. 아들은 당연히 당선이라고 대답했다. 내친김에 아들에게 김대중 대통령이 생전에 가장 아끼던 것이 대통령 당선증이었다는 이야기도 했다. 아들은 고개를 끄

덕였다.

비단 아들이 다니는 학교만의 이야기가 아니다. 3월 초와 9월 초에 찾아간 학교 대부분은 학생 대표에게 임명장을 주었다. 돌아보면 그런 시절이 있었다. 〈우리들의 일그러진 영웅〉에 나오는 엄석대처럼 반장은 담임이 지명을 하고 교장이 임명하던 게 당연시되던 시절이었다. 시대가 변했다. 반장선거도 민주선거의 원칙을 모두 지킨다. 정치권에서 종종 선거부정 시비가 있으면, 초등학교 반장선거만도 못하다는 말을 들먹이는데 뭘 모르고 하는 말이다. 그들이 다니던 시절에는 그랬는지 몰라도 지금 우리 아이들이 치르는 반장선거는 우리나라 어느 선거보다도 깨끗하다. 어른들이 본받아야 할 정도다.

직접선거에서 당선된 학생 대표를 교장이 임명하니 논리적으로도 이런 모순이 없다. 더구나 학칙 어느 곳을 봐도 교장이 학생 대표를 임명할 권한이 없다. 그런데 왜 아직도 학교는 임명장을 주고 있을까? 관행이다. 그릇된 관행이다. 학생 대표에게 임명장이 아니라 당선증을 주는 것은 학생자치를 학교에서 인정하는 첫걸음이라고 생각한다. 반드시 당선증으로 바꾸어야 한다. 그까짓 것 얼마나 한다고, 직인도 하나 만들자. 그리고 당선증 아래에 학교장을 대신해서 선거관리위원장으로 꾹 눌러 찍어주자.

안내장은 왜 이렇게 많이 보낼까?

나는 두 아이의 아빠다. 중학생인 아들과 초등학생인 딸을 두고 있다. 집에 있다 보니 두 아이가 가져오는 안내장을 보게 된다. 학교에 있을 때는 이 안내장 하나를 아이들 하고 전에 만들어서 보내려고 수업 중에 안내장을 만든 날도 있었다. 대부분 학교에 안내장 틀이 있다. 교사가 이 안내장 하나를 보내려면 인사말부터 막힌다. 사계절로 변화무쌍한 우리나라가 좋기는 하지만, 이럴 때 만큼은 계절의 변화가 없는 나라가 부럽기까지 하다. 아무튼, 창밖 몇 번 바라보며 계절인사 쓰고 나면 그때부터는 그나마 풀린다. 이렇게 썼다고 끝이 아니다. 내부결재를 올리고 결재 도중에 문구 하나까지 체크하며 꼼꼼함을 발휘하는 관리자가 있으면 다시 작성해야 한다. 겨우 수정해서 다시 기안해서 결재를 받고 나면 일련번호를 받아 학교 누리집에도 올려야 한다. 그런 다음 복사해서 각 교실로 돌리고 나면 이미 한 시간 수업이 훌쩍 날아간다. 물론 이렇게 보낸 안내장은 교육 실적이 되어 차곡차곡 쌓인다.

그런데 말이다. 부디 상처받지 말기 바란다. 교사가 이렇게 해서 보내는 안내장은 아이들 가방에서 구겨져 스펀지가 되어있을 때가 많다. 겨우 집에 가더라도 읽히기는커녕 곧바로 쓰레기통으로 가는 게 대부분이다. 인적사항이 적혀 있어서 찢어서 버려야 하는 수고까지 더해준다. 이런 취급을 받는 안내장을 수업까지 빼먹어가며 꼭 보내야만 하는 걸까? 스쿨알리미나 SNS 등의 다양한 매체가 있는데, 꼭 안내장이란 방식만 고집하는 이유가 무엇인지 모르겠다. 어느 학교를 찾아가서 교육과정 덜어내기라는 주제로 워크숍을 할 때 나온 의견이었다. 논의 결과 이렇게 합의했다.

"회신이 필요한 안내장만 보낸다. 일정한 틀은 없애고 계절인사 등은 생략하고 간단히 용건만 적어서 보낸다. 결재도 간소화하여 담당자 선에서 보낸다. 그래야 책임감도 커진다."

이런 학교가 많아지면 좋겠다. 안내에 그치지 말고 소통을 하자. 이렇게 이야기하면 본질에 더 다가가려나. 학부모는 학교장 이름으로 된 10장의 안내장보다 담임교사가 보내온 1통의 문자메시지를 더 반가워한다.

교사들은 왜 바쁜가?

어디를 찾아가도 교사들은 모두 바빴다. 바쁘다는 것이 꼭 나쁜 것은 아니다. 살아가는 이유이기도 하다. 그러나 내가 주목한 것은 왜 바쁜지 의미를 모르고 바쁘다는 것이었다. 이유는 의외로 간단했다. 학교에서 교사가 하는 일은 업무분장체계로 세분화되어 때가 되면 의례적으로 하는 일이 많다. 이런 일들이 월별로 빼곡하게 학사 일정에 잡혀있다. 이런 일들의 교육적인 의미에 대해 스스로 물어보는 경우는 드물다. 스스로 물어보지 않으니 당연히 교사회의에서 의제로 논의되기도 어렵다. 그저 업무담당자가 연도를 바꾸어 해마다 해오는 일이 많다.

해마다 호국보훈의 달이면 그리라는 포스터가 얼마나 지겨웠으면 한 아이가 이런 그림을 그렸을까? 이런 교육활동이 어디 이뿐이던가? 나는 척박한 우리 교육 현실 속에서 그래도 이런 재치를 내보일 줄 아는 아이가 있다는 것에서 역설적으로 학교 교육의 희망을 본다. 이 희망을 더 크게 키우기 위해 이제 교사들이 학교에서 하는 일을 구체적으로 돌아보자. 교직원이 함께 모여 이런 논의를 하는 것만으로도 학교의 거품은 상당 부분 덜어낼 수 있다.

학교에서 무엇을 어떻게 덜어낼까?

— 우리 반 아이들과 수업 시간에 종종 쓰던 액션 러닝인데 학교교육과정 워크숍에도 적용해보면 한정된 시간에 학교 구성원들의 다양한 의견을 폭넓게 수용할 수 있다. 단위 학교를 찾아갈 때마다 나는 가능하

면 강의식보다 이런 워크숍을 진행하려고 했다. '학교교육과정 다이어트'라고 이름을 붙인 그 과정을 소개한다. 학교뿐만 아니라 교육청, 직속기관 등 각자 자신이 몸담고 있는 곳에서 구성원들과 이런 워크숍을 진행해보는 것만으로도 의미가 있다. 일의 효율성을 기하고 민주적인 조직문화로 자연스럽게 옮겨가게 된다.

교사가 학교에서 하는 일 돌아보기

학교에서 교사가 1년 동안 한 일을 포스트잇에 적는다. 이때 한 장에 한 가지씩만 적어야 한다. 시간은 5분 정도면 적당하다. 가지 수에 상관하지 말고 생각나는 대로 적는 것이 좋다.

활동에 의미 부여하기

교사가 하는 일을 다 작성하면 이를 일정한 기준으로 나눈다. 이때의 분류 기준은 우리 모두 교육자이니만큼 '교육'이어야 한다. 학교에서 교사가 하는 일을 '교육'을 기준으로 나누어보면 아래와 같다.

① 교육인 것
② 교육이 아닌 것
③ 교육은 아니지만 해야 할 것
④ 교육을 위해서 해서는 안 될 것

교육을 기준으로 나누기는 했지만 무엇이 교육인지, 교육이 아닌지 판가름하기가 쉽지 않다. 이때 판단의 기준은 '교사와 아이의 동반 성장'이다. 즉 교사가 한 일을 통해 교사와 아이 모두 성장했다면 교육인

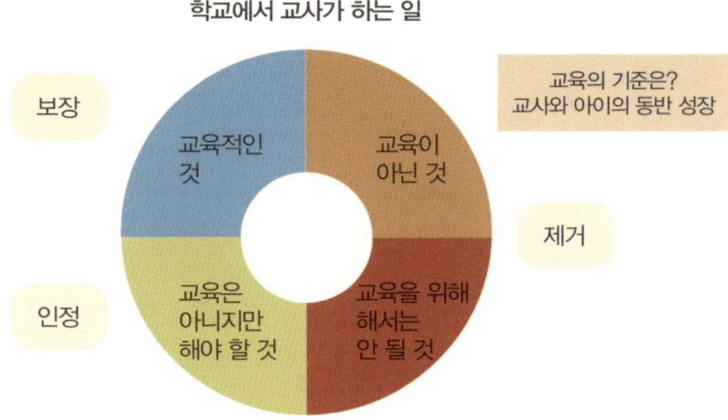

것이고, 교사 또는 아이의 성장에 하나라도 만족스럽지 못했다면 교육이 아닌 것이다. 이렇게 정한 기준에 따라 자기가 적은 포스트잇을 분류 기준표에 스스로 붙인다. 단, 스스로 결정하지 못하는 애매한 일이 있을 수 있다. 이런 일은 분류 기준표 중앙에 있는 동그라미에 붙이기로 한다. 이후에 이 동그라미에 붙은 내용을 중심으로 논의를 해나가면 된다.

다시 생각해보기

이렇게 스스로 분류가 끝나면 이제 함께 이야기를 나누기 위해 다시 생각해보는 시간을 가진다. 즉 다른 교사가 붙인 것을 옮기는 과정이다. 어떤 일을 누구는 '교육인 것'이라 생각하고 붙여놓았는데 이를 '교육이 아닌 것'이라고 생각하는 교사도 있을 수 있기 때문이다. 중요한 것은 반드시 가운데 동그라미로 옮겨야 한다. 그러지 않고 다른 자리로 옮기면 감정이 상할 수도 있기 때문이다. 이 동그라미는 '함께 이야기해봐요'라는 의미를 담고 있다. 이렇게 가운데 '공론의 장'으로 옮기는 이유는 이를 중심으로 학교에서 덜어낼 것에 대한 이야기를 구체적으로 해나가기 위해서이다.

생각 나누기

충분한 시간을 두고 분류를 하면 가운데로 이동하는 것이 늘어가고 ① 교육인 것 ② 교육이 아닌 것 ③ 교육은 아니지만 해야 할 것 ④ 교육을 위해서 해서는 안 될 것이 적힌 포스트잇이 각자의 자리에 붙게 된다. 이렇게 분류된 내용은 따로 정리해둔다. 이 내용은 구성원이 모두 합의한 사항으로 다음과 같은 의미를 갖는다. ① 교육인 것은 최우선으로 학교교육계획에 담는다. ② 교육이 아닌 것과 ④ 교육을 위해서 해서는 안 될 것은 학교교육계획에서 덜어낸다. ③ 교육은 아니지만 해야 할 것은 일단 인정한다.

스티커 투표하기

이제 가운데 '공론의 장'에만 포스트잇이 남게 된다. 한번 논의해보고 싶어서 붙였거나 다시 생각해보자는 취지로 서로 옮겨 붙인 내용이 이곳에 남게 된다. 이 내용을 가지고 스티커 투표를 한다. 스티커는 파란색, 노란색, 빨간색을 준비하는 것이 좋다. 스티커는 색깔별로 각각 10장씩 나누어 가진다. 직급에 상관없이 스티커의 수는 동일해야 한다. 이때 스티커 색깔의 의미를 설명해야 한다. '교육인 것'에는 파란색, '교육은 아니지만 해야 할 것'에는 노란색, '교육이 아닌 것'과 '교육을 위해서 해서는 안 될 것'에는 빨간색 스티커를 붙이도록 안내한다. 투표를 진행하는 동안 잘 모르는 내용이 있으면 질문하고 포스트잇에 해당 내용을 적어낸 사람이 보충 설명을 한다. 투표 시간은 포스트잇에 적힌 내용을 충분히 생각해볼 수 있도록 넉넉하게 주는 것이 좋다.

　스티커 투표가 끝나면 혼자서는 교육적인 활동인지에 대한 판단을 내리지 못했던 일들이 의미를 찾게 된다. 이제 파란색 스티커가 많이 붙은 것은 '교육인 것'으로 옮기고, 노란색 스티커가 많이 붙은 포스트잇은 '교육은 아니지만 해야 할 것'으로 옮기고, 빨간색 스티커가 많이 붙은 것은 '교육이 아닌 것'과 '교육을 위해서 해서는 안 될 것'으로 옮긴다.

　사람의 생각은 대부분 비슷해서 같은 색깔의 스티커가 붙는 게 대부분이지만, 여러 색깔의 스티커가 붙는 것도 있다. 그렇다고 당황할 필요는 없다. 여러 색깔이 붙은 일은 이제 토론의 대상이 되는 것이다. 하나하나 그 의미를 따져보며 덜어낼지 말지를 고민해보고, 만약 덜어내지 못하는 상황이라면 불만의 목소리를 반영하여 개선 방안에 대한 의견을 나누는 것이 중요하다. 설령 덜어내지 못했다 하여 의기소침할 필요는 없다. 이런 과정을 통해 의견을 나누며 공감한 것만으로도 이제 이 일들을 교사들이 이해는 하게 되었으니 그것만으로도 큰 의미가 있다. 이후

에 그런 일들을 추진할 때 담당 교사는 이때 나온 의견을 반드시 반영하기로 합의한다.

학교교육과정에 담아내기

'교육이 아닌 것'과 '교육을 위해서 해서는 안 될 것'을 덜어냈다면, 이제 이 활동들은 학교교육과정에서 덜어내야 한다. 이를 정리할 때는 다음과 같은 원칙을 정하고 합의하는 것이 중요하다.

① 함께 이야기한 것만 하자
② 할 수 있는 약속만 하자
③ 사업이 아니라 교육만 하자

이런 원칙에 합의하고 그 내용을 지켜갈 때 학교교육과정에서 비교육적인 사업들을 덜어낼 수 있다. 이런 과정을 거치면 혼자서 두툼하게 만드느라 고생만 하고, 그렇게 만든 다음에는 캐비닛 속에서 잠만 재우던 학교교육과정이 비로소 살아있는 문서로 제 기능을 하게 된다. 이렇게

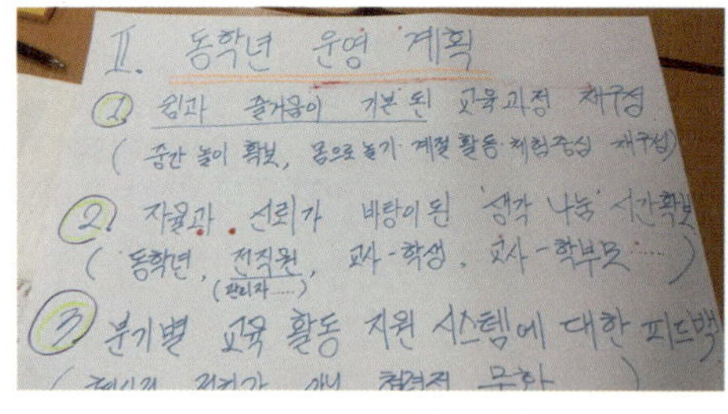
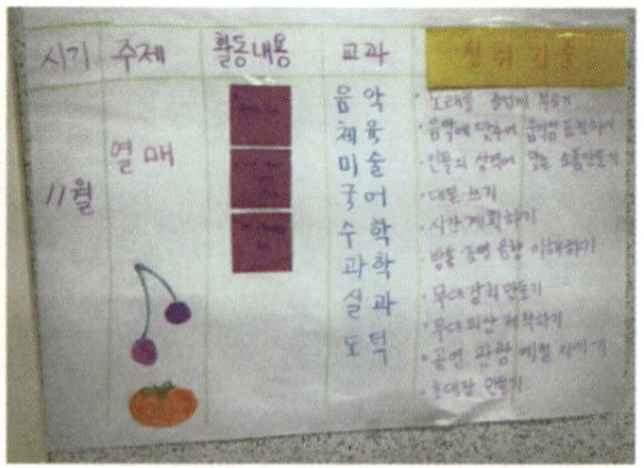

동학년 운영 계획 세우기　　　　　　　주제 통합 수업 계획 세우기

만들어진 학교교육과정은 비교육적인 요소를 덜어낸 만큼 얇아진다. 얇아진 빈자리에 이제 채워야 할 것이 있다. 바로 우리의 삶이다. 이 삶을 가꾸는 학교 교육을 구상해보자. 온 우주에 우리가 다니고 있는 학교는 하나밖에 없다. 이 학교를 어떻게 만들어갈 것인지는 우리에게 달렸다.

어떤 학교에 다니고 싶은가?
아이들과 더불어 해보고 싶은 것이 무엇인가?
선생님들과 더불어 해보고 싶은 것이 무엇인가?

이 질문에 대한 생각을 함께 나누어야 한다. 그것을 실천으로 녹여내는 것이 수업이 되어야 한다. 나는 왜 교사가 되려고 했던가? 교사가 되면 무엇을 하려고 했던가? 함께 모여서 떠들고 꿈꾸어보자. 그렇게 내게 묻고 그 물음을 함께 나누어야 학교가 바뀐다.

독서모임은 어떻게 할까?

—　　　　이런 학교를 만들기 위해서는 교사들이 자연스럽게 이야기 나누는 분위기가 형성되어야 한다. 이런 분위기를 만드는 데 독서모임만

큼 좋은 것이 없다. 독서모임도 그리 어렵지 않다. 지적 욕구를 충족시키기 위해서라면 혼자 읽으면 된다. 학교를 바꾸기 위한 독서모임이라면 지적 욕구에 너무 얽매이지 말고 여럿이 함께

독서모임

삶의 경험을 나누며 공감을 키우는 것이 좋다. 바쁜 학교생활 속에서 독서모임을 효과적으로 운영하기 위해서는 같은 책을, 같이 읽으며, 밑줄 긋고, 경험을 나누고, 적어보고, 발표하고, 실천하는 과정을 여럿이 함께 경험하는 것이 좋다. 이 과정은 다음과 같은 의미를 갖는다.

같은 책을	어렵지 않을수록 좋다. 굳이 교육학 서적만 고집할 필요 없다. 처음 시작하는 경우에는 우리 학교에서 이야기를 나누어보면 좋을 교양도서를 욕심 내지 말고 학기당 1권으로 하는 것이 좋다.
같이 읽으며	바쁘게 살다 보면 읽지 못하고 참석할 때가 많다. 함께 모여 읽는 시간을 가지는 것도 좋다. 잔잔한 음악을 들으며 한 챕터 분량을 같이 읽는데, 30분 정도면 된다. 행정실 직원들과 함께할수록 학교 분위기는 좋아진다.
밑줄 긋고	읽는 동안 '내 마음을 흔든 한 문장'을 찾아 밑줄을 긋는다. 꼭 한 문장이 아니어도 좋지만, 시간을 염두에 두고 문장의 개수를 정해주는 것이 좋다.
경험을 나누고	왜 그 문장에 마음이 흔들렸는지 돌아가며 이야기를 나누어보자. 비록 하나의 문장으로 말문을 열었지만, 자기 삶의 경험이 송두리째 나오기 마련이다.
적어보고	다양한 삶의 경험을 공감하고 나면 오늘 나눈 이야기를 통해 '자기가 실천해보고 싶은 것'을 생각해서 포스트잇에 적어보는 시간을 가진다. 실천거리는 작고 구체적인 것일수록 좋다.
발표하고	포스트잇에 적은 내용을 여러 사람 앞에서 직접 본인이 발표한다. 발표 후에는 자신의 포스트잇을 사진으로 찍어두고 전체의 포스트잇은 모아서 보관하는 것이 좋다.
실천하는 것	자신이 발표한 내용을 구체적으로 실천하고 다음 모임에서는 실천 소감을 간단하게 돌아가면서 이야기 나누고 시작하는 것이 좋다.

학교를 어떻게 바라보아야 할까?

— 　　교사는 정년퇴직 때까지 보통 10개 안팎의 학교를 경험한다. 그런데 올해만 100개가 넘는 학교를 찾아다녔다. 나에게는 큰 행운이었지만, 기대했을 만큼 도움을 드리지 못한 것 같아 아쉬움도 크다. 그런 소소한 내 느낌을 나누는 것도 의미 있는 일이라 생각한다. 이런 마음으로 다시 돌아갈 학교를 위해 어떤 마음으로 학교를 바라보아야 하는지 그 의미를 짚어보았다.

학교를 바라본다는 것은 아프지 않고야 할 수 없는 일이다

교문을 들어설 때 학교의 아픔을 먼저 생각해야 한다. 학교의 상처가 어디이고 어떻게 아픈지 헤아릴 줄 아는 마음을 먼저 가져야 한다. 병원을 찾을 때와 같다. 아픔을 공감해주는 의사를 만날 때 심리적 안정을 찾듯이 학교의 아픔을 먼저 공감해야 한다. 필요하다면 나의 아픔도 내비쳐야 한다. 그래야 서로 말문을 연다.

학교를 바라본다는 것은 실적 대신 삶의 흔적을 찾는 일이다

학교의 아픔은 교육 실적이라는 이름의 서류뭉치에 비례한다. 서류뭉치를 수북하게 내놓고 자랑하는 학교일수록 속이 곪아있는 경우가 많다. 관리자와 부장교사가 쉼 없이 학교 자랑을 하는 학교일수록 평교사와 아이들의 아픔이 크다. 그런 자랑이나 듣자고 학교를 들여다보는 게 아니다. 눈과 귀를 돌려 교사와 아이의 눈빛을 바라보아야 한다. 미세한 눈빛의 떨림에 삶이 들어있다.

학교를 바라본다는 것은 이야기를 이어가는 일이다

대화가 많은 가정일수록 건강하다. 학교도 마찬가지이다. 특정인이 대화를 주도하는 학교일수록 아픔이 많다. 아픔이 적은 학교일수록 관리자가 아니라 교사들이 말을 많이 한다. 학교의 당면한 문제를 찾아내고 이를 해결하는 방안을 함께 찾아가는 과정을 경험해야 한다. 건강한 학교는 이야기가 끊이지 않지만, 아픔이 많은 학교일수록 10분 이내에 이야기가 끊긴다. 이야깃거리를 찾아내 자주 이야기를 나누어야 한다.

학교를 바라본다는 것은 학교회계를 읽는 일이다

교육예산이 어디로, 어떻게 쓰이느냐는 학교 교육의 질적 수준을 확인할 수 있는 구체적인 자료이다. 일부 지역의 무상급식(의무급식) 철회에서 보듯이 이는 예산의 문제가 아니라 철학의 문제이기 때문이다. 특색사업으로 포장한 학교일수록 교실 수업이 부실하다. 학교의 예산서를 꼼꼼하게 살펴 교육을 우선하는지, 사업을 우선하는지 가려낼 줄 알아야 한다. 사업이 아닌 교육에 예산이 쓰이도록 해야 한다.

학교를 바라본다는 것은 숨어있는 기쁨을 찾아내는 일이다

학교에 아픔만 있는 것은 아니다. 소소한 기쁨도 있다. 이런 기쁨을 서로 알아주지 않다 보니 스스로도 그 의미를 찾지 못하는 경우가 많다. 당연히 교육 실적이라고 내놓은 문서에는 들어있지 않다. 숨어있는 이 기쁨의 가치를 찾아내야 한다. "나 이래서 기뻤어요!"라고 돌아가며 이야기하다 보면 비로소 그 기쁨이 하나둘 얼굴을 내밀기 시작한다. 이런 이야기를 할 때는 표정부터 다르다. 이 기쁨들을 찾아내어 나누어야 한다. 결코, 소소한 일이 아니다.

학교를 바라본다는 것은 작은 꿈을 찾아 크게 키우는 일이다

학교의 철학 또는 비전이라고 거창하게 말할 필요도 없다. 그렇게 내 걸수록 학교 구성원이 공감하지 못하는 경우가 많다. 내가 다니고 싶은 학교는 어떤 학교인지, 학교에서 무엇을 하고 싶은지에 대하여 서로 속 이야기를 나누어야 한다. 이 자리에서 나온 생각을 모아 학교교육과정에 담아내어 실현하는 것이 궁극적으로 학교 교육의 목표이기도 하다. 작은 꿈을 찾아 공감하고 크게 키우는 자리로 삼아야 한다.

학교를 바라본다는 것은 '틈'을 찾는 일이다

요즘 학교는 쉴 틈, 놀 틈, 꿈꿀 틈, 심심할 틈이 없다. 정규 교과, 방과후학교, 각종 행사 등으로 학사 일정이 빽빽하다. 학생과 교사, 너나 할 것 없이 바쁘다. 문제는 의미를 모르고 바쁘다는 것이다. 나무가 해거리 하는 이유는 쉬고 싶어서라고 했다. 해거리한 나무가 더 오래 살고 튼실한 과실을 매단다고 했다. 학교가 해거리를 할 수 있도록 틈을 함께 찾아보아야 한다. 그 틈 속에서 함께 여유를 맛볼 줄 알아야 한다.

학교를 바라본다는 것은 학교 자치를 세우는 일이다

공모사업이나 인센티브로는 학교가 성장하지 않는다. 학교성과급은 두말할 필요도 없다. 학교의 성장 동력은 자생력에 있다. 그렇다면 학교의 자생력을 어떻게 확인할 수 있을까? 학교의 자생력은 학교 자치에서 나온다. 학교 자치는 학교 구성원의 자존감에서 비롯된다. 이 자존감이 버팀목이 되어 학교공동체를 만든다. 따라서 학교가 스스로 설 수 있도록 해야 한다. 교육공동체의 합의를 통해 생활협약이 만들어져야 한다. 이 속에서 학습공동체가 운영되도록 격려해야 한다.

　찬바람이 부는 것이 학교로 다시 돌아갈 날도 얼마 남지 않았다. 학교를 잠시 떠나서도 이렇게 학교 이야기를 오래 하게 될 줄 몰랐다. 어쩌겠나. 교사인 것을. 교사, 참 어렵고 많이 아프지만, 아이들과 더불어 지내다 보면 이만한 삶도 없다.

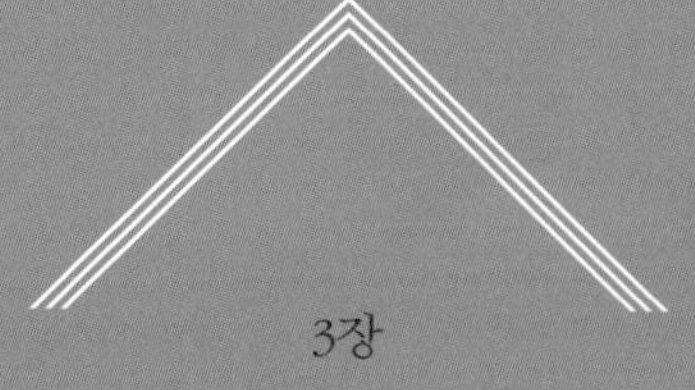

교사의 꿈

참가자들의 이야기

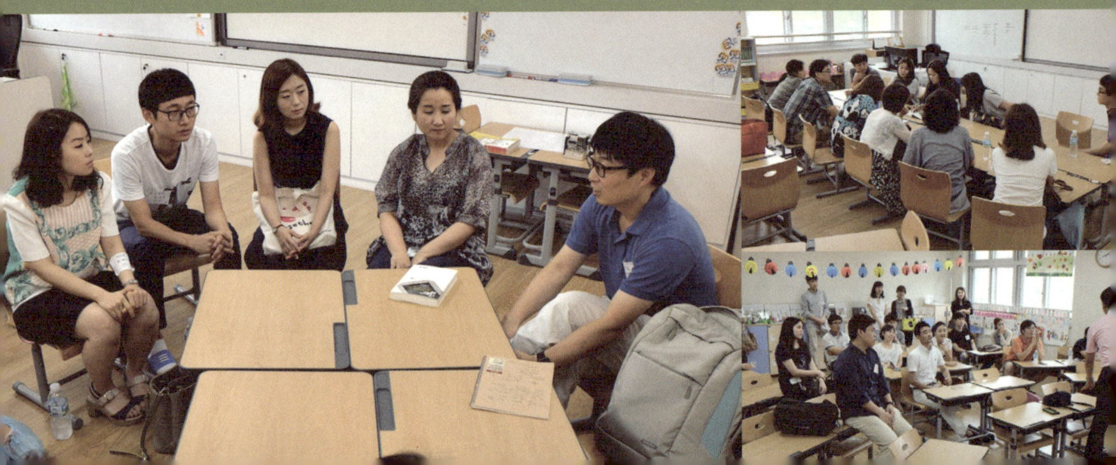

" 학교 교육이 아니라 우리 교육 전체를 손봐야 한다.
이에 전국에서 자발적으로 모인 교사들은 학교를 넘어
우리 교육에서 사라져야 할 것이 무엇인지에 대한 이야기를 시작했다.
교사들은 가슴 속에 앙금으로 남아있는 이야기를
하나둘 꺼내기 시작했다. "

교육이 아닌 것은 사라져라

바쁜 교사 = 나쁜 교사

— 아이고 어른이고 요즘 바쁘다는 말을 달고 산다. 일터로 나서는 것이 '출근전쟁'이라 불리기까지 한다. 교사도 마찬가지다. 어떤 날은 출근해서 퇴근하기까지 화장실 갈 시간조차 없이 종종거리기도 한다. 그러다가 일거리를 들고 퇴근하기도 한다. 물론 이렇게 일거리를 들고 간들 집에서 꺼내보지도 않고 다음 날 그대로 들고 출근하는 경우가 더 많다.

정부가 바뀌고, 거기에 자유로울 수 없는 교육정책이 바뀌고 환심성 사업들이 우후죽순 만들어진다. 그 사업들은 공문이 되어 학교로 자꾸 밀려든다. 일은 늘어나는데 일할 사람은 그대로다. 예전부터 해오던 일을 빼내면 좋으련만 일단 학교로 들어온 일은 쉽게 빠지지 않는다. 교원의 업무경감을 목적으로 NEIS를 도입하고 교육행정을 전자화하겠다고 하더니 여전히 학교에는 문서가 넘쳐난다. 시스템 도입 취지가 무색하다. 온고지신溫故知新이라는 고운 말이 학교에서는 옛것을 끌고 가고 새것을 마지못해 하는 것이 되어버렸다.

혁신교육을 부르짖으며 민주적 자치공동체, 전문적 학습공동체라는 말을 쏟아내고 있지만, 막상 그 말들도 구호처럼 떠돌 뿐이지 어디서부터 어떻게 시작해야 할지 막막하다. 독서모임이라도 하려면 짬이라도 나야 할 게 아닌가?

이런 일들의 의미라도 찾아보면 좋으련만 이마저도 쉽지 않다. 의미를 찾기도 전에 기한 내에 해야 하는 일이 밀려든다. 그래도 물어보자. 의미도 모른 채 바쁘다면 이만큼 허망한 것도 없다. 우리는 왜 이렇게 바쁘게 살까? 무엇을 하느라 바쁠까? 이 일들은 교육적으로 어떤 의미가 있을까? 바쁜 교사로 살면서 나쁜 교사가 되고 있는 것은 아닌가?

"추상적인 선을 실현하려 노력하지 말고, 구체적인 악을 제거하기 위해 노력하라."

카를 포퍼Karl Raimund Popper의 말이다. 이런 관점으로 학교교육과정 다이어트를 통해 학교에서 교육이 아닌 것과 교육을 위해 해서는 안 될 것을 덜어내 보고자 했다. 그러나 학교 교육 정상화는 학교의 힘만으로는 불가능하다. 학교의 자정능력은 한계가 있다. 1년에 만 개의 공문이 밀려드는 상황인데 학교는 이를 막을 방도가 없다. 학교 교육이 아니라 우리 교육 전체를 손봐야 한다. 이에 전국에서 자발적으로 모인 교사들은 학교를 넘어 우리 교육에서 사라져야 할 것이 무엇인지에 대한 이야기를 시작했다. 교사들은 가슴 속에 앙금으로 남아있는 이야기를 하나둘 꺼내기 시작했다.

조별 토의는 진지했다. 한 교사는 이야기를 하다가 눈물을 보이기도

조별 토의

회의결과 발표

즉석투표

했다. 이런 아픔을 공감하며 다시 웃기도 했다. 공감의 힘은 실로 대단했다. 토의를 마친 조의 대표자는 사회자에게 토의 결과를 전해주었다. 사회자는 다른 조의 의견과 중복된 것이 있는지 확인하여 해당 조에서 발표할 내용을 안내했다.

이렇게 1시간 가까이 흐른 뒤에 토의 결과를 발표했다. 그 결과를 종합하여 공감 정도를 확인하고자 밴드에 투표 게시글을 올렸다. 모든 조의 발표가 끝나자 현장에서 바로 투표를 했다. 많은 의견 가운데 우리 교육에서 사라져야 할 것이 무엇인지 3가지씩만 골라보자고 했다. 사회자의 제안에 따라 교사들은 휴대전화를 열고 해당 항목을 힘껏 누르기 시작했다. 동시에 휴대전화를 열고 접속을 하니 데이터 수신이 안 되는 문제가 발생하기도 했다. 휴대전화를 치켜들며 접속하려고 애쓰는 모습도 보였다. 시차를 두고 조별로 투표를 하니 그나마 투표를 마칠 수 있

투표 결과

었다. 투표가 끝나자 그 결과를 화면에 공지하고 사회자는 각 항목을 큰 소리로 외쳤다. 그러자 교사들은 같은 목소리로 "사라져라" 하고 크게 외치기 시작했다. 왼쪽의 사진은 이렇게 해서 모인 투표 결과이다. 교사들이 우리 교육에서 사라지기를 바라는 것이 무엇인지 그 외침을 들어보자.

왜 이런 것들이 우리 교육에서 사라져야 하는가?

— 투표 결과도 의미 있지만, 교사들이 왜 이런 것들이 우리 교육에서 사라져야 한다고 이야기하는지 그 이유가 더 중요하다. 이는 조별 토의 결과를 발표할 때 나온 교사들의 이야기를 들으며 직접 확인해보자.

"객관성에 대한 환상이 있다. 의미를 깨닫기도 전에 우리를 경쟁으로 내몬다. 서열화, 등급화하는 각종 평가가 있는 한 학교 교육 정상화는 구호에 불과하다."

한 중년 여교사의 말이다. 이 교사는 그 이유를 조목조목 설명하기 시작했다. 객관성을 이유로 학교, 교사, 학생은 순위가 매겨진다. 공교육 정상화를 이유로 학교를, 교원의 전문성 신장을 이유로 교사를, 미래사회를 주도할 인재 육성을 이유로 학생을 평가한다고 제도 시행의 목적을 밝히고 있다. 모두 성장을 목적으로 평가한다는 이야기다. 그러나 현재 시행되는 학교평가, 교원능력개발평가, 교사성과급, 일제고사, 교육 관련 기관에서 치르는 각종 대회, 수학능력고사 등이 성장을 촉진하고 배움에 대한 의욕을 불러일으키기보다 학교를, 교사를, 학생을 배움에서 오히려 멀어지게 하고 있다. 경쟁이 다 나쁘다는 것은 아니다. 그러나 본말이 전도되어 무의미한 경쟁체제를 만들어놓고 모두 여기에 올인하게 만드는 것이 문제다. 교사도 경쟁으로 선발하고 이렇게 선발된 교사가 경쟁 교육을 하도록 강요하는 시스템이다. 이야기는 교사임용제도 개선까지 나아갔다.

"학교에서 배구와 회식이 업무가 되고 있다. 제왕적인 교장에 의해 고통받고 있는 교사가 아직도 많다. 교사들이 굽신거리지 않고 마음껏 학생들과 살아갈 수 있도록 승진제도부터 바꾸어야 한다."

교육경력 16년 차라고 자신을 소개한 한 남교사는 비민주적인 학교 문화를 질타하며 이렇게 말문을 열었다. 교사는 1개월 별로 소수점 셋째 자리까지 계산하는 깨알 같은 점수를 20년 가까이 차곡차곡 모아야 승진을 한다. 이 점수를 모으려면 수업과 생활교육을 잘한 교사보다 학교 급지 점수와 근무평정 점수를 계산하며 눈치껏 옮겨 다닌 교사, 교장의 입맛에 따라 계획서와 보고서를 잘 써낸 교사가 점수를 더 잘 받는다. 학교를 수직적인 구조로 만드는 대표적인 병폐가 바로 이 승진제도다. 더구나 자기 소신에 따라 승진하지 않는 교사를 무능력하다고 보는 시각도 문제다. 그러니 교사들이 자꾸 한눈을 팔게 된다. 승진이 아니라 전직으로 바꾸어 교육은 교사가, 행정은 관리자가 하는 체제로 하루빨리 바꾸자는 의견이었다.

"교사가 왜 행정업무를 해야 하는지 모르겠다. 품의 기안할 때 세부항

목을 표시하지 않았다고 행정실장과 교장한테 불려간 적이 있다. 분통이 터지는 일이다. 국회의원 요구자료는 왜 이렇게 많은가? 일 안 한다고 국민에게 욕먹는 국회의원들이 이런 것으로 일하고 있다고 치적을 내세우는 것 같다. 1년도 아니고 몇 년 치를 조사해서 보내라는 게 한두 건이 아니다. 이런 요구자료일수록 기한도 촉박하다. 도대체 그 자료들은 어디에다 쓰는지 학교에서 보낸 자료들의 사용 실적을 국회에 요구하고 싶다."

격앙된 목소리로 이렇게 말문을 연 교사는 흥분해 있었다. 현장에 있던 교사들은 환호성과 함께 박수갈채를 보냈다. 그제야 그 교사도 흥분을 가라앉히고 조목조목 이유를 설명하기 시작했다. 현행 법령상 교사에게 업무 권한은 없다. 어느 학교나 업무분장표에 빼곡하게 적혀있는 그 일들은 법대로만 하면 사실 관리자와 부장교사의 몫이다. 모법을 위반하는 시행령이 우리 사회를 혼돈과 갈등으로 몰아가는데 이는 교육계도 마찬가지다. 교육기본법과 초중등교육법의 취지를 흔드는 각종 훈령과 지침이 쉼 없이 학교로 내려온다. 교무실과 행정실의 갈등도 애초에 법적 근거도 없는 이원 조직 체계를 운영하기 시작한 것이 발단이 되었다. 교육을 지원해야 할 행정이 오히려 갑질을 하는 구조부터 개혁해야 한다는 의견이었다.

"학교인지 탁아소인지 모르겠다, 이렇게 가다가는 학교로 애 낳으러 온다고 하겠다. 미역국도 끓여 달라고 할 것 같다. 학교에서 교육이 설 자리를 잃어간다. 아이들이 학교에 매여있는 시간이 12시간이 넘는다. 이 아이들이 행복할까? 이럴 바에야 아예 학교를 없애는 것이 낫겠다."

학교를 없애자는 이야기는 충격이었다. 그러나 이어지는 이야기를 듣다 보니 모두 수긍하는 눈빛이었다. 학교의 부담이 이렇게 늘어간 것은 어제오늘 일도 아니다. 어떤 정부가 들어서건 간에 교육은 개혁의 대상이었다. 그렇게 학교를 몰아갔다. 그러나 이게 어디 학교만의 책임인가? 어른들이 만든 고질적인 사회악으로 가정과 사회가 뿌리째 흔들리는데 책임을 학교에만 묻는다. 시대 변화에 따라 지식의 전수 과정도 달라지고 언젠가는 학교가 없어질지도 모른다. 〈유엔미래보고서 2040〉에는 미래사회에 없어질 직업으로 교사가 들어있기도 하다. 이런 예측이 실현될지 어떨지는 모르겠지만, 학교가 존치할 때까지는 제대로 하고 싶다. 학생들은 금요일 8교시까지 수업을 받게 하고 그것도 모자라 다시 학원으로 내몰면서 우리 어른들은 '불금'이라는 말을 만들어내어 즐기고 있다. 아이들도 사람이다. 인격이 있다. 아이들에게도 불금을 느낄 자유를 주자. 안 하겠다는 것이 아니다. 학교만의 힘으로는 버겁다. 학교는 정상적인 교육과정을 수행하겠다. 지자체나 마을은 방과 후 교육을 맡아달라는 의견이었다. 여기저기서 박수가 나왔다. 그 소리를 받아 사회자가 선창을 하자 교사들이 이어받아 외쳤다. "학교는 정규 교육을, 지자체는 방과 후 교육을!"

"학교가 마치 폭력의 온상인 것처럼 호도한다. 그리고 그 책임을 다하라며 각종 규제를 만들어낸다. 내부기안 해서 학교폭력이 없어지는 게 아니다. 아이들 머리라도 한 번 더 쓰다듬어야 없어진다. 그런데 교사에게 실적물 만들어 보고서 내면 승진가산점 주겠다고나 하고 있다. 참으로 한심한 노릇이다."

작년에 중학교에서 학생부장을 하며 아이들 상담을 많이 했다는 30대 후반 남교사의 말이다. 이 교사는 자신이 그렇게 학생을 상담한 결과 실제로 학교폭력이 한 건도 발생하지 않았다고 했다. 그런데 정작 학교폭력예방유공교원 승진 가산점을 다른 교원들이 받았다. 이 교사는 학생 상담은 했지만, 신청서는 내지 않았다고 한다. 응당 자신이 할 일인데 그렇게까지 한다는 것이 양심의 가책으로 다가왔다고 한다. 그러나 가산점을 받은 교사들은 있었다. 상담 대신 보고서와 실적물을 차곡차곡 만들어서 제출한 교사들이다. 학교의 실상이 이렇다. 교사가 보고서 써서 없어지는 학교폭력이라면 날밤을 새우고라도 쓰겠다. 정부정책은 근본적으로 진단부터 다르다. 그러니 처방 또한 다르다. 세월호 참사가 학교에서 안전교육을 게을리해서란 말인가? 아이들 인성이 삐뚤어진 것이 학교에서 인성교육을 게을리해서 그런가? 오로지 그 책임을 학교에만 묻는다. 그러니 처방이라는 것이 안전교육, 인성교육 법제화로 나타난다. 학교에서 이렇게 안전교육과 인성교육을 강화한들 제2의 이준석이 나타나지 말라는 보장이 있는가? 절절한 외침이었다.

"교사들의 업무를 경감하기 위해서 NEIS를 만들었다는데, 도대체 누구를 위해서 편리하다는 것인지 모르겠다. NEIS와 에듀파인 들어오고 줄어든 업무가 뭐가 있나? 교육행정정보시스템이 아니라 실상은 교사통제시스템이다."

그랬다. 교원단체의 반발에도 불구하고 2003년 NEIS를 도입할 당시 정부는 교원의 업무경감을 위한 것이라고 강하게 밀어붙였다. 그런데 NEIS가 도입되고 교원의 일거리가 줄어들었냐고 물었더니 그렇다고 대답한 교사가 한 명도 없다. 더구나 국가정보원이 이를 관리한다는 이야기까지 들리고 있다. 실제로 국정원 직원이 학교장을 상대로 한 연수에서 직접 한 이야기가 기사화된 적이 있다. 불법으로 해킹프로그램을 구입하여 국민을 사찰했다는 의혹까지 받고 있는 국정원이 교원을 상대로 해킹 예방 교육을 했다는 것도 믿기지 않는다. 어쩌면 학교는 고양이에게 생선을 맡기고 있었는지도 모른다. NEIS와 에듀파인의 그 촘촘한 메뉴에는 학교교육활동뿐만 아니라 교원과 학생의 신상정보까지 기록되어 있다. 이를 사악한 눈으로 들여다보고 있는 누군가가 있다는 생각을 하면 온몸에 소름이 돋는다.

"학교통폐합을 시도하는 교육부를 이해할 수가 없다. 농산어촌 지역은 학교가 통폐합되면서 버스를 타고 1시간이 넘게 걸려 등하교하는 아이들이 있다. 100대 교육과정도 학교와 교사, 아이들은 뒷전이고 교장을 위한 사업이다. 역사 교과서를 국정으로 전환하려는 움직임도 그렇고 교육과정 개정에도 정권의 압력이 작용하고 있다. 이렇게 정권의 꼭두각시 노릇을 하는 교육부를 차라리 없애면 좋겠다. 교육을 지원한다는 명목으로 지역교육청 이름도 교육지원청으로 바꾸었지만, 지원하기는커녕 여전히 실적 자료를 요구하는 교육통계청이 되고 있다. 사업 만들고 예산 뿌리더니 정산서는 0으로 만들어서 보내라고 하는 것이 너무 많다. 전혀 특색 없는 특색사업이 교육부, 교육청, 학교에 넘쳐난다. 이렇게 제 역할을 못 할 바에야 교육지원청도 같이 없애면 좋겠다."

교육청에서 근무하는 장학사의 말이라 더 충격이었다. 교육행정을 경험해서 그런지 제도적인 문제점까지 조목조목 언급했다. 교육부에서 벌이는 많은 사업은 학교를 지원하겠다는 명목이지만, 정작 학교에 그런 사업이 필요한지 물어본 적이 없다. 교육과정 개정도 그렇다. 겨우 정착해서 적용할 만하면 다시 뿌리째 흔든다. 교육과정 개정을 위한 공청회도 오후 두세 시에 시작한다. 이 시각에 공청회에 참석할 수 있는 교사는 없다. 늘 이런 식이다. 학교는 교육기관인데 공문을 보면 정해진 정책을 착착 시행하는 하부기관으로 본다는 느낌을 지울 수 없다. 최근 교육부가 시도교육청과 마찰을 많이 빚고 있는데, 이도 교육부가 시도교육청을 지원하기보다 관리하고 통제하려다 보니 발생하는 일이 대부분이다. 제도적인 모순이다. 직접 선출된 교육감을 임명된 교육부 장관이 컨트롤하니 발생하는 문제이기도 하다. 정권의 입김으로부터 교육이 자유로워져야 한다. 교육부는 집행기구로 바꾸고 교육정책만큼은 국민의 신뢰를 받는 전문가들로 구성된 별도의 위원회를 만들어 백 년을 내다보고 설계해야 한다. 최소한 교육과 사법, 이 두 분야만큼은 수장을 국민이 직접 뽑는 체제로 가야 한다. 물꼬를 튼 이야기는 교육행정체제의 변화로까지 확대되고 있었다.

"교사나 학생이나 학습을 강요당하고 있다. 학생들이 허울뿐인 자율학습을 타율로 받고 있고, 교사는 동원되어야 하는 연수가 많다. 연수를 학점화하고 연수 이수 실적을 학교평가, 성과급 등의 평정 지표로 활용하면서 많은 부작용이 나타난다. '연수 쇼핑'이라는 말도 생겨났다. 쉽게 이수할 수 있는 온라인 연수를 찾아다니며 클릭만 하는 고질적인 현상이 발생하고 있다."

교사들에게 유익한 연수를 기획하는 데 도움이 될 것 같아 이 모임에 참석했다고 이유를 밝힌 사람은 교육연수원에 근무하는 연구사였다. 말문을 연 연구사는 교사들이 자발적으로 만들어가는 이 모임을 보며 큰 자극을 받았다면서 결국 교원연수도 이런 방식으로 나아가야 한다는 말까지 덧붙였다. 이 연구사의 말처럼 실제로 학교에 이런 현상이 나타나고 있다. 차곡차곡 쌓여가는 연수 학점이 배움에 대한 자극으로 나타난다기보다 갖추어야 할 스펙이 되어가고 있다. 교사 자체가 연수원이다. 독서, 여행, 영화감상, 토론 등 연수의 종류를 다양화하고 이런 다양한 경험을 교사가 할 수 있도록 충분한 시간 여유를 주는 것이 가장 좋은 연수라는 의견까지 나왔다.

이 외에도 교사와 학생이 자유롭게 사고하기보다 주어진 내용을 따라갈 수밖에 없는 현행 교과서를 없애자는 의견도 있었다. 꼭 있어야 한다면 워크북 형태로 제작하여 사고할 수 있는 여백을 주자는 취지였다. 컴퓨터를 없애자는 의견도 있었다. 교단선진화라는 이름으로 교실에 들어온 컴퓨터가 실제로 교사를 학생에게서 멀어지게 한 결정적인 요인이라는 이유를 들었다. 학교에서 매시간 울리는 시종을 없애자는 의견도 있었다. 자율적인 배움을 가로막는다는 이유였다. 발표자가 일어서서 하나하나 발표를 할 때마다 박수와 함성이 잇따랐다. 물론 이런 것들이 당장은 사라지지 않을 것이다. 그래도 교사들은 함께 모여 이런 목소리를 낸다는 것만으로도 희열을 느꼈다. 그동안 벙어리 냉가슴 앓듯 살아왔으니 공감이 클 수밖에 없었다.

새로운 학교를 상상하자

교사들은 내친김에 한 발 더 내디디고 싶었다. 덜어낸 자리에 새로운 교육을 상상해서 채워보고 싶었다. 아이들에게만 그리게 하던 상상화를 이제 우리도 그려보고 싶었다. 굳이 이름 붙이자면 '우리 교육 상상화'다. 교사들의 조별 토의가 다시 이어졌다. 주제는 우리 교육이 한 단계 나아가기 위한 프로젝트를 만드는 것이다. 1시간 동안 조별 토의를 통해

의견을 모은 다음에 그 결과를 전지에 작성해서 발표하는 것이었다. 하
얀 전지를 바닥에 내려놓고 잠시 침묵이 흘렀다. 그러나 우리 교육에서
사라져야 할 것에 대한 토의를 마친 뒤라 말문은 쉽게 열렸다. 교사들은
의자를 뒤로 미루고 전지를 중심으로 강당 바닥에 내려앉기 시작했다.
속 깊은 대화를 나누기 위해 좀 더 가까이 머리를 맞대기 위함이었다.

　잔잔한 배경음악이 다시 흘렀다. 새하얀 전지에는 조별로 10명의 교
사가 쏟아낸 생각이 글과 그림으로 채워지기 시작했다. 이렇게 작성된
기획안을 들고 조별로 기념촬영을 했다. 촬영을 마친 교사들은 기획안
을 강당 벽면에 붙였다. 어느새 강당 벽은 기획안으로 빼곡했다. 자기

조의 기획안을 붙인 교사들은 다른 모둠의 기획안을 둘러보며 촬영을 하기도 했다.

다음은 이렇게 모인 기획안들이다. 발표 순서대로 담다 보니 앞에서 언급한 내용이 뒤에서 중복되는 경우에는 글로 옮기지 않았다. 이제 교사들이 어떤 상상을 했는지 직접 살펴보자.

온빛이의 하루

— 　우리가 꿈꾸는 학생의 하루와 교사의 하루로 나누어 표현해보았다. 온빛이는 아침에 등교하면 선생님, 친구들과 함께 차 한 잔을 하며 하루를 시작한다. 모든 수업은 주제중심 통합수업 혹은 프로젝트 학습으로 이루어진다. 예를 들면, 학교 주변을 선생님과 친구들과 산책하면서 여름을 느끼고 관찰하며 글로 표현한다.

아침 뉴스를 보며 우리 사회와 관련된 이야깃거리를 찾아 친구들과 토론을 하거나, 학교 옆 수영장에서 배 띄우기 프로젝트를 수행한다. 넉넉한 쉬는 시간에는 학교 곳곳의 시설(보드 놀이장, 노래연습장, 도서관, 체육

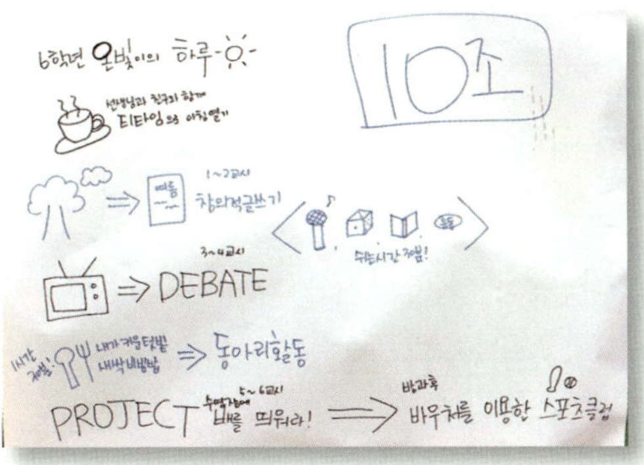

관)을 활용해 자신의 꿈과 끼를 키우고, 점심시간에는 학생들이 선택하고 조직한 동아리 활동이 이루어진다. 점심에는 학생들이 텃밭에서 직접 기른 작물들이 식탁에 오르기도 한다. 방과 후에는 지역사회 시설과 바우처를 활용한 스포츠클럽 활동이 이루어진다. 학생들의 삶과 학교가 별개로 떨어지지 않은 그런 하루를 살아간다.

교사의 하루는 학생의 하루를 꿈꾸는 것만으로도 너무 행복하여 시간을 보내느라 많이 그리지 못했다. 짧은 시간 나눈 이야기는 교육과정 운영의 전문성을 확보하기 위하여 교사학년군제를 운영한다는 것이다. 동료 교사가 가장 든든한 힘이 된다. 5년 정도 한 학년을 계속해서 가르치고, 동학년 선생님들끼리 연수도 같이 받고, 교육과정 개발도 함께하면서 교사 전문성 신장을 위해 노력한다.

여유

—   이곳, 저곳, 어느 곳 할 것 없이 우리 교육의 본질은 '자연스레' 제자리로 돌아가는 것이다. 영국의 칠드런스 소사이어티The children's society 자료에서 나타났듯이 우리나라 어린이들의 학교생활에 대한 만족감은 고학년으로 갈수록 우울하

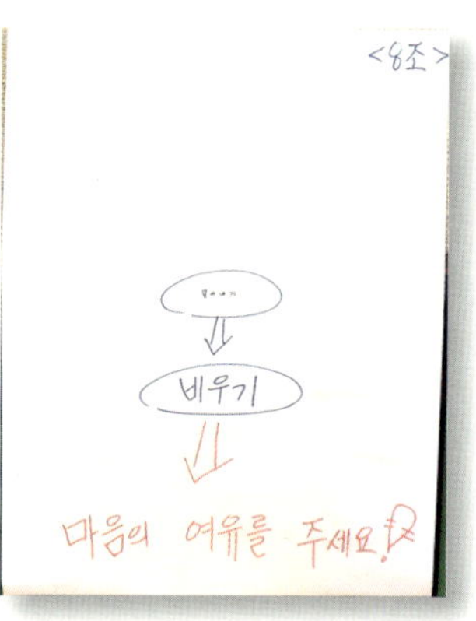

기만 하다. 학교의 일은 차고 넘치는데 그 일들이 다 제자리가 아니다. 그 일을 비워야 한다. 학교에서 하는 수많은 일이 있는데 아이들을 위한 것이 그다지 많지 않다. 새로운 정책을 채우기보다 '비우기'를 한다.

교사의 소통과 자발성을 바탕으로 한 공동체 교사 문화

— 　　새로운 학교를 만들기 위해서는 제도적 보완과 교사의 자발성이 중요하다. 이를 위해 다음과 같은 3가지 개선 방안을 찾았다.

첫째, 교원의 인사이동 시기를 12월 중으로 앞당긴다. 지금처럼 2월 말에 인사이동을 하면, 새로운 학교에 가서 바로 업무분장표를 받아든다. 준비할 시간도 없고 부족한 채로 그냥 주어진 환경에 맞춰서 새 학년을 맞는다. 또한, 학년 초 바쁜 생활 속에서 새로 이동한 교사는 학교의 다른 사람들과 마음을 열고 가까이할 수 있는 시간적 여유가 허락되지 않아 학교의 구성원으로 자리 잡는 데 어려움이 많다. 새 학년을 준비하는 기간의 충분한 확보, 교육과정을 함께 고민하고 논의할 학교 구성원으로서의 존재감 갖기, 공감과 소통의 학교 문화를 만들기 위한 하나의 방법으로 인사이동 시기를 앞당긴다.

둘째, 새 학기를 위한 교사 간 마음 열기 프로그램을 운영한다. 학교폭력예방유공 교원 가산점이라든지, 성과상여금과 같은 것과 맞물려 교사들이 서로 경쟁의 상대로 보거나 서로에게 무관심한 상태로 흘러가

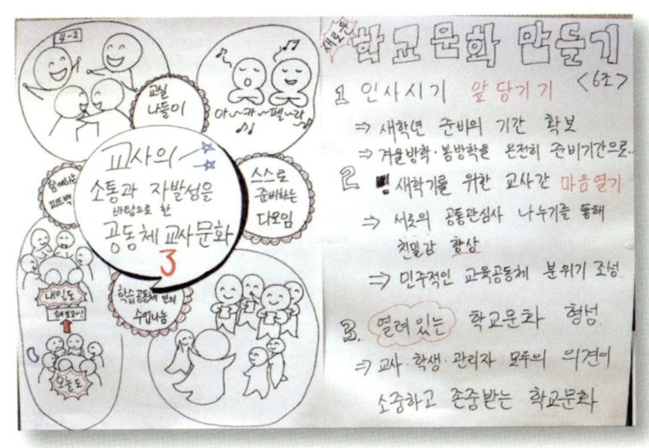

는 경우가 많다. 업무를 하다가 부딪치는 부분도 많이 생기고, 교육과정을 같이 고민하고 계획하기보다 부장들 중심으로 일부 교사만 참여하여 구성을 하기에 교육과정을 운영하는 과정에서 충돌이 일어나는 경우가 종종 있다. 이런 문제를 해결하기 위하여 학년 초에 교사들과 함께 아이스브레이킹과 같은 활동을 통해 마음을 열고 소통하며 공감하는 시간을 갖는다. 이렇게 마음 열기를 한 후에 업무 분장과 교육과정을 함께 논의하니 학교교육과정이 문서가 아니라 삶으로 이어진다.

셋째, 열린 학교 문화를 만든다. 부끄러운 학교의 모습을 돌아보자. 학교교육과정을 운영하는 데 있어서 가장 큰 목소리를 내는 사람은 교장, 교감인 경우가 많다. 그다음은 교무부장, 그다음은 각 부장이 교육과정 운영에서 큰 목소리를 낸다. 교육의 3주체가 교사, 학생, 학부모라고 하지만 정작 교육과정 운영에 3주체의 의견이 얼마나 반영되는지는 생각해볼 문제이다.

학부모의 의견을 수렴하는 데도 소극적이다. 설문조사를 하지만 학교에서 정한 내용을 설문항목에 반영하는 경우가 대부분이다. 다 만들어 놓고 교육과정설명회를 하기보다 교육과정공청회를 개최하여 만드는 과정에 학부모가 함께 참여하도록 해야 한다.

학생과 교사의 의견 또한 마찬가지이다. 학생의 경우 전교어린이회의에서 각 반을 대표하는 임원들의 의견을 나누면서 다양한 학생들의 생각이 나온다. 교사의 경우는 각종 회의에서 자기 생각을 이야기할 수 있다. 하지만 잘 생각해보면 정말 마음속에 있는 것을 허심탄회하게 이야기할 수 있는 분위기가 형성되어 있는지에 대해서는 회의적이다.

학생들은 전교어린이회의에서 낸 의견이 그냥 회의에서 나온 의견으로 끝나버리고, 논의되지 않고, 진지하게 받아들여지지 않는 경험을 하면서 회의는 형식적인 의견으로 가득 차게 된다. 교사들 역시 마찬가지이다. 의견을 내도 무시당하고, 논의의 대상조차 되지 않는 경험을 하면서 의견을 표현할 생각을 하지 않게 된다.

결국, 말로만 하는 소통이 아니라 누구에게나 기회가 열린 그런 소통으로 나아가야 한다. 늘 틀에 박힌 형태로 흘러가는, 일부의 의견으로만 이끌어가는 것이 아닌 함께 고민하고 그 고민을 부담 없이 나눌 수 있는 소통이 활성화된 열린 학교 문화가 우리를 꿈꾸게 한다.

교실 깨우기

—　　　자율권, 운영권도 없이 책임만 따르는 학교에서 권한들이 제자리로 돌아와 교실이 살아나는 학교로 변해야 한다는 의미를 담아 '교실 깨우기' 프로젝트를 만들었다. 교실을 깨우기 위해서는 첫째, '교장 선출 보직제'나 '교장 순환 보직제'가 필요하다. 교장이 내부에서 선출되거나 내부 구성원에 의해 보직처럼 임명된 뒤 일정 기간 업무를 수행하고

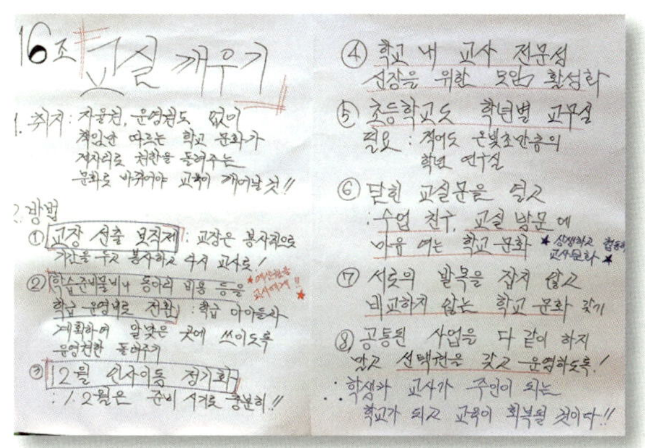

다시 교사로 돌아오는 시스템을 갖추면, 교장의 전횡이나 독단으로 학교가 비민주적으로 운영되는 일이 대폭 줄어든다.

둘째, 학습 준비물 등 학생 개인에게 가는 비용을 학급 단위에서 담임교사가 자유롭게 운영한다. 학기 초나 분기별로 준비물을 한꺼번에 구입하다 보니 적재적소에 돈을 쓰지 못하는 경우가 많다. 업무량을 줄이기 위해 한 학기 단위로 먼저 구매를 하고 비용을 나중에 지급하는 방법 등을 적용하기도 한다.

셋째, 교사의 전문적 학습공동체가 운영되면서 교육과 수업에 대해 교사들이 이야기 나누는 모임이 있다.

넷째, 초등학교도 학년별 교무실(연구실)이 있다. 함께 모일 공간이 없으니 교류도 없었는데 학년연구실이 생기니 자연스럽게 자주 대화한다. 이를 바탕으로 닫힌 교실 문을 열고 수업 친구 맺기, 교실 방문 등을 한다. 이런 활동은 서로의 발목 잡지 않고 비교하지 않는 학교 문화가 있기에 가능하다.

마지막으로 교육이라는 이름 속에 온갖 잇속과 이데올로기가 여과 없이 들어와 사업이 늘어가고 있었는데, 그런 사업들은 사라지고 교육과정과 연계되는 활동만 골라 선택하여 자율적으로 참여한다.

교사 힐링 프로젝트

—   채워져야 할 무언가에 관해 이야기 나누다가 교사가 행복해야 한다는 생각을 하게 되었다. 무언가 채우는 것보다 교사가 행복해야 아이들이 행복한 교육을 하지 않겠냐는 공통적인 의견이었다. 이를 위해

다음과 같은 생각을 모아보았다.

첫째, 소통의 장을 마련한다. 인간은 사회적 동물이기 때문에 혼자서 살기 어렵다. 누군가와 소통을 그리워한다. 그렇기 때문에 다른 교사들과 함께 호흡해야 하는데, 현재는 교실이라는 동굴 속에서 고군분투하고 있다. 6학급의 경우 동학년 개념이 없어 모든 활동을 혼자 계획하고 혼자 처리해야 한다. 학급이 적다고 학교 일이 적은 것이 아니라서 업무 때문

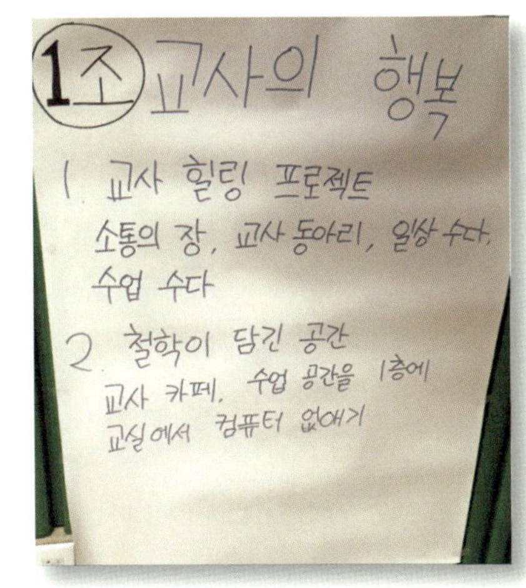

에 학생들에게 중요한 수업 부분을 자꾸 놓치고 있다. 이것도 해야 하고 저것도 해야 하는 현실 속에서 교사들은 점점 지쳐간다.

둘째, 자발적인 교사 동아리를 운영한다. 위에서 시켜서 하는 동아리는 전 교직원을 동원하여 서류상으로 존재하는 경우가 많다. 그런 동아리 말고 진짜 하고 싶은 구성원들이 모여서 하는 동아리를 만들고 동아리 활동을 위한 충분한 시간이 주어져야 한다.

셋째, 교사들끼리 일상대화를 자유롭게 나눈다. 충분한 시간이 확보되고 업무가 줄어야만 가능하다. 바쁜 것은 이해할 수 있으나 기본적인 철학 없이 백화점 식으로 나열하는 행사들은 반드시 사라져야 한다.

넷째, 교사들이 수업 대화를 열어간다. 이는 자신의 수업에 대해 허심탄회하게 이야기할 수 있는 공간과 시간이 있기에 가능하다. 교사는 이벤트 회사의 직원이 아니기 때문에 무언가를 계획하고 실행하고 예산 짜고 하는 것에 불필요한 에너지를 낭비하지 않는다.

다섯째, 철학이 담긴 공간을 만든다. 교사를 위한 카페가 있다. 수업을

중심에 두는 교실 배치를 한다. 학생의 중앙 현관 통행을 금하는 학교가 많았는데 부끄러운 모습이었다. 1층에 있는 관리실은 꼭대기 층으로 올리고 교실을 1층으로 내렸다. 교실에 항상 켜져 있던 컴퓨터가 사라졌다. 교사의 업무도 사라졌고 수업 시간에 교사와 학생의 눈맞춤이 살아났다.

꿈꾸는 미래의 학교

— 꿈꾸는 미래의 학교를 상상해보았다. 먼저 학교의 구조는 타원형이다. 가운데는 각 교실로 통하는 도서관이 있다. 아이들이 자유롭게 책을 읽을 수 있는 공간이며 교실과 바로 연결되어 있어 편리하다. 각 교실은 서로 붙어있으며 교실마다 화장실이 있다. 이 학교에는 복도가 없다. 늘 복도를 뛰어다니는 아이들에게 뛰지 말라고 지도할 필요도 없다. 아이들은 뛰고 싶으면 바로 잔디가 펼쳐져 있는 운동장에 나가 뛰놀 수 있다.

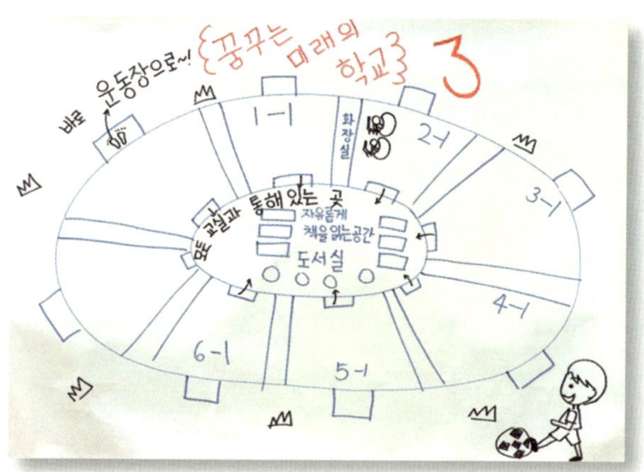

이 학교의 문화는 다음과 같은 특징이 있다.

첫째, '교사의 소통과 자발성을 바탕으로 한 공동체 교사 문화'가 형성되어 있다. 먼저 교실 나들이를 통해 각 교실을 방문하며 교사 간의 공감대를 형성한다. 모든 것은 '관계'에서 시작되기 때문이다. 그리고 교사들 스스로 준비하는 다모임을 통해 강제적인 활동이 아니라 자율성과 자발성을 기초로 한 활동을 계획한다. 음악을 좋아하면 아카펠라 같은 것을 뜻이 맞는 사람이 모여 시작할 수도 있고, 그림을 그리기 좋아하면 그림을, 책을 좋아하면 책도 읽을 수 있다.

둘째, 교사 간에 수업나눔을 한다. 학습공동체를 구성하여 수업나눔을 하며 서로 돕고 성장하는 수업을 한다.

셋째, 성찰을 함께한다. 혼자 교실에서 고립되어 고민하는 것이 아니라 동학년 또는 학년군, 나아가서는 전체 구성원이 한자리에 모여 함께 성장을 고민한다.

협력과 나눔의 학교 문화

— 협력과 나눔의 학교 문화를 채우고 싶었다. 이를 교육의 3주체라고 하는 교사, 학생, 학부모의 역할로 나누어 살펴보았다.

첫째, 교사다모임 문화를 만든다. 요즘 아이들에게 다모임을 활성화하고 있지만, 정작 이를 경험하지 못한 교사가 많다. 교장, 교감은 교사를 믿고 인정해주고 교사다모임을 통해 교사가 정책 결정권을 가지도록 해야 한다. 교사들은 이 모임을 통해 옆 반과의 벽을 허물고 수업과 자료를 나누면서 서로 손을 잡아주는 학교 문화를 만들어간다.

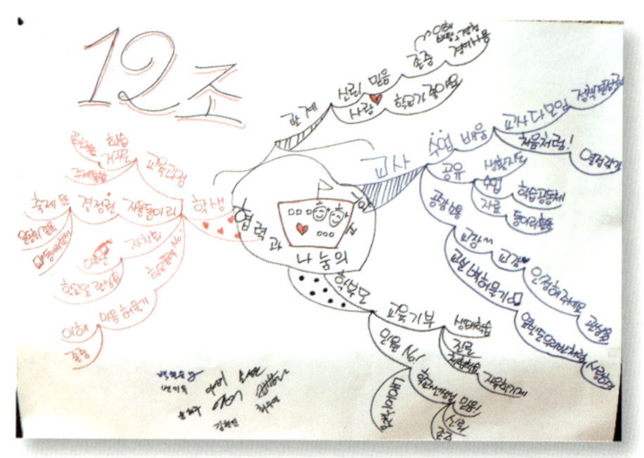

둘째, 학부모는 민원 대신 교육 기부를 한다. 그동안 민원에 시달려왔던 학교에 활력이 넘친다.

셋째, 명목으로만 존재하는 학생자치회가 아니라 학생들이 축제와 운동회, 동아리 활동을 직접 기획하고 참여한다. 나아가 프로젝트학습이나 '거꾸로 수업' 등을 통해 학습의 주체로 선다.

민주적인 학교 문화와 승진제도의 대안

— 승진제도의 폐해를 극복하고 민주적인 학교 문화를 만드는 것을 주된 내용으로 의견을 모아보았다.

첫째, 교장과 교감을 교원들이 직접 선출한다. 당해 학교에서 1년 이상 근무한 교사라면 선거권과 피선거권이 있다. 이렇게 해서 선출된 교장의 임기는 1년이고 중임이 가능하다. 교사는 모두 공동 관리자가 된다.

둘째, 교사 원탁회의가 이루어진다. 아이디어에는 직급이 필요 없다. 그 아이디어가 모여 정책이 되어 실행될 때 행정력을 발휘하기 위해 직

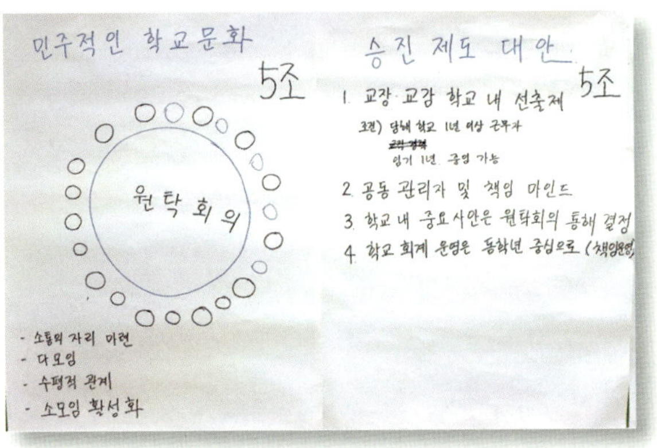

급이 필요하다. 그래서 정책을 논의하는 회의 단계에서는 교장, 교감도 교사와 동등한 자격으로 참여한다. 다 같이 모였을 때 의견을 못 내는 교사도 많았는데 이제는 다양한 소모임을 통해 토의, 토론에 참여하며 민주적인 학교를 만들어간다.

승진제도 개혁, 교육과 업무의 이원화

— '승진제도의 개혁'과 '교육과 업무의 이원화'라는 두 가지 주제로 이야기를 나누었다.

첫째, 승진이 아닌 전직을 한다. 우리 교단의 고질적인 병폐인 승진 문제를 해결하기 위하여 승진이 아닌 전직 체제로 바꾸었다. 교장, 교감의 자격제도는 없어지고 교장, 교감이라는 말 대신 대표라는 말을 사용한다.

둘째, 교육과 업무의 이원화다. 교사는 방과후학교와 돌봄교실 운영, 품의요구서 작성 등과 같이 교육을 지원하는 일에 시간과 열정을 쏟아야 하는 경우가 많았다. 이는 교육을 지원하는 일이니 행정실 인력을 충

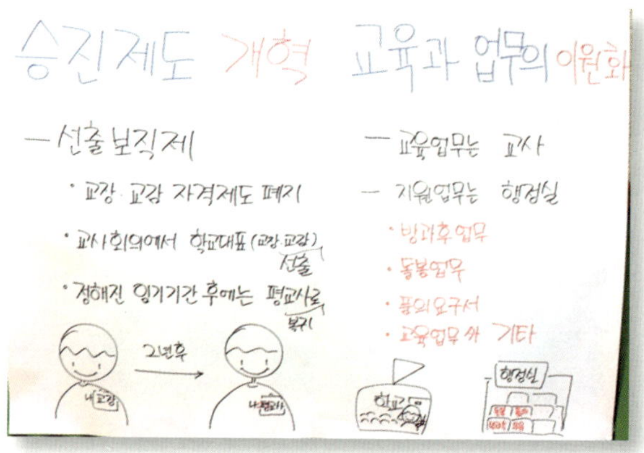

원해서 한다. 초중고교도 대학교와 같이 교육에 관한 일은 교사가, 교육을 지원하는 일은 행정사무원이 처리한다.

행복한 학교

—   '행복한 학교'라는 주제로 브레인스토밍을 해보았다. 행복한 학교는 경쟁보다는 협력을 강조한다. 교사가 행복해야 아이들이 행복하

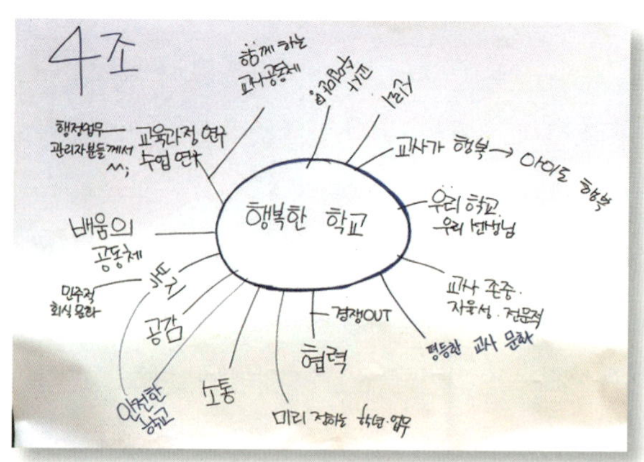

다. 그래서 교사가 신바람을 느끼고 근무할 수 있는 교직 문화를 만든다. 작게는 학년과 업무를 미리 정하는 것부터 시작한다. 교사는 행정적인 일에서 벗어나 교육과정 연구, 수업연구, 생활지도에 주력하고 교사들의 세심한 배려에 힘입어 학생들은 배움의 공동체를 만들어간다. 학생들의 안전에 대한 관심만큼 교사의 인권이나 복지도 제도적으로 보완되어 교권 추락을 걱정하지 않는다.

교육공동체

— 교육공동체를 만들고 싶다는 취지로 집을 그리고 행복한 학교를 만들기 위해 무엇을 갖추어야 하는지 생각해보았다.

첫째, 행정실무사를 확충하여 교사들의 행정업무를 덜어준다.

둘째, 아무것도 모르고 현장에 던져지는 신규 교사를 위해 교·사대 인턴제를 시행한다.

셋째, 교과교실제가 자신만의 수업을 구성할 수 있는 이상적인 부분

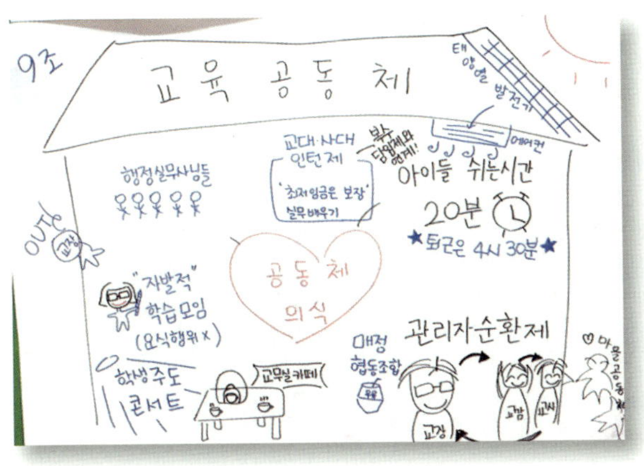

이 있지만, 아이들 입장에서 보면 10분 내내 이동만 한다. 이를 보완하기 위해서 쉬는 시간을 20분으로 늘린다.

넷째, 학교에 북카페가 있다. 교사들과 학생들은 북카페에 앉아 소소한 이야기를 이어간다. 아울러 학생들이 경제와 사회 정의를 몸소 배울 수 있도록 협동조합 매점을 직접 운영한다.

살림의 교육

— 우리 반 방식으로 내가 가르쳤는데 다른 반 교사가 낸 시험문제로 좌절하는 아이를 보면 마음 아플 때가 많다. 평가가 바뀌지 않으면 안 되겠다는 생각으로 학교에서 치르는 시험을 바꾸어보았다.

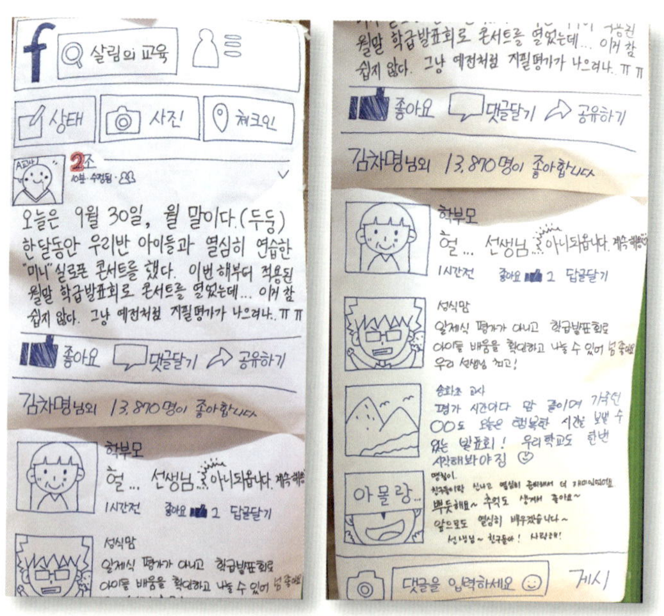

교사 자율 평가가 이루어진다. 각종 평가와 행사가 연중 나열되어 있었는데 이를 홀가분하게 덜어냈다. '평가 따로, 행사 따로'가 아니라 행사 자체가 평가가 된다. 당연히 일제식 평가는 사라지고 학생의 소질과 특기를 신장해주는 방향으로 나아가고 있다.

교사의 공감과 실천

— 신영복 선생님은 "공부는 머리에서 가슴으로, 가슴에서 발로 가는 가장 먼 여행이다"라고 말했다. 이에 비추어 교사는 무엇을 공감하고 실천해야 하느냐는 물음을 던지고 함께 답을 찾아갔다.

결론은 아이를 온전하게 담으면 좋겠다는 바람이다. 이를 위해서 교사의 마음가짐이 무엇보다 중요하다. 교사의 머리에는 아이에 대한 이해, 배움, 교사의 전문성, 평가, 피드백이 늘 들어있다. 교사의 가슴에는 가르치고자 하는 열정과 아이에 대한 믿음으로 가득 차있다. 이를 실천하려는 강한 의지로 행정업무를 내려놓고 한 손에는 교육과정과 한 손에는 수업을 들고 치열하게 고민한다. 교사의 발은 집단지성을 바탕으로 실천하려는 행동 지성으로 나아간다. 이를 해결하기 위해서 업무 처리하는 교사가 아니라 연구, 실천하는 교사가 되어야 하기에 학교마다 교무실이 아닌 연구실이 많다.

학교의 틀을 깨부수자

— 　　기존의 수직적인 학교조직을 어떻게 바꾸어야 하는지 고민해 보았다. 학교를 수평적인 조직으로 만들기 위해서는 무엇보다 승진제도의 개선이 필요하다. 승진제도를 없애고 누구나 교장을 할 수 있는 체제로 만들자. 가령, 일정 정도 경력이 있는 교사라면 본인의 희망에 따라 누구나 리더십 연수를 이수하고 관리자가 될 수 있는 조건을 갖게 된다. 이렇게 선출된 교장, 교감은 학교에서 조정자, 행정가의 역할을 하고 교사들은 수업과 생활교육에 전념한다. 이는 업무 중심의 부서 조직을 깨트리고 학년교육과정 중심 부서로 운영함으로써 보다 적극적으로 나아간다. 교장, 교감에게 집중되었던 권한을 이양한 만큼 책임도 함께 진다. 모두 함께 책임을 지지 않으면 교장, 교감이 되는 교사는 많은 부담을 갖게 된다. 함께 책임을 진다는 것은 '내 업무, 네 업무'라는 사고에서 벗어나 '우리 일을 어떻게 할까?'라는 공동사고에서부터 출발한다.

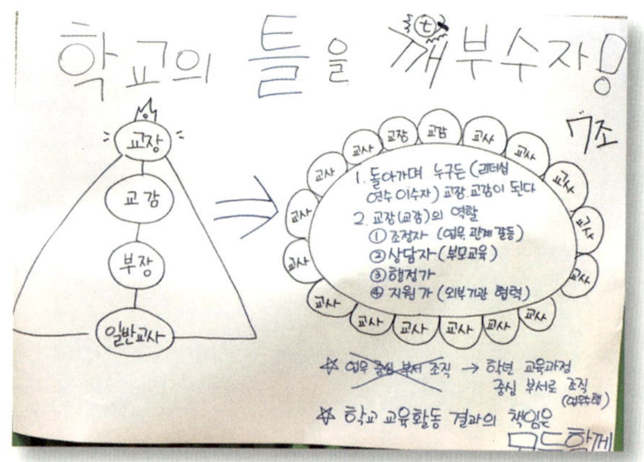

우리가 꿈꾸는 학교

— 우리가 꿈꾸는 학교에 대한 상상을 담아 보았다.

첫째, 소통하는 학교이다. 교사, 학부모, 지역사회가 함께 참여하여 회복적 생활공동체를 구성한다.

둘째, 심심한 학교이다. 교사들은 업무에서, 아이들은 과중한 수업 부담에서 벗어나서 "뭐 하고 놀지?" 서로 고민할 만큼 학교에 여백이 있다.

셋째, 학교는 정말로 재미있는 놀이터다. 전래놀이를 포함한 모든 놀이 기구와 공간이 마련되어 있고, 놀 수 있는 충분한 시간이 주어진다. 놀이를 통해 학생들은 즐거운 배움의 공동체를 체험한다.

넷째, 학원에 가는 아이가 없는 학교이다. 수업 시간에 아이가 "학원이 뭐예요?"라고 질문하는 그런 학교이다.

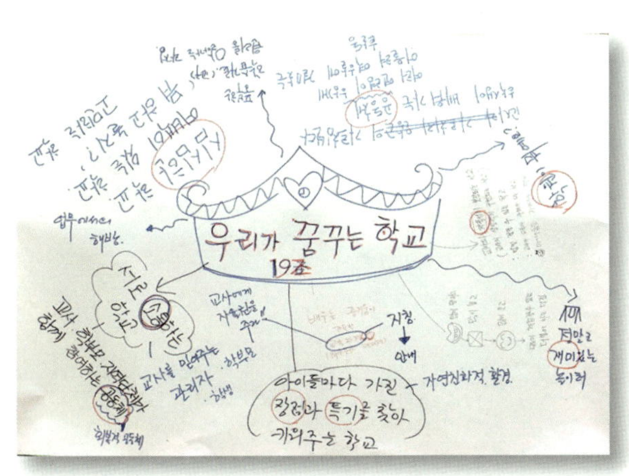

교사의 전문성 채우기

— 　　　서열화하는 평가에서 벗어나서 교사 전문성을 채웠다. 교사 전문성을 채우기 위해서는 서로에 대한 신뢰를 바탕으로 권한과 책임을 나누는 민주적인 학교여야 한다. 교사는 더 이상 욕먹는 것을 두려워하지 않는다. 당당하게 스스로 직면하는 용기를 갖고 있다. 학부모에게도 귀를 활짝 연다. 이는 교사공동체가 든든하게 구축이 되어 있어 가능하다.

　교사 전문성을 스스로 채워간다. 이를 위해 교사에게는 쉼이 필요하다. 시간을 내서 쉬고, 그 시간을 자기 발전의 소중한 기회로 삼는다. 자기가 잘하는 것을 적극적으로 표현하는 용기도 있다. 수직적인 학교 문화가 관계적인 평등으로 바뀌었다. 누가 뭐래도 교사는 교육과정 전문가라는 인식을 확고하게 갖고 있다.

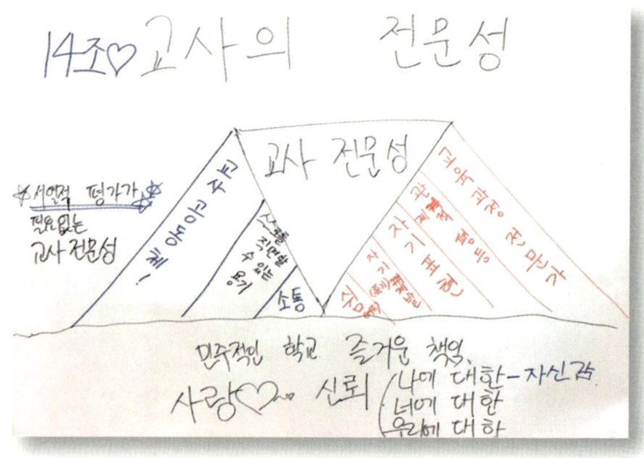

민주적인 학교공동체

—   우리가 바라는 민주적인 학교공동체가 이루어지면 학생, 교사, 관리자는 어떤 모습일까에 대한 행복한 상상을 해보았다.

먼저 관리자는 교사를 신뢰하고 지원하고 보호한다. 직원에게 화를 내는 법도 없다. 사람을 볼 줄 알고 직원들과 의사소통에 막힘이 없다. 결정 장애 또한 없다.

교사는 직업에 대한 자부심이 넘친다. 윗사람 눈치는 보지 않고 아이들 눈치를 본다. 자존심의 벽을 허물 줄도 안다. 민주적인 교사 문화를 함께 만들어간다.

학생은 자유롭게 자기 생각을 표현할 줄 안다. 자율적으로 생각하고 책임이 있다. 성공보다 책임을 갈망한다. 행복한 학교의 관리자, 교사, 학생의 상을 이야기해 보았지만 공통적으로 교사가 원하는 관리자상, 관리자가 원하는 교사상, 교사가 원하는 학생상, 학생이 원하는 교사상이 별반 다르지 않다. 결국은 사람을 중심으로 두고 함께 간다.

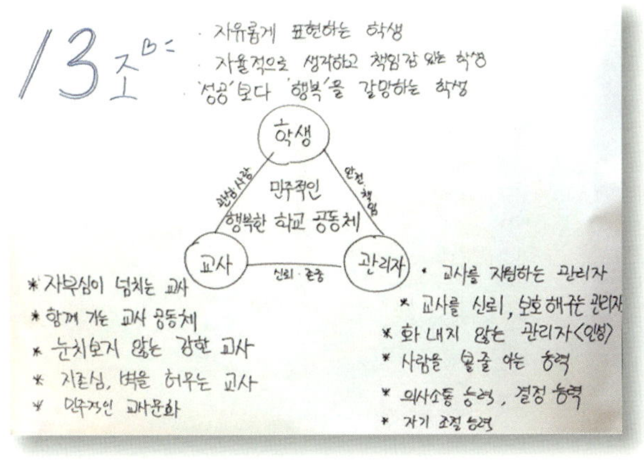

우리가 꿈꾸는 학교

— 　　자기 삶을 성찰하기 위해 일기를 쓴다. 직접적인 체험활동으로 진로교육을 강화한다. 학교폭력과 같은 사안도 교사와 학부모의 대화 부족에서 일이 커지는 경우가 많으므로 교사와 학부모가 월 1회 정도 정기적인 만남을 갖는다. 그 자리에서 아이들의 학습과 인성에 관해 이야기한다. 학생들의 배움이 오전에는 인지적인 활동으로, 오후에는 예체능 위주로 이루어지면서 몸과 마음이 균형 있게 성장하는 교육과정을 운영한다. 학생들은 자발적으로 자기가 하고 싶은 동아리를 만들어서 운영하고 학생자치회를 능동적으로 운영한다. 학년연구실에 교육도서를 비롯한 다양한 교육자료를 갖추고 교사들도 공부 모임을 운영한다. 학교는 아이들 가슴 속에 있는 태양을 달군다.

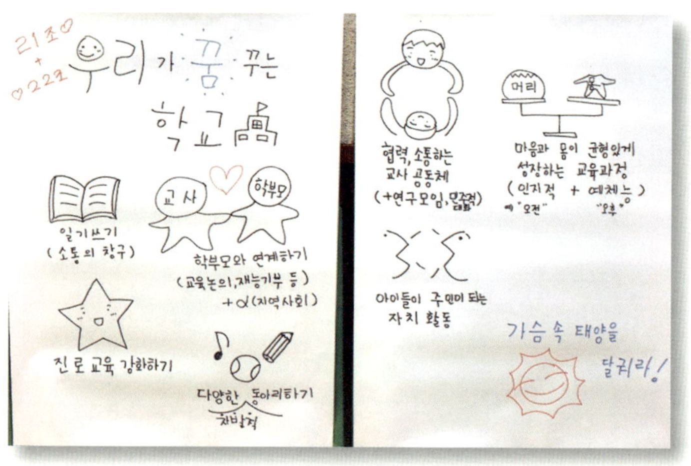

4장

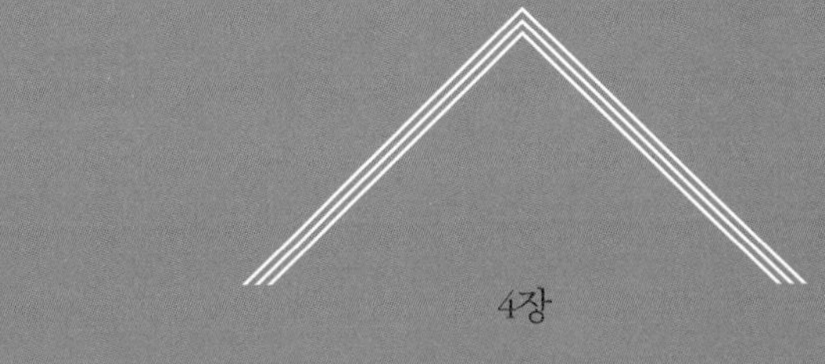 끝나지 않은 이야기 

" 이날의 만남은 기다리고, 만나고, 헤어져도
가슴 한편에 설렘과 두근거림이 있다. 그 이유가 무엇일까?
아마도 같은 꿈을 꾸는 사람을 만났다는 것,
그 꿈을 이루기 위해 같이 노력하는 이들을 만났다는 것
그리고 그 꿈이 정말 이뤄질 것 같아서가 아닐까? "

7월 11일 세종에서 펼쳐진, 마치 한 편의 드라마와 같았던 '교사가 만들어가는 교육 이야기'는 참여한 교사들의 가슴에 강하고 진한 울림을 이끌어냈다. 2부 진행을 맡은 정성식 교사는 '오늘 있었던 이야기를 각자 후기로 남길 것'을 제안했고 모두 함께 '후기를 남기자'고 외쳤다.

그날 모인 교사들은 이제 각자의 학교와 자리로 돌아갔다. 그리고 크게 변한 것이 없는 것처럼 다시 일상을 살아간다. 하지만 아이들을 가르치며 느끼고 바라고 힘들어했던 것들이 나 혼자만 어려워하고 고민한 것만은 아니란 걸 서로가 느꼈다.

이번 4장에서 소개할 내용은 그날 행사에 자발적으로 참여한 교사들이 작성한 후기로 솔직한 감정과 느낌이 고스란히 담겨있다. 그리고 다시 각자의 위치에서 주어진 교육환경을 어떻게 변화시켜 나갈지에 대한 다짐도 나타나 있다.

후기는 페이스북, 블로그, 카페 등등의 SNS를 통해 기록되고 나누어졌으며 공식 밴드에도 모여들었다.

　한 가지 안타까운 점은 지면 관계상 모든 후기를 다 수록하지 못하고 일부만 소개할 수밖에 없다는 것이다. 다음의 후기는 그날의 열기와 감동을 있는 그대로 전하기 위해 최소한의 편집만 했음을 밝혀둔다.

같은 꿈을 향해 함께 걷는 사람들

공강옥(경기 화성 송화초 교사)

　7월 11일 오전 8시가 못 되어 세종청사에서 급히 내렸다. 시청 앞이라 해서 한 정거장 더 가야 하나 하다가 기사님께 물으니 여기란다. 길 건너 시내버스를 타고 아름초를 지나 범지기마을에 떡 버틴 온빛초가 보였다. 이른 아침부터 주차 봉사를 위해 깃발을 들고 있는 선생님들이 반갑고 고마웠다. 자리를 정하고 일곱 번째로 등록했다. 왠지 예감이 좋았다. 일찍 오니 여유롭고 이곳저곳 둘러보아서 좋았다.

　수요일밴드에서 사전 준비를 하는데 마음을 울리는 악기 소리에 매료되었다. 물어보니 카혼이란다. 노래는 또 저리도 내 맘과 똑같은가? '우유송', '에어컨송', '호루라기', '나쁜 선생님' 참 멋지고 아름답다. 자기 위치에서 최선을 다하는 선생님들의 모습이다.

　보고 싶었던 권재원 선생님의 첫 강의, 실천교육학을 홀대하고 인정하지 않는 문화. 그건 그들만의 책임인가? 나 스스로 언제 기록하며 당당하게 전문가다웠는가? 일정 부분 그들의 계략이 없었던 것은 아니다.

그러나 나 스스로 깨닫지 못하고 현실 속에서 성찰하지 못함이 더 크지 않을까? 그래 이제부터 성찰과 기록을 통한 나만의 실천교육학을 만들어보자.

구민정 선생님의 연극 하는 사회 교사의 모습. 멋지다. 고민하며 2가지를 모두 이룬 삶의 이야기. 강연 중에 세 팀이 '엄마 마중'으로 즉흥연극을 했다. 나도 무대에 올랐다. 그리고 학교 갔다 오면 언제나 반갑게 맞아 주던 엄마가 아무리 불러도 나타나지 않았던 그 시절의 마음을 표현했다. "외롭고 쓸쓸하고 무엇을 할지 몰라 멍하니 앉았다 땅바닥에 했던 낙서로 마음을 달랬던 그 기억" 그 모습을 보았던 구민정 선생님과 몇몇 선생님의 마음을 움직였나 보다. 또 다른 내 모습을 새롭게 보게 되었다.

김성효 장학사의 위로가 되는 말, "세상에는 네가 선택할 수 있는 것들이 많지만, 선택할 수 없는 것들이 있어. 그것은 네 잘못이 아니야. 그러니까 너무 아파하지 않았으면 좋겠어. 그렇지만 네가 힘들 때 손잡아 줄 수 있는 선생님이 있어. 네가 이제는 밝게 웃으며 네가 선택해서 할 수 있는 일에 집중할 수 있기를 바라." 말없이 안고 울어 주고 손 내밀어 주는 교사가 되자. 그리고 그런 동료 교사가 되자.

"하루 잠을 2시간씩 자고 10일을 고생하여 만든 10분짜리 동영상. 한 사람의 10분으로 30만 명이 10분의 가치 있는 시간을 보낼 수 있다면 그것은 가치 있는 일이다. 누군가의 마음을 울려 동감한다면 그 콘텐츠는 모든 소스까지도 공유되어야 하고 함께 나누어야 한다"는 나눔의 철학을 가진 김차명 선생님. 최고네요. "가진 것이 없어야 또 새로운 것을 만들게 된다." 어찌 젊은 나이에 저리도 성숙할까요? 거기에다 함께하는 가족이 생각하는 빈자리를 메우기 위해 이제는 함께할 '노예'를 구했다고. 기쁜 마음으로 함께할 노예들도 최고였어요.

마지막 '대마왕' 차승민 선생님. 구수하고 정 넘치는 인상에 빼어난 말솜씨. "아무도 나에게 별 관심 없다. 내가 나를 가장 감시한다. 내가 쪽 팔리지 않게 수업 준비가 끝났다는 것은 놀 준비가 끝났다는 것이다. 우리는 누구나 다 찌질하다. 찌질하고 싶지 않다면 한 발만 떼어 내디디면 된다. 하고 싶은 일이 있다면 그냥 만나고 이야기하고 깨지면 된다. 그러나 단 한 가지, 하지 말아야 할 것은 '포기'이다. 포기하지 않으면 언젠가는 그곳에 가 있다." 그렇다. 포기하지 않고 한 발 내딛는 것으로 시작하자.

사회 보고 준비하며 건강까지 챙겨 주신 정유진 선생님. 낮은 자세로 함께 소통하고자 하는 진실한 마음이 온몸으로 느껴졌다. 무릎 굽혀 아이와 눈을 맞추는 선생님. 나는 언제 우리 반 아이들과 같은 눈높이에서 눈을 제대로 맞추어 본 적이 있는가? 아이들과 동감을 위해 아이들의 눈높이에서 보자.

'공중'이라는 노래를 만든 안화용 선생님. 반짝이는 아이디어가 멋지다. 그래서 요즘 젊은이들은 그것을 담을 디자인을 참 중요하게 생각함을 느꼈다.

진보교육감에게 바라는 이야기를 정리했다는 정유진 선생님, 그것을 깜찍한 아이디어로 이미지화한 김차명 선생님, 다 멋지다.

수요일밴드가 만든 마우스패드를 샀다. 좋은 일에 쓰인다 하기에….

돌아오는 길은 용인 서천 선생님들의 선한 나눔으로 동탄까지 잘 올 수 있었다. 난 이렇게 많은 선한 사람들과 함께하며 늘 빚을 지고 살아간다. 나 또한 누군가에게 기쁨이 되고 고마움이 되도록 살겠다.

이제 내 이야기로 돌아와야겠다. 난 이곳에 왜 가고 싶었을까? 아이들과 소통하기 위해 노력하는데 부족함이 많다. 먼저 무엇이 부족할까? 잘 모르겠다. 그곳에 가면 해답을 찾을 수 있을까?

난 해외 네팔이나 캄보디아, 필리핀 중 한 곳에 작은 학교를 만들어 운영하고 싶다. 아이들에게 넌 참 좋은 사람이고 너로 인해 많은 사람이 행복하다는 것을 알려주고 싶다. 아이가 희망이라는 것을. 그곳에서 나도 행복하게 살고 싶다. 그러기 위해서는 어떤 학교가 좋은지, 그곳을 채울 철학과 나 자신을 좀 더 알아야 한다. 이제 한 발씩 내디디면 되는 것이다.

전국에서 300명의 교사가 조금은 다른, 또 같은 고민으로 모인 자리라 좋았다. 같은 에너지를 느끼며 동감할 수 있었다. 그러나 '이 나이가 되도록 무엇을 했나' 하는 생각도 여전하다. 다행인 것은 찌질하고 쪽 팔리지만, 한 발 내디딜 수 있을 것 같은 용기를 얻은 것이다. 그것이 가장 큰 수확이다.

또 버려야 할 것들에 대한 생각 나눔 활동을 정리하여 즉석에서 밴드로 투표를 실시하는 순발력. 나도 학급에서 바로 실천 가능함을 일깨워주었다. '버릴 것들'을 고민하며 더 좋았던 것은 버린 후 그 자리를 채울 대안을 더 깊이 고민해보는 시간이었다. 그러면서 버릴 것에 대한 고민을 더 깊게 할 수 있었다. 내 학급에서도 학교에서도 버리고 채울 것을 찾아 다이어트가 곧 시작될 것이다. 운영진 모두와 모인 모든 선생님께 감사하다. 파이팅!

나는 우리 아이들과 함께
무엇을 할 수 있을까?

김아람(구미 남계초 교사)

각자 나름의 철학을 가지고 '교육'에 대한 책을 쓰신 선생님들을 중심으로 전국에서 300분 정도의 선생님이 모여 교육에 대해 듣고, 이야기 나누는 시간. 생각보다 더 어마어마하고, 더 재미있고, 더 의미 있는 하루였다.

여섯 선생님의 이야기를 듣는데, 마치 콘서트장에 온 느낌이었다. 함께한 선생님께서 "가수는 노래를 하고, 화가는 그림을 그려 자신을 표현하는 것처럼 교사는 '수업'을 통해 자신을 표현하는 게 아닐까?" 하고 말씀하셨다. 동감이다.

무엇보다 가장 기억에 남는 이야기는, '나의 가장 큰 감시자는 나', '용기는 가장 찌질할 때 나온다, 솔루션은 이미 내가 갖고 있다'와 '가지고 있는 것이 없어야 다시 새로운 것을 만든다(나눔)'이다.

이야기해주시는 선생님들 모두 수업이나 학교생활뿐만 아니라 자신의 인생에 책임을 갖고 당당하게 마주하고 있다는 느낌을 받았지만, 무엇보다도 그 모든 것을 '즐기고' 있다는 것이 참 인상적이었다. 이 세상에 자신의 삶을 즐기며 당당하게 내세울 수 있는 사람이 얼마나 될까.

전국 각지에서 모여든, 반짝반짝한 눈빛과 얼굴 한가득 미소를 머금고 있던 전국의 선생님 모두 자기 자신에게 당당해지고 싶어서, 학생들과 함께하는 시간을 즐기고 싶어서, 그래서 모두 행복해지고 싶어서 모여들었겠지.

아, 좋다. 좋은 이야기를 잔뜩 듣고 내가 혼자가 아니라는 것도 알았으니, 이제 고민을 시작해야지. 내가 좋아하는 것, 가장 잘할 수 있는 것은 무엇일까. 난 우리 아이들과 함께 무엇을 할 수 있을까.

나만 그런 게 아니었구나!

양선미(세종 연서초 교사)

7월 11일, 내가 있는 이곳 세종의 온빛초에서 혁신 대가들과 교사들의 수다가 열렸다. 세종형 혁신학교를 처음 시작하면서 여러 가지 갈등을 겪고 있는 상황이라 신청해놓고도 망설였다. 하지만 수요일밴드의 현장감 있는 노래들이 열어준 이 자리에서 내가 들은 메시지는 '그래, 오길 잘했어'였다. 즉석에서 만들어진 모둠끼리 둘러앉아 이야기를 나눠보니 전국 각지에서 모인 열 명의 선생님이 처한 상황이 크게 다르지 않았다. '그렇구나. 나만 그런 게 아니었어.'

교육활동을 저해하는 요소로 가장 심각하게 고민했던 관리자. 버리고 싶었으나 무조건 버린다고 해결될 일이 아니라는 걸 알게 되었다. 서로 이해하며 교육의 본질 찾기를 위해서 소통으로 채우면서 함께 성장해나가야 한다. 아프리카의 우분투Ubuntu처럼 머리 맞대고 해결하고자 하는 노력, 그것이 필요한 것이었다. 그랬다. 어느 한쪽만이 옳고 그름은 없다. 학급운영 하면서 늘 되새기던 '꼭 같은 것보다 다른 것이 좋아'라는 글귀를 가끔 잊는다. 사람은 누구나 다를 수밖에 없는 것을….

몇 명의 번개 제안으로 시작되어 300여 명이 함께한 이 하루의 감흥을 새겨두고 다시 한 번 나를 단련해야겠다. 아이들을 위해 교육의 본질을 살릴 수 있도록, 교사의 전문성과 교사로서의 효능감을 스스로 높일 수 있도록, 그래서 모두가 행복할 수 있도록 더 용기 있게 살아야겠다.

이야기하고 싶다. 나누고 싶다

천경호(경기 안산 대월초)

7월 11일 새벽. 세종시를 한달음에 달려가 누가 시키지도 않은 일(의자 정리, 주차 안내 등)을 하면서 가슴이 계속 두근거렸다. 주차 안내를 하면서 모여드는 여러 선생님과 인사를 나누었다. 그러면서 내내 그분들의 눈빛에서 읽었던 두 가지가 있다.

'교육을 이야기하고 싶다, 생각을 나누고 싶다.'

교육이란 인간을 인간답게 만드는 데 목적이 있다. 그런 의미에서 6명의 강연자 선생님과 정유진, 정성식 선생님의 이야기는 여기에 맥이 닿아 있었다. 그래서 반가웠다. 또한, 교직 생활 십수 년간 다녀본 그 어떤 연수보다 진지하고, 적극적인 태도로 깊이 공감하고, 생각을 나누는 선생님들의 모습에 나 자신을 더 돌아보는 계기가 되었다.

이날의 만남은 기다리고, 만나고, 헤어져도 가슴 한편에 설렘과 두근거림이 있다. 그 이유가 무엇일까? 아마도 같은 꿈을 꾸는 사람을 만났다는 것, 그 꿈을 이루기 위해 같이 노력하는 이들을 만났다는 것 그리고 그 꿈이 정말 이뤄질 것 같아서가 아닐까? 그 날 모인 우리는 생텍쥐페리가 말한 것처럼 같은 곳을 바라보는 사랑을 하게 된 것은 아닐까? 세상 모든 아이의 행복을 바라는… 사랑을 말이다. 내가 그 사랑이 더 깊어질 다음 모임을 기다리는 이유는 바로 이 때문이다.

— ♣ —

나로부터 시작하는 중심 잡기 그리고 연대

차진희(청주 서현초 교사)

나는 왜 이 연수를 기다렸는가? 교사 3년, 이대로 계속 교사로 살 수 있을까? 답답함이 마음에 차온다. 즐거운 수업, 행복한 교실을 만들고자 했으나 교과서 진도 나가기, 일률적인 수행평가지 돌려 채점하기, 돌봄 관리까지 쉴 틈이 없다. 뭐든 창조적인 것은 여유가 있어야 가능한데, 자세히 봐야 사랑스럽다는 꽃처럼 하나하나 오래 들여다보아야 알 수 있는 아이들, 그 아이들을 들여다볼 시간이 절대 부족하다.

게다가 군대 조직 같은 학교. '별' 단 장군 같은 교장 선생님 밑에, 별 달려고 목 빼고 계신 교감 선생님 밑에, 수행비서 같은 부장님들. 저분들은 학교가 즐거울까?

그렇게 세종에 왔다. 벌써 열기가 뜨겁다. 역시 자발적인 모임이라 분위기가 다르다. '교사는 소비할 권리만 있는가?' 일갈하신 권재원 선생님, '교과서 재구성을 넘어 교육과정 개발을 현장 교사가 하자'는 이윤미 선생님, '열정의 수업 시간' 연극 구민정 선생님, '남들은 내게 별 관심 없다' 용기 차승민 선생님, '교실 간 벽을 넘는 손잡기' 위로 김성효 선생님, 『교사동감』의 작가이자 페이스북 친구인 김차명 선생님. 면면이 너무 훌륭하신 분들이면서 마음에 용기와 자극이 되었다.

그리고 권재원 선생님과의 문답 시간. 우리 교사들이 이 답답한 교육 현실을 어떻게 떨치고 나갈까, 그 한 걸음을 어떻게 내디뎌야 할까? 물음표를 안고 돌아왔다. 그리고 조별 모임, 각 지역 각 학교의 현실을 듣고 공감하는 시간이었다.

그래서 나 오늘부터 뭐하지? 부흥회 참석하고 그 약발은 길면 한 달이다. 나 뭐하지? 바로 공부하기로 한다. 그동안 한탄만 했지 공부 안 한 걸 절감해서 권재원 선생님의 책을 주문한다.

그리고 이제 '연대'라는 장기목표를 잡는다. 내가 아직 부족해서 중심 잡기가 필요하다. 그래서 '실천!' 아이들을 오래 들여다보며 교육내용 및 방법까지 고민해보려 한다.

나는 어떤 교사일까?

안화용(대구 대덕초 교사)

지난 7월 11일, 세종시 온빛초등학교를 찾았다. 선생님들의 다채로운 강연을 들으며 수많은 질문을 스스로 묻고 또 답하다 보니 어느새 하루

일정이 끝나있었던 것이 떠오른다. 그리고 나는 스스로에게 던졌던 수 많은 질문을 지금도, 그리고 앞으로도 마음속 깊이 간직하며 살아가려 한다.

그중 가장 내 마음을 관통했던 질문은 '나는 어떤 교사일까?'였다. 이 질문에 스스로 대답하기 위해 끝없는 고민을 시작했다. '학교에서 중간 만 하자, 튀지 말자.' 이런 안일한 생각으로 지내온 내게 온빛초 강연은 방향을 제시해줬다.

그 날을 기점으로 나는 이 세상에 둘도 없는 '괴물 교사'가 되고 싶어 졌다. 좋아하는 취미를 학생들과 함께하며 교육과정을 마주하고 싶어졌 다. 우리 반 아이들, 우리 학교 선생님들과 마음으로 소통하고 동감하는 진짜 선생님이 되고 싶어졌다. 참 하고 싶은 것도, 되고 싶은 것도 많아 졌다. 되고 싶은 것이 참 많았던 어린 시절로 돌아간 기분이다. 행복한 욕심쟁이가 되어버린 지난 7월 11일은 내 교직 인생의 큰 반환점이 되 었다. 준비하고 운영해주신 선생님들께 참 감사드린다.

2부에서 정성식 선생님이 나를 포함한 300여 명의 선생님에게 던져주 신 '학교에서 사라져야 할 것들'이라는 화두를 잊을 수가 없다.

큰 감동을 받고 집으로 돌아가는 길에 나는 학교에 당연히 있어야 할 것은 무엇인지 생각해보았다. 오래 걸리지 않아 내가 생각해낸 답은 '학 생'이었다. 학생이 없으면 교사도 없을 테니 말이다.

걱정만 하며 교직 생활을 보내온 내게 교사로서의 행복한 고민을 하 게 해준 이번 강연이 앞으로도 쭉 이어지길 진심으로 기원한다.

교사들의 마음을 흔들고
고민의 화두를 던져준 7.11

김현진(세종 아름초 교사)

세종에 손님들이 오신단다. 세종인으로서 손님 맞을 준비를 하려고 자원봉사를 신청했고 교통봉사에 당첨됐다. 자원봉사일 뿐인데 함께한다는 기쁨에 8시에 온빛초로 달려갔다. 300명이 앉을 의자를 깔았다. 사회를 보실 정유진 선생님도, 현장감독하신 차승민 선생님도, 우상균 세종교육연구원 연구사님도, 영상을 촬영할 에듀니티 박종서 님도, 각지에서 달려온 자원봉사자들도 등에 땀 자국 내가며 손님 맞을 준비에 여념이 없었다. 손님 오실 시간이 되어 주차장으로 내려갔다. 새벽부터 먼 길 달려오셨을 그 마음 생각하며 기쁘게 맞아주고 안내했다. 내가 간밤에 설렜던 것처럼 여기 모인 선생님들의 마음도 그러했으리라.

10시, 수요일밴드의 노래가 시작되었다. 박대현 선생님의 썸 타는 호루라기 소리에 빵 터진 수요일밴드의 공연은 '나쁜 선생님'이 될 수밖에 없는 현실을 노래에 담아내 줬다. 300석을 꽉꽉 채운 선생님들을 보면서 '무엇이 이분들을 이곳에 모이게 했는가?'를 생각하며 벅차올랐다. 그건 오늘 모인 강연자들이 '어벤져스' 군단이기도 하거니와 '교사가 만들어가는 교육 이야기'라는 모임의 제목처럼 우리의 이야기를 풀어놓고자 한 열망이었다고 생각한다.

첫 강연인 권재원 선생님의 '학교 괴물'은 모인 이들에게 변화의 자극을 주기에 충분했고, 그럼 주체적으로 교육과정은 어떻게 재구성해야 하는지 이윤미 선생님이 알려주셨다. 구민정 선생님은 연극이 교실에서 어떻게 삶이 되는지를 짧은 시간에 보여주셨다. 김차명 선생님은 젊은 나이에 성숙한 마인드로 모든 소스를 오픈하며 비워야 채울 수 있다는 용기를 가르쳐주었다. 꼭 참쌤스쿨의 노예가 되겠어!

'와플 굽는 미녀' 김성효 선생님은 자신의 힘겨웠던 과거 이야기로 후배 교사들에게 '괜찮다'며 위로를 해주었다. 마지막으로 정겨운 차승민 선생님은 교실에서 영화 보기를 했지만, 망보느라 아이들과 영화를 보지 못한 흑역사를 말씀하시며 "아무도 쌤한테 관심이 없어요. 하고 싶은 일을 하세요. 한발만 더 디디면 돼요"라며 우리에게 용기를 주었다.

만나고 싶었던 분들을 가까이에서 보고 이야기를 들을 수 있었던 건 정유진 선생님의 특별한 직무연수 기획 덕분이었다. 감사드린다.

'도시락쯤이겠거니' 예상했던 점심은 감사하게도 후식이 겸비된 밥차였고 온기 있는 밥을 먹어 마음이 더욱 넉넉해졌다.

오후에는 작가별로 섹션을 나누어 만남의 시간을 갖게 해주어 평소에 궁금하던 이야기를 나누었고, 전국의 선생님들과 조별 모임을 하며 교육에서 덜어내야 할 것과 채울 것을 함께 논의했다.

국회의원들은 왜 국정감사 때만 자료를 수집하는지, 왜 항상 긴급을 붙이는지, 정보공시는 들어가 보지도 않는지, 라며 국회의원 보고자료를 덜어낼 것으로 꼽았고, 우리가 성과급 때문에 전문성이 높아지거나 연수를 더 받고자 한 적이 있었는가에 '아니라'는 응답이 많았고 성과급은 덜어내야 한다는 것에 의견을 모았다. 타운 홀 미팅 방식의 전체 발표와 밴드 투표를 이용해서 우리의 의견을 모았다.

'그럼 덜어낸 자리에는 무엇을 채울 것인가?'라는 질문에는 '공동체'

가 있었다. 아이들의 삶을 채우고 공동체의 관계를 채우고 마을의 나눔을 채우면 되는 것이었다. 그리하여 살아있는 학교를 만들자고 조원들의 의견을 모으고는 뿌듯해 했다.

학교에 대한 고민을 외부 전문가들은 참 자주 하고 글도 올린다. 학교에 몸담고 있는 내부 전문가인 우리도 학교의 전체적인 시스템을 고민해보아야 하지 않을까 생각하게 되었고, 우리 학교 구성원들과 나누고 싶은 마음이 들었다.

교사들의 마음을 흔들고 고민의 화두를 던져준 것이 7.11이라면 10.31은 솔루션을 생각할 수 있는 자리가 될 수 있기를 기대해본다.

교육의 변화는 아래로부터

김동현(의정부 배영초 교사)

맨 처음 이 모임을 찾아간 이유는 단순했다. 작년 신규로 발령이 나면서 6학년 담임을 하게 되었는데 나에게는 너무나도 힘든 시간이었다. 교대에 다니면서 고민한 4년의 생각들이 와르르 무너지는 것을 경험했고, 이리저리 뛰는 아이들을 보며 '그만두어야 하나' 생각했다. 하지만 이대로 그만둘 수는 없어 그때부터 여러 연수와 책을 보기 시작했다. 학급은 어떻게 세워야 하며, 학급 경영은 어떻게 하며, 아이들을 훈육을 할 때는 어떻게 해야 하는지 공부했다. 이론적 지식으로 배운 4년보다 실천적 경험으로 배운 1년이 나에게는 더 큰 성장의 시간이었다. 그리고 때마침 내가 접했던 분들이 주를 이루는 교사 모임이 열려 참석하게 되었다.

무더위 속에도 먼 세종까지 전국 방방곡곡에서 찾아온 선생님들의 열정을 볼 수 있었다. 그리고 그 누구도 강제하지 않은 자발성. 시작부터 끝까지 여러 가지 방면에서 힘써주신 분들의 모습도 감동이었다. 그리고 강연을 하시는 분들의 말씀을 들으며 학교에서 몸소 실천하며 경험하신 소중한 경험을 나눠주심에 너무 감사했다. 제일 마음에 와 닿았던 부분은 차승민 선생님의 "용기 내서 그냥 해보라"는 말씀이었다. 생각과 고민만 많던 나에게는 '유레카' 같은 힘이 되는 말이었다. 답은 알고 있는 것이고 하면 된다는 것. 그리고 그 누구의 시선도 의식하지 않아도 된다는 것. 나에게 참 많은 용기를 주신 말씀이었다.

오후 시간에 이어진 조모임도 전국 각지의 선생님들의 학교 사정에 대해 같이 나누고 고민하는 시간이어서 좋았다. 많은 부분이 개선되어 정말 잘 운영되는 학교도 있었고, 아직도 옛것에서 벗어나지 못해 무의미한 활동을 하는 학교도 있었다. 이런 나눔의 장을 통해서 내 학교가 어떤지를 생각해보고 좀 더 나은 방향으로 가려면 어떻게 해야 하는지 고민할 수 있는 시간이었다.

가장 크게 느낀 것은 교육의 변화는 어떤 정책이 결정되어 위에서부터 아래로 진행되는 개혁으로는 대부분 실패할 수밖에 없다는 점이다. 현장의 전문가인 교사 한 사람 한 사람의 노력을 통해 아래에서부터 변화의 필요성을 느끼고 스스로 변화하며 그것이 정책으로 올라가서 지원을 받아야 정상적인 교육의 변화의 흐름이 될 수 있다는 것이다. 그리고 가장 중요한 것은 무엇을 하든지 그 중심에 '우리 아이들'을 놓고 생각해야 한다는 점이다. 이러한 것들을 느낄 수 있음에 감사하며, 이런 크고 작은 모임들이 활성화되어 앞으로 변화될 우리나라의 교육을 기대해본다.

더 이상 외눈박이가 아닌,
아니 외눈박이여도 좋을 용기

문정표(광주 큰별초 교사)

 7월 11일 아침, 온빛초등학교 강당, 행사 전의 모습은 여타의 연수 시작 전의 모습과 비슷했다. 몇 분은 준비를 돕고 있었고, 안면이 있는 분들은 인사를 나누고 스마트폰을 보거나, 생각에 빠져있었다. 여기 모인 사람들은 무슨 생각을 하고 있을까? 휴일을 반납하고 세종시 시민 이외에는 교통도 만만치 않은 이곳에, 이 수많은 사람은 무엇을 위해 여기에 왔을까? 그리고 나는 왜 왔을까?

 일명 '괴물과 고물', 이 모임의 시작은 권재원 선생님의 북 콘서트였다.『학교라는 괴물』속에 담은 교육과 자신에 관해 이야기했다. 더 다양한 대화를 위해 온빛초 행사가 제안되었고 기획되었다. 그 후 온빛초에 모이는 과정은 상상을 초월했다. 페이스북의 타임라인이 폭주하고 길어지는 논의는 밴드로 이어졌으며 100명, 200명, 300명까지 늘어난 밴드는 가입인사로 쉴 틈 없이 '딩동'거렸다.

 온빛초 강당에 앉아 진행되는 강의와 활동을 보며 이번 북 콘서트 이전의 더 작은 모임이 떠올랐다. 차승민 선생님의 제안으로 이뤄진 작은 모임은 SNS에서만 보던 친구들의 모임이었다. 대부분 학교와 교실에서 나름 자신의 세계를 구축하고 열정을 다하는 분들이었다. 그렇지만 현재의 학교에서 열정을 다한다는 것이 너무나 일방적인 의미를 갖는 현실의 어려움에 대해 이야기했고 서로 선한 영향을 주고받기를 원했다.

　작은 동네 공부방에 앉아 다른 이의 이야기를 들으며, 우리는 너무도 쉽게 자신의 상처를 드러냈고, 고민을 나누었다. 그러면서 안주하지 않고 변화하는 것에 대한 작은 용기와 자신만의 길을 가도 괜찮겠다는 생각을 갖게 되었다. 더 이상 외눈박이가 아닌, 아니 외눈박이여도 좋을 용기를 떠올리게 되었다. 변화하는 아이들과 함께 변화해야 한다는 것을 누구보다도 학교와 교실에서 잘 느끼고 있었기에, 나와 함께할 사람, 또 내가 그르지 않다는 것을 확인할 필요가 있었던 것이다.

　온빛초 강당에서 이뤄진 토의는 나의 그러한 마음이 나만의 고민이 아니었다는 것을 참석한 모든 이가 확인하는 계기가 되었을 것이다. 느끼고 깨닫는 데 차이가 있을지라도 변화하려는 마음, 아이들과 학교와 교육의 변화를 느끼고 스스로 변화하려는 마음을 가진 사람이 나 혼자만은 아니며, 외롭지 않을 것이기에 용기를 낼 수 있다는 것을 확인한 것이다.

　"용기는 모든 도덕 중 최고의 미덕이다. 용기만이 공포와 유혹과 나태를 물리칠 수 있다"는 고 김대중 대통령의 말씀처럼, 여러 여건을 제쳐놓고 온빛초로 향했던 내 작은 용기가 비록 작고 또 작은 것이라 할지라도 내가 변화를 바라고 있고 스스로 변화하려는 용기가 있음을 확인시켜주었다. 한 문장의 글이라도 나누며, 내가 가는 길을 다시 돌아보며, 주변과 연대하며, 학교와 교육 현장을 바꾸려는 움직임은 이제 싹을 틔우기 시작할 것이다. 책을 한 권 더 사서 읽고, 공청회에 한 번 참여해보고, 서명을 하며, 내 아이들이 행복해지도록 노력하는 여러 사람의 작은 용기가 계속 번져갈 것이라 믿는다.

대박 같은 하루를 보낸 7.11

임정인(창원 양덕초 교사)

작년 하반기부터 교직 생활에 회의감도 느끼고 뭔가 많이 지친다는 느낌을 받았다. 그리고 올해 처음으로 학교를 옮기고 한 학기 동안 참 많이 마음이 상하고 힘들었다. 6학년 담임 3년 차. 익숙해지기보다는 매년 사춘기가 더 빨라지는 아이들 때문에 참 많이 고민되고, 새로 옮긴 학교의 문화에 적응하느라 마음이 쓰여서 몸도 마음도 참 고된 하루들이었다. 그래서 혼자 책도 읽어보고 선배 선생님들을 만나서 조언도 듣고 하던 차에 페이스북의 게시물을 통해서 세종에서 '교사가 만들어가는 교육 이야기' 모임이 열린다는 소식을 접했다. 처음에는 혼자 가려고 하니 막막하고 용기도 안 났는데, 때마침 같이할 친구를 만나서 좋은 기회를 가질 수 있었다.

생전 처음 와보는 도시인 세종시. 낯선 도시 한가운데에서 온빛초등학교 강당에 처음 들어서는 순간, 그냥 이곳에 있다는 것만으로도 마음이 편안해졌다. 처음 보는 선생님들인데도 비슷한 생각으로 모였을 거란 생각에 내 편이 생긴 것 같은 기분도 들었다. 7월 11일 토요일 하루를 한 마디로 표현하자면 '대박'이다. 오지 않았더라면 어땠을까 싶으면서 정말 오기 잘했다는 생각이 딱 들었다.

오전 강의 동안 내 머릿속은 강사분들이 정말 대단하다는 생각으로 가득했다. 수요일밴드의 재치 있는 노래로 시작해서 마냥 즐겁다가 권재원 선생님의 카리스마 있는 강의에 정신이 번쩍 들었다. 특히 가장 와 닿았던 건 차승민, 김성효 선생님의 강의였다.

차승민 선생님의 영화수업은 내가 평소에도 많이 고민하는 부분이었다. 영화를 매우 좋아해서 아이들에게도 교과와 관련된 영화를 보여주곤 하는데, 요즘은 그마저도 눈치가 많이 보인다 생각하던 참이었다. 근데 선생님이 계속하신 "아무도 신경 안 써요"라는 말이 어찌나 위로가 되던지. 특히 같은 지역의 선생님이라서 더 친근감도 들고 좋았다. 그리고 내가 의지가 있고, 목표가 있다면 수업 중에 영화를 나누는 일도 우리 아이들에게 도움이 될 거라는 생각이 들었다. 참 감사하다.

그리고 김성효 선생님은 참 아름다우셨다. 미모의 선생님께서 이야기해주신 학교생활 중에 겪은 어려웠던 일들, 들으면서 나도 속으로 눈물이 왈칵 날 뻔했다. 본인의 이야기를 하시는 건데 그 이야기가 내 마음을 어루만져주는 것 같았다. 특히나 옆 반과 우리 반의 벽이 높다는 이야기에 정말 공감했고, 남이 손 내밀기를 기다리기 전에 내가 먼저 손을 내밀어야겠다는 생각도 했다. 김성효 선생님께도 참 감사하다.

그리고 '참쌤'은 너무나도 내가 범접할 수 없는 솜씨를 가지셔서 부러웠다. 요즘 말로 '금손'이라는 말이 딱 맞는 멋진 김차명 선생님.

오후에는 조를 이루어 여러 선생님의 마음속 이야기를 들어보고 내 이야기도 나누었는데, 이 시간이 정말 좋았다. 처음에는 머뭇머뭇 무슨 이야기를 해야 하나 하던 우리는 나눠준 전지의 공간이 부족할 정도로 많은 이야기를 쏟아냈고, 그런 시간 속에서 다른 지역 선생님들의 이야기도 들을 수 있어 신기하고 재미있었다. 그리고 지역마다 교단 분위기가 사뭇 다르구나 하는 것도 새삼 느꼈다. 특히 우리가 나누었던 이야기 중에서 학교마다 문화가 너무 크게 다르고, 그에 따라 교사들이 겪는 어려움도 많다는 걸, 함께 느끼고 있다는 걸 알게 되었다. 마지막에 투표를 통해서 순위를 매기고 "없어져라!" 하고 크게 외칠 때 진짜 그 모든 것이 사라져버릴 것 같은 후련함을 느꼈다. 운이 좋아 추첨에서 정성식 선생님의 책을 선물 받은 것도 기억에 남는다.

저녁으로 이어진 모임에서도 선생님들과 또 많은 이야기를 나누었는데, 그때가 참 꿈만 같다. 강의를 해주신 선생님들과 가까이서 이야기 나누고, 다음을 기약할 수 있다는 것이, 그리고 내가 그냥 재밌게 이야기를 하는 그 속에서 나의 재능을 발견해주시는 선생님이 있다는 것이…. 10월에 또 가고 싶다. 비슷한 마음을 가진 우리가 모여 앞으로 만들어나갈 이야기가 더 궁금해진다.

─ ▲ ─

갈 길은 멀지만, 이젠 외롭지 않고 주저하지 않을 용기를 얻다

이연주(청주 비봉초 교사)

엘리자가 말했어요.
"세상은 생각대로 되지 않는다고
하지만 생각대로 되지 않는다는 건 정말 멋지네요!
생각지도 못했던 일이 일어나는 걸요."
('빨간 머리 앤' 중에서)

앤의 말대로 세상에는 생각대로 되지 않았기에 생각지도 못한 일이 일어나기도 한다. 내게 그런 일이 일어났다. 바로 그날, 세종 온빛초에서 말이다.

함께 울고 웃던 모든 분이 어느 정도 같은 맘이었을지 충분히 공감했다. 심장 떨림까지 고스란히 전해오는 숨 고르며 쓴 교사로서의 고해성사(?) 또는 희망과 설렘, 용기가 가득한 자신과의 다짐들을 보면서 정작 나는 후기 작성을 바로 할 수가 없었다. 기적적인 연수를 마치고 돌아온 날부터 며칠은 깊은 고민과 마주해야 했기 때문이다. 그동안 나름 비교적 열심히 교직의 이상목표를 설정하고 이를 위해 아이들과 동료 또는 후배 교사들과 좋은 관계로 살아보겠다는 생각이 한동안 흔들렸다.

그렇다고 나 자신이 초라하거나 부족해 보여서는 아니다. 16년 차 교사로서의 현재 내 모습뿐만이 아니라, 있는 그대로의 나 자신을 다시 돌아보게 되었고, 기쁨과 아픔의 추억, 두려움, 또다시 용기를 얻기까지 시간이 필요했다.

사실, 기존의 우수사례발표 형식이 아닌 이렇게 멋진 자발적인 연수에 나 스스로 참여해본 것이 처음이었다. 더욱이, 이 마술쇼 같은 일이 일어나기까지, SNS로 소통했다는 사실보다, 전국 각지에서 그 이른 시간에 모일 수 있었다는 것이 기적이었다. 결국, 모든 것은 마음이라는 것…. 마음을 내었기에 습한 날씨 휴일을 반납할 수 있었고, 같은 마음을 확인해서 외롭고 싶지 않았기에 전날부터 숙식하며 그날을 기다려 끈적거리는 바닥에 주저앉아 서로를 토닥일 수 있었을 것이다.

세종 인근 지역에 사는 것이 미안할 만큼, 우리 11조 선생님들의 지역이 다양했다. 횡성, 포항, 광주, 대구에서 오신 선생님들… 그리고 전날부터 내려와 연수에 참가했던 자리 짝꿍지기 소중한 인연, 인천의 신혜영 선생님과 충남의 주진영 선생님.

셋만 모여도 그렇게 따지는 학교, 출신 지역, 학교급, 스타일도 다른 우리는 왜 만났을까? 나는 참으로 많이, 그들이 보고 싶었는가 보다.

지역과 학교급은 달라도 같은 교직의 길을 걸어가고 있는 공동체 안에 서지만, 엄청난 차이의 다른 생각과 각자의 이상, 주어진 현실, 묵묵히 걷다가 느껴지는 사무치는 그리움과 외로움이 내겐 있었기 때문이다. 다르면 무언가 불편해지는 조직 내에서의 무언의 채찍질이, 모든 학교생활에서 알게 모르게 큰 위압감으로 작용되었던 그 무엇인가가 버거웠던 것 같다.

대한민국의 교사가 되어 좋은 일도 많았지만, 때로는 내가 맡아 최선을 다했던 사업과 업무추진과 실적에도 불구하고 근무평정에서는 철저하게 토사구팽兎死狗烹을 당했던 설움이 북받치기도 했던 것 같다. 이젠 나 자신의 여유를 찾고 환히 웃는다. 학교 현장에서 보이는 것만이 인생의 전부는 아니니까….

수요일밴드의 속 깊은 음악과 강사로 자청하셨던 '괴물샘' 들의 15분 강의!

차승민 선생님의 '쫄지 마라'는 이야기를 하기까지 얼마나 많은 쫄림과 수고가 있었을지, 김차명 선생님의 '손에 든 것이 없어야 다시 창조할 수 있음'을 이야기하기까지 내 것을 얼마나 내주어야 했을지, 자신이 5학년 때 받은 상처를 교사가 되어 5학년 담임을 내리 몇 년 하면서 자신의 상처를 치유했다고 고백한 정유진 선생님의 이야기에 가슴이 찡했다. 또 김성효 선생님은 교사로서 자신의 아픔과 상처를 아무렇지 않게 말하고 반응하는 학부모를 보며 송곳 같은 속울음을 얼마나 많이 토해내야 했을지 상상하며 마음속으로 울었다.

몇 분이 마이크를 잡았지만 짐작건대 그날 강사는 우리 모두였고, 우리의 이야기였다. 330명 우리의 이야기는 지금껏 내가 들었던 최고의 마음의 울림으로 자리했다.

마시멜로를 먹지 않고 참고 기다리면 더 큰 보상이 주어진다고 세팅이 되어있던 걸까? 그동안 그렇게 만나기 위해 열심히 살아온 나 자신에게 주는 보상 같은 날이라고 생각이 들었다.

다시금 스르르 눈 녹듯이 녹아내리던 마음을 다시 꺼내어본다. 정책, 교육과정, 학교 현장, 우리…. 모두 행복한 교육을 지향하고 변화해야 한다고 하지만, 정작 그 순간이 되면 변화를 거부하거나 거북스러워한다. 내가 해도 변하지 않을 것이니 나서면 당사자만 일 폭탄을 맞게 되었던 것도 그 이유일 것이다. 그럼에도 불구하고 변화는 이미 시작되었다. 각 시·도교육청에서 그리고 우리 '괴물' 선생님들이 계시는 지금 그 자리에서 말이다.

내 마음에 불을 켜니 속속들이 환해짐을 느꼈다. 상황이 맞을 때는 언제든 타시도 교육청 연수에도 창피해 하지 않고 명강사 샘들의 강의를 청강할 수 있는 용기가 생겨 실행에 옮겼다. 그만큼 소중한 연대와 인연을 또 이어가게 되었다. 또, 같은 학교 동료와 즐겁게 소통할 수 있도록 운동 동아리를 함께 시작했고, 아이들과 문화예술 소통과 봉사 그리고 자신감을 얻을 수 있는 플랜을 짰다.

무엇보다도, 감사한 일이 있다. 좋은 인연과 평화를 얻기를 내내 기도했던 마음이 이루어져서, 2학기에 민주적 학교경영관과 교사를 뒤에서 한껏 지원하겠다는 따뜻한 마음을 가지신 새 교장 선생님이 부임해 오셨기 때문이다.

갈 길은 멀지만, 이젠 외롭지 않고 주저하지 않을 용기, 그리고 어떤 상황에서든 '그럴 수 있어'의 여유까지 더해져서 설레기만 한다. 2015년 7월 11일 온빛초에서 함께한 우리는 역사를 만드는 중요한 선상에 있었음을 깨닫는다. 그리고 그 기적은 모두 함께 만드는 책으로 이어지고 있다. 감사하다.

공감과 동감을 선생님들과 함께하고자 한다

우상균(세종교육연수원 연구사)

2015년 7월 11일 '교사가 만들어가는 교육 이야기'에 어떤 의미를 담을 수 있을까?

전문직 시험을 치르고 3월 본청에서 일하겠거니 했는데 교육연구사로 발령이 났다. 시험을 보기 전에도 세종에는 교육연구사가 한 명도 없었기에 장학사로 일하겠거니 했다. 그런데 3월 임명장에 교육연구사 발령. 연수센터 조직개편으로 교원 연수를 맡기기 위해 연구사 4명이 발령받았다. 세종교육청 제1호 교육연구사인 샘이다. 엄청나게 무거운 부담감이 밀려 왔다.

연수를 고민하던 중에 정유진 선생님의 이름을 처음 듣게 되었고, 그분의 교육 현장에서의 실천이 얼마나 많은 선생님에게 영향을 주고 있는지 확인할 수 있었다. 고민 끝에 정유진 선생님과 만났고, 교사 연수와 관련해 많은 이야기를 나누었다. 함께 실천하고 나가야 할 방향에 대해 많은 공감을 했고 자연스레 일을 꾸미게 되었다. 1정 연수, 초임기, 성숙기 연수….

예전에 정유진 선생님 페이스북에서 교육 관련 책을 쓴 작가들의 모임을 본 적이 있었고, 그 모임에 가보고 싶은 마음은 있었지만, 발령받고 한참 정신이 없었던 시기라 엄두를 못 냈다. 정유진 선생님과 헤어지고 얼마 지나지 않아서 저자들의 다음 모임을 세종에서 하면 어떻겠냐고 의견을 물어 왔다. 왜 이리 반갑던지. 서울에서의 모임은 가지 못했는데, 세종에서 한꺼번에 많은 저자 선생님을 볼 수 있다는 기대감에 선뜻 연구원을 모임 장소로 내주겠노라 약속했다.

이후 정유진 선생님과 함께 페이스북에서만 볼 수 있었던 정성식, 차승민 선생님과 에듀니티 팀을 만났고, 어떤 방법으로 도울 수 있을지 많은 생각을 했다. 행사 준비를 함에 무보수로 헌신하시는 저 훌륭한 선생님들께 강사비, 교통비, 원고료 정도는 도움을 줄 수 있지 않을까? 그런데 그러려면 이번 모임을 제도권 내로 가져와야 하는 모순이 생겼다. '교사가 만들어가는 교육 이야기'가 어떤 단체나 기관이 아니라, 교사들의 자발적인 힘으로 시작된 것이기에 선뜻 제안할 수 없었다. 그래서 말을 꺼내보지도 못하고 세종교육연구원에서 하게 되면, 뭐가 될지는 모르지만 최대한 지원을 하겠다는 막연한 사명감(?)으로 그들과 만남을 계속 이어갔다.

에듀니티가 가세하면서 점점 판이 더 커지고, 장소도 온빛초등학교로 변경되고, 김차명 선생님의 교육 이야기 포스터도 만들어지고. SNS와 지인들의 연락을 통해 300여 명이 모집되었다. 순식간에 일이 진행되는 것을 보며, 뭔지 모를 긴장감과 교육에 대한 희망, 선생님들의 애절함 등이 행사 전부터 느껴지기 시작했다. 그리고 마침내 울산을 제외한 모든 시도에서 참여한 기록적인 교사이야기가 되었다.

오전 1부 수요일밴드의 축하 공연과 책을 쓴 저자들의 15분 강연, 점심 먹고 각 교실에서의 저자와의 만남, 오후 2부 수요일밴드의 공연과 함께 정성식 선생님의 진행으로 시작된 본격적인 교육 이야기.

나도 한 사람의 참가자로 모둠 활동에 참여해서 각지에서 온 선생님들과 이야기를 나누었다. 모두 교육 현장에서 힘들게 살아가고 있고, 그렇게 살아가야 하는 자신의 모습에 답답해하는 가운데 이번 연수에 참석하게 되었다는 이야기 속에서 앞으로 우리가 만들어가야 하는 교육을 함께 생각할 수 있었다. 교실에서 혼자 고민하고 혼자 절망하는 선생님들, 외로운 선생님들을 만날 수 있었다. 얼마 전까지 학교에서 교실에서 힘들어하던 내 모습을 선생님들에게서 볼 수 있었다.

'교사가 만들어가는 교육 이야기'는 교육연구사로서 내가 무엇을 해야 하는지 많은 생각을 하게 해주었다. 이 글을 쓰는 지금도 어떤 연수로 현장의 선생님들과 만남을 가질지 고민하고 있다. '교사가 만들어가는 교사의 이야기'를 통해 알게 된 많은 선생님, 그리고 이제는 호형호제하는 선생님들의 생각과 열정을 함께 공유하려고 한다. 김차명 선생님이 전해준 공감과 동감을 선생님들과 함께하고자 한다. 직무 연수 하나하나에 현장 선생님들의 생각과 실천을 담기 위해 노력하려고 한다. 내가 기획한 연수로 선생님들의 외로움을 덜어 드리려고 한다.

나부터 변화의 한 걸음을 내디뎌 보겠다

인경화(안양 달안초 교사)

난 22년 차 초등교사다. 경남에서 6년, 경기도에서 15년 지내다 보니 어느새 그렇게 시간이 지났다. 도를 옮기고 주변에 동기나 동문이 거의 없다 보니 내 반과 내가 다니는 학교에만 신경 쓰며 살았다. 결혼과 두 아이 키우는 것에 집중하는 절대적 생계형 교사였다. 그러다 안산에서 4년을 근무하는 동안 사회적 배려를 받지 못하는 아이들을 만나며 이런 시대에 교육이란 무엇인가 조금씩 고민하기 시작했다. 그리고 지금 근무하는 안양의 혁신학교에서 지내며 교사의 자율권과 민주적 조직문화에 대해 고민하는 시간이 많아지고 있다.

혁신학교 4년 차 재지정 평가를 앞두고 학교 상황은 갈등의 연속이었다. 교육과정 재구성도 마음껏 할 수 있고, 관리자의 생각은 지시가 아니라 하나의 의견으로 간주되는 직원회의를 하며, 새 학기 준비는 방학 때 미리 하고, 아이들도 다모임 활동과 자율동아리 활동을 통해 스스로 행사와 활동을 꾸려나가는 학교라 다른 학교에 전근 가면 10년은 후퇴된 분위기에서 살게 될 거라 걱정할 만큼 혁신적인 학교에 근무하고 있지만, 학교생활은 행복하지 않았다.

특정 교육방식의 혁신학교를 만들고 싶은 생각으로 학교에 오신 분들이 주도하는 회의와 학교 분위기는 사람들을 지치게 만들었고 급기야는 밤 10시가 넘도록 교사 간 갈등 조정회의를 해야 하는 상황이었다. 그

교육방식의 철학이나 아이들의 발달단계에 맞지 않다고 미디어를 활용한 수업(컴퓨터, 영상, 녹음 자료 등)이 비판받고 체육대회 날이나 텃밭 채소로 겉절이 같은 걸 만든 특별한 날에 컵라면 파티를 하는 것도 환경과 건강에 좋지 않다고 비판받는 분위기가 이어지고 있었다. 이렇게 제재가 있다 보니 그 교육방식에 대한 이해가 적은 사람은 자기 검열을 하게 되고 그 방식을 따르고 싶지 않은 사람은 비난의 두려움을 가지게 되었다.

그런 답답한 상황을 벗어나 보고자 이리저리 찾다 찾아간 게 세종시 연수다. 밴드가 만들어지고 카풀car pool이 자율적으로 이루어지고 서로 격려하는 말이 이어지는 준비 단계에서부터 잃어버리고 있던 자율과 공동체에 대한 열망이 되살아나는 것 같았다. 마감이 되었음에도 주변 사람들에게 더 알리고 전화로 추가 참석을 읍소하면서 신이 났다.

오랜만에 새벽 기차를 타고 내린 조치원역에는 양선미 선생님께서 나와 계셨다. 처음 뵙는 건데도 어색하지 않았다. 잠시 뒤 서울에서 온 신규 중학교 선생님까지 함께 차를 타고 세종시로 출발했다. 이미 차 안에서 교육과 삶의 이야기가 풍성하게 이루어졌다.

온빛초 입구에서 자원봉사하시는 선생님과 군데군데 서 계시며 방향을 알려주시는 선생님들을 보며 대접만 받는 거 같아 미안해지기도 했다. 왠지 무슨 일이라도 해야 할 거 같아 커피포트에 물이라도 떠다 놓았다. 온빛초 강당을 꽉 채운 사람들. 교사가 이렇게 자발적인 조직이라는 걸 새삼 느꼈다. 그것도 전국에서 모였다는 게 놀라울 뿐이었다.

오전에 선생님들의 강의를 들으며 제일 먼저 느낀 건 '뭘 해도 괜찮아'라는 위로와 다독임의 손길이었다. 교사와 학생이 함께 다름이 존중되고 건전한 비판의식을 가진 민주적 소통을 하는 자율적인 사람이 되어가는

데 도움이 되는 방법이라면 뭐든 고민거리가 될 수 있고 뭐든 시도해볼 수 있어야 진정한 교육이라고 생각했던 내 생각이 틀리지 않았다고 누군가가 크게 말씀해주시는 것 같았다. 15분 정도의 짧은 시간이었지만, 그분들의 메시지에 그간의 갈증이 하나씩 해갈되는 기분이었다. 특히 차승민샘의 '쫄지 맙시다'는 내가 나에게 제일 해주고 싶은 말이었다.

정성스럽고 맛있는 점심에 또 한 번 감동받고, 강사와의 만남 시간에는 다 뵙고 싶은 욕심에 한 곳에 진득이 있지 못하고 계속 돌아다녔다.

오후 분임 토의 시간에는 나의 고민이 다른 분들과 다른 지점이라는 걸 많이 느꼈다. 다른 분들이 이야기하시는 민주적인 관리자, 교사 회의의 결정권, 학급 운영비, 투명성, 12월 학년과 업무 분장, 자율적인 교육과정 운영 등은 이미 다 되어 있는 학교에 다니니까. 그런데 행복하지 않으니 아이러니다. 다른 분들은 교육방식과 내용으로 고민하는 나를 부러워하기도 했다. 그러니까 우린 본질에 다가가 보지도 못하고 외부적 조건에 힘을 다 소진하며 살아가고 있었던 거다. 그런 점에서 난 좋은 조건에서 근무한 거지만, 사람 관계가 힘들면 나머지도 빛을 잃는다는 걸 다른 분들께 설명하기도 쉽지 않았다.

이렇게 상황이 다르고 생각이 달랐지만, 나중에 우리가 바라는 학교 모습을 발표할 때 보니 지향점은 같았다. 그래서 우린 또 만나 생각을 나누고 함께할 이유가 있는 것이다.

세종 다녀와서 전교에 수요일밴드 노래를 보냈더니 5, 6학년 교실 곳곳에서 노래가 흘러나왔다. 정말 공감한다고 했다. 하지만 그 외 교실에선 틀어지지 않았다. 이런 것도 함께 나눌 수 없다는 게 많이 아쉬웠다. 차승민 선생님의 영화수업 이야기나 김차명 선생님의 만화와 그림 이야기도 함께 나누고 싶은데 그럴 수 없다는 것도 안타깝다.

결국, 우리 학교는 혁신학교 재지정을 받지 못했다. 1년 동안 준비한 뒤 다시 평가를 받으란다. 과연 그 1년간 이 갈등 상황이 변할 수 있을지는 자신할 수 없다. 하지만 10월에 또 한 번 있을 감동의 시간을 기대하며 나부터 변화의 한 걸음을 내디뎌 보겠다.

◆

의욕 없는 교사에게서 의욕을 이끌어내는
의욕 있는 선생님들의 멋진 움직임

이훈희(광주 서초 교사)

본래부터 의욕이 많거나 활발한 성격은 아니다. 열심히 하고자 하는 의욕 또한 별로 없는 타입이다. 새로운 것을 해보려는 생각은 강하지만, 며칠을 밤새며 뭔가를 준비하고 기대하지도 않는다. 그런데 왜 난 누구도 떠밀지 않고, 상을 주지도 않는 이 일에 자발적으로 참여한 것일까?

자발적으로 학교와 공동체의 발전을 위해 내 한 몸 희생해서 뭔가를 하지도 않는다. 내가 하는 일은 대부분은 나를 위한 것이다. 직접적으로 나와 관계가 없는 일에는 한 발 떨어져 살피는 것이 익숙하다. 그런데 왜 난 7월 11일의 이 모임에 관심을 갖고 내 시간을 할애하고 마음을 주고자 하는 걸까?

그곳으로 날 이끈 사람들은 실제 얼굴보다 글로 접하는 경우가 더 많았다. 실제로 대면하는 사이가 아니면 마음이 끌리기는 힘들 것이다. 하지만 그 점이 나를 그곳으로 이끌었다. 나와 직접적인 이해관계가 없는 사람들이다. 같은 지역에서 근무하지도 않고 학교에서 본 적도 없다. 하지만 그들의 '생각'과 '아이디어'는 너무나도 매력적이었다. 그 사람들과 이야기를 나눠보고 싶었다. 대부분 책을 쓰신 분들이다. 그래서 책도 사서 읽어보았다. 한 편의 글로 속일 수는 있다. 하지만 한 권의 책으로 속이긴 힘들다. 이 사람들은 가짜인 것 같지 않았다. 진짜 같았다. 난 진짜들을 보고 싶었다.

그런 사람들이 스스로 모여서 모임을 만들고 외연을 확장시켜 '교사'라는 이름을 앞에 두고 어떠한 일을 하려고 했다. 그 움직임이 엄청나게 거대하진 않을지라도 이번엔 내 이해관계를 생각하지 않고 도와주고 싶었다. 진짜들을 돕고 싶었다.

난 할 수 있는 일이 많지 않았다. 다른 사람과 나눌 이야기도 많지 않았고, 아이디어도 그렇게 많지 않다. 다만 힘은 좀 있다. 그래서 몸으로 도울 수 있는 일을 찾았다. 주차요원을 맡았고 행사장의 의자도 정리했다. 특히 주차요원 일은 잘한 것 같다. 방문하는 선생님들의 얼굴을 하나하나 접할 수 있었고 인사를 할 수 있었기 때문이다. 정확히 뭔지는 모르지만 묘한 기대감을 가지고 찾아오는 그 얼굴들을 맞이하는 일은 기쁜 일이었다.

모임을 주도한 선생님들의 강의는 글에서 본 것과 내용에서 차이가 없었다. 하지만 글이 아닌 얼굴을 마주하고 이야기를 듣는 것은 또 다른 울림이 있었다. 그리고 그것은 시작을 여는 작은 움직임에 불과했다.

점심 이후에 진행된 조별 토의의 내용을 보았다. 그제야 난 이 모임에서 내가 뭘 얻고자 했는지 분명하게 알게 되었다. 누구의 강요나 압박도 없이 교사들 스스로 학교를 변화시키고자 하는 그 바람. 그리고 너와 나의 생각이 다르지 않고 모두 자기 일을 열심히 하고 싶어 한다는 연대감. 그 연대감 속에서 얻을 수 있는 위로. 하나하나가 가진 생각은 작을지라도 그것을 모아 확인하니 대단했다.

멋진 일이다. 의욕 없는 사람에게서 의욕을 이끌어내는 이 움직임은 너무나도 감동적이다. 주말을 헌납해 땡볕에 주차요원을 해도 아깝지 않았다. 내가 그렇게 게으른 사람, 게으른 교사는 아니구나, 라는 용기를 얻었다. 좋은 기회를 제공해준 선생님들과 참여한 선생님들에게 큰 감사를 드린다.

2015. 10. 12. vs 2015. 10. 31.

2015년 10월 12일. 이날 교육부는 역사 교과서를 국정으로 전환하겠다고 발표했다. 퇴행하던 역사의 수레바퀴는 급기야 유신 시대로까지 회귀하고 말았다. 우리 현대사에서 역사 교과서가 국정이었던 적은 오직 딱 그 시대뿐이었다. 그렇다면 이날은 우리 교육에 다시 유신이 선포된 날이지 않은가? 여기저기서 분노의 목소리가 높다. 공교롭게도 하필 이런 날 책을 마무리하는 글을 쓰려니 격앙된 마음에 글이 거칠다. 어쨌든 우리는 이날을 기억할 것이다. 글을 시작하며 기억은 기록을 못 당한다고 했으니 글을 마치며 이날을 잊지 않겠노라 이렇게 되새겨 본다.

교육부가 2015 개정 교육과정을 고시하고 역사 교과서를 국정으로 전환하는 동안 우리에게도 작은 변화가 있었다. 7월 세종 모임에서 약속했던 10월 전북 모임을 차근차근 준비하고 있었다. 한 번의 경험을 한 뒤라 교사모임의 성격과 방향, 연사 선정 등에 어느 정도 기준을 마련했다. 이 기준에 따라 전북 모임의 강단에 오를 연사를 섭외하고 참가자를 모집했다. 이 과정에서 우리 모임의 이름을 짓게 된 것이 큰 소득이다.

지난 7월 모임의 이름이 없다 보니 어려움이 많았다. 모임을 주관하는 단체를 묻는 질문에 대답하기도 곤란했고, 당장은 이 책의 지은이를 표기하는 데에도 어려움이 있었다. 공저자를 모두 표기하자니 미관상 좋지 않았고, 대표 저자를 써넣는 것도 썩 내키지 않았다. 이런 고민 끝에 우리 모임의 이름을 짓기로 했다. 7월 세종 모임에 참석했던 교사들과 함께 밴드에서 논의한 결과 '실천교육교사모임'이라는 이름을 지었다.

2015년 10월 31일. 교사가 만들어가는 교육 이야기 마당이 열린다. 이날은 이성우, 이부영, 윤일호, 신동하, 이영근, 김현진, 안화용, 김택수, 이태정 교사와 더불어 김승환 전북교육감이 연단에 오른다. 참가하는 교사들은 이들의 이야기를 듣고, 신청 시 작성한 나누고 싶은 이야기를 찾아 전국의 교사들과 더불어 토의를 이어간다. 이 가슴 뛰는 이야기 마당을 실천교육교사모임이 주최한다. 이 모임의 소중한 기록 또한 '교사가 만들어가는 교육 이야기 2'라는 시리즈로 이어질 것이다. 우리가 언제 이렇게 교육의 주체로 서서 목소리를 내는 이야기 마당이 있었던가? 실로 가슴 뛰는 일이다.

우리는 2015년 10월 12일에 교육부가 발표한 방침 대로 가르치지 않을 것이다. 이성을 잃은 교육관료에게 더 이상 우리 교육을 맡길 수 없다. 교사가 교육과정이다. 교과서로 가르치지 않고 우리 스스로 교과서 너머 교육과정을 마주하겠다. 우리는 연구하는 교사, 실천하는 교사로 당당히 우리의 목소리를 낼 것이다. 2015년 10월 12일 오늘 우리의 가슴에 맺힌 상흔은 10월 31일에 깨끗이 씻어낼 것이다. 결국, 우리 교육의 역사는 10월 12일의 상흔을 딛고 교사가 교육의 주체임을 자각한 2015년 10월 31일, 교사독립선언을 기억하게 될 것이다.